Herderbücherei

Band 429

Über das Buch

Dieses Buch enthält Arbeiten, die aus verschiedenem Anlaß ge-
schrieben wurden, die aber alle auf das Thema der „geheimen
Frage nach Gott" bezogen sind. So bilden sie trotz der Verschiedenheit der Adressaten ein geschlossenes Ganzes.

Die Zeiten, in denen man mit zu großer Selbstgefälligkeit aus einer
einheitlichen, allgemeinverbindlichen Weltsicht heraus zu sicher
und apodiktisch über Gott gesprochen hat, sind vorbei. Doch auch
die Zeit des „Todes Gottes", den man noch vor kurzem lautstark
verkündet und gefeiert hat, ist vorbeigegangen. Geblieben ist die
Frage nach Gott. Also ein Beweis für seine Existenz?
Das Anliegen des Autors ist viel bescheidener. Er spürt die elementaren Bereiche des menschlichen Daseins auf und versucht, ihnen
auf den Grund zu gehen: der Frage nach der Religion, der Kirche,
dem Menschen, der Gesellschaft, nach Macht und Autorität und
so fort. Nicht als würde am Ende all dieser Gedankengänge ein
Gottesbeweis stehen. Doch der Autor zeigt, daß in all diesen
Diskussionsthemen unserer Zeit die Frage nach einem Sinn auftaucht, letztlich die vielleicht schon teilweise verschüttete Frage
nach Gott.

Über den Autor

Professor D. Dr. Helmut Thielicke, D. D., geb. 4. Dezember 1908
in Barmen. Abitur am Humanistischen Dörpfeld-Gymnasium
Wuppertal. Studium der Theologie und Philosophie in Greifswald,
Marburg, Erlangen, Bonn.
Dr. phil. 1931; theol. 1934. Ehrendoktor von Heidelberg und
Glasgow (1945 bzw. 1956). Habilitation in Erlangen. 1936 kom-
missarisches Ordinariat in Heidelberg. Absetzung durch die Partei
1941. Pfarrer und später Leiter des Theologischen Amtes der
Württemberg. Landeskirche. Reise-, Rede- und Schreibverbot.
1945–1954 Ordinarius in Tübingen, seit 1954 in gleicher Eigen-
schaft an der Universität Hamburg. 1951 Rektor der Universität
Tübingen und Präsident der Westdeutschen Rektorenkonferenz.
1960 Rektor der Universität Hamburg.

Glaubensinformation

in der Herderbücherei

Helmut Thielicke

Die geheime Frage nach Gott

Hintergründe unserer geistigen Situation

Herderbücherei

Originalausgabe
erstmals veröffentlicht als Herder-Taschenbuch

Alle Rechte vorbehalten – Printed in Germany
© Verlag Herder KG Freiburg im Breisgau 1972
Herder Freiburg · Basel · Wien
Herder Druck Freiburg im Breisgau 1972
ISBN 3-451-01929-9

Inhalt

IV
DIE FRAGE NACH GOTT

I
Die Frage nach der Religion

Die geheime Eskalation der religiösen Frage
in unserer Zeit

Wir lesen in Illustrierten, Magazinen und andern Publikationsorganen fortgesetzt Artikel, die den Anschein erwecken, als sei Religion ein Krampf, als sei das Dogma von gestern, als sei der historische Jesus durch die Kirche bis zur Unkenntlichkeit entstellt und zu einem Kultheros hinaufstilisiert worden, als habe die Naturwissenschaft einen rabiaten Strich durch alles gemacht, was man als übernatürlich oder transzendent bezeichnet, und als habe sich die Welt unter ihrem Einfluß längst als eine in sich ruhende Endlichkeit etabliert.

Viele Menschen nehmen das ziemlich hilflos zur Kenntnis, weil sie nicht wissen oder auch nur ahnen, worum es im Christentum überhaupt geht. Wer Gottfried Benn, Siegfried Lenz oder Peter Handke nicht kennt, muß sich in einer Gesellschaft von Gebildeten genieren. Wer aber Jesajah, das Buch Hiob oder die steilen Gedanken des Paulus nicht kennt, erzielt durch seine Ignoranz vielleicht sogar einen kleinen Prestigegewinn: Denn er gilt dann als jemand, der das alles längst hinter sich gelassen hat. – Ganz abgesehen davon, was er auf diese Weise an Lebensstoffen ahnungslos über Bord gehen läßt, scheint er auch kein Gespür dafür zu haben (und das dürfte nun wirklich ein Bildungsmangel sein!), wie maßgeblich diese Gestalten unsere Kultur geprägt haben.

Muß uns erst der tschechische Kommunist Gardavsky mit seinem Buch *„Gott ist nicht ganz tot"* darüber belehren, wenn er sagt: die Bibel sei zu jenen Büchern zu rechnen, „die man gelesen haben muß, wenn man nicht ärmer sein will als andere Menschen"?

Um dieser Frage auf den Grund zu gehen, möchte ich zunächst eine These aufstellen, die verwundern mag. Ich meine nämlich zu sehen, daß umgekehrt proportional zu einer ziemlich allgemeinen Distanzierung von der Kirche als „Institution" ein *gegenläufiger* Prozeß verläuft: und zwar *eine allgemeine Eskalation des Interesses an religiösen Fragen*. Joachim Scharfenberg versah vor einigen

Monaten seinen *Zeit*-Artikel über Bloch, Reich und Fromm mit der provozierenden Überschrift: „Ist der Mensch unheilbar religiös?"

Ein junger Student der Projektgruppe hat dafür gesorgt, daß in unserm Faltblatt der Satz auftaucht: „Wir werden ständig gefragt, warum wir Christen sind." Ein Älterer nahm ihn darauf etwas in die Zange und fragte ihn, ob er das wirklich ehrlich meine oder ob es bloß eine Propagandafloskel sei. Der Student konnte ihn aber dann mit vielen Beispielen bedienen, daß er wirklich und fortgesetzt mit dieser Frage konfrontiert werde. Das entspricht auch meinen Erfahrungen.

Allerdings wird die Frage: *Wie hältst du's mit der Religion?* oder: *Warum glaubst du?* kaum je so in Klartext gestellt. Das Wort *Gott* oder gar *Christus* kommt bei solchen Gesprächen in der Regel *nicht* vor. Man muß schon Chiffren zu entschlüsseln versuchen, um jenes religiöse Interesse zu erkennen. Tut man das, so stößt man gerade bei den Dichtern auf seine Spuren (und nun meine ich gerade nicht sogenannte „christliche", sondern ganz und gar säkulare Dichter).

In Samuel Beckets Schauspiel *„Warten auf Godot"* ist nichts anderes als die Gottesfrage das eigentliche, gleichsam verschlüsselte Thema. Denn Godot (das klingt wohl nicht umsonst an das Wort *Gott* an) ist *die* Gestalt und ist *die* Größe „X" im Leben, auf die alles ankommt. Bleibt diese Stelle leer, so verliert alles seinen Sinn. Die beiden Vagabunden Wladimir und Estragon, die als einzige die Bühne bevölkern, quasseln nur dummes banales Zeug vor sich hin, während sie so auf Godot warten. Es ist fast erstaunlich, daß das Publikum dieses end- und inhaltlose Geschwafel so über sich ergehen läßt, daß kein Mensch mit einem vernünftigen Argument dazwischenfährt oder einfach „Zur Sache!" ruft. Doch bleibt einem ein solcher Zwischenruf gleichsam im Halse stecken. Denn: wenn die Verabredung mit Godot nicht klappt und wenn er ausbleibt, ist alles andere auch sinnlos. Dann gibt es auch keine sinnvolle Gegenrede mehr. Die Worte werden leer und sind ihres spezifischen Gewichtes beraubt. Darum steckt in der Leerheit dieses Geschwätzes eine geheime Logik. Alles, was hier noch zu sagen und einzuwenden wäre, zählt nicht mehr – *wenn* Godot nicht kommt. Dann ist alles Sagen seiner Pointe beraubt; und es kommt zu dem gleichen Geschwätz wie in Eliots *Cocktailparty,* auf der lauter Leute agieren, die sich am Thema ihres Lebens vorbeidrücken. Nur *eine* Frau, Celia, stürzt angesichts der Leerheit ihres Lebens in Verzweiflung und flieht in die Pflege pestkranker Eingeborener, wo (im Bilde gesprochen) Godot sich für sie einstellt und ihr Leben dann neuen Halt gewinnt, wo auch ihre Worte sich wieder mit Sinn füllen.

Man kann sich natürlich fragen, ob es berechtigt sei, hier von einer religiösen Thematik zu sprechen, da sie ja (wie man heute sagt) als solche nicht „artikuliert" wird, sondern allenfalls *zwischen* den Zeilen geistert. Wenn man unter Religion die Rückbeziehung auf eine letzte, unser Leben tragende Wirklichkeit versteht und wenn wir ohne diesen Rückbezug „Luftgespinste spinnen und weiter von dem Ziel kommen" (so hat es der Wandsbeker Bote ausgedrückt), dann wird in Beckets *Godot* und Eliots *Cocktailparty* sehr wohl und in der Tat die religiöse Frage aufs Tapet gebracht.

So treten Wladimir und Estragon und die Schwester Celia in die Nähe biblischer Gestalten: des *Hiob* etwa, für den Godot (sprich: Jehova) zu verschwinden droht. Denn: ist Gott nicht widerlegt und kompromittiert, wenn er Murks macht und die Frommen unter die Räder kommen läßt, während es den Halunken gut geht? Was ist denn ein Gott, der als Regisseur der Welt so grausam versagt? Was ist ein Gott, dem nicht nur keine höheren Gedanken, sondern überhaupt keine Gedanken anzumerken sind? Ist er nicht wie jener Tattergreis in Wolfgang Borcherts *Draußen vor der Tür,* der das Los der Menschenkinder zwar bejammert, doch weder über eine Konzeption noch über die Macht verfügt, um ihnen zu helfen?

Auch hier stürzen Menschen ins Bodenlose, weil es nichts mehr gibt, was über den Nonsens von Schicksal und Zufall hinausweist. Triumphiert dann nicht schließlich Mephistopheles, der Gott in Frage stellt und nun recht zu bekommen scheint, wenn er in Fausts Sterbestunde ausruft: „Was soll uns denn das ew'ge Schaffen, Geschaffenes zu nichts hinwegzuraffen?" Ist nicht selbst das, was Faust an Großem bewirkt hat, wenn er den Küstendamm baute und dem Meer fruchtbares Land abgewann, der Nichtigkeit des Vergehens zugeordnet? Ist uns nicht jedes Bleibende, jede das Leben überbietende Erfüllung versagt, und dreht sich nicht alles nur im Kreise, „als ob es etwas wäre" –?

Dieses Sich-im-Kreise-Drehen, diese leere Zirkelbewegung – das ist genau das, von dem Albert Camus sprechen kann:

„Aufstehen, Straßenbahn, 4 Stunden Arbeit, Essen, Straßenbahn, 4 Stunden Arbeit, Essen, Schlafen, Montag, Dienstag, Mittwoch, Donnerstag, Freitag, Samstag, immer derselbe Rhythmus – das ist sehr lange ein bequemer Weg. Eines Tages aber steht das *Warum* da. Und mit diesem Überdruß, in den sich Erstaunen mischt, fängt alles an."

Und wieder meldet sich da eine biblische Gestalt, die vom gleichen Überdruß frustriert ist und das Leben als eine Sackgasse erfährt. Ich denke an den reichen jungen Mann, der zu Jesus kommt und ihn fragt: „Meister, was soll ich tun, daß ich das ewige Leben (daß ich das Endgültige, das Bleibende) gewinne?" Der Überdruß, der ihn quält, besteht darin, daß er in seinem Leben nirgendwo einen Grund hat, nichts, was absolut gilt und das Leben lohnend macht. Dabei hat er immer danach gesucht, und zwar nicht bloß theoretisch (indem er über den Sinn des Lebens nachgegrübelt hätte), sondern sehr praktisch, nämlich durch Einsatz und Aktion. Er hat sein Leben z. B. unter die Zucht der Gebote Gottes gestellt. Er hat gleichsam die Rezepte der Kirche ausprobiert, die es doch wissen müßte, wie man zu einem Ziel hindurchfindet, das *mehr* ist als der Funktionszweck unseres täglichen Routinebetriebes. Aber auch *das* hat ihm nicht geholfen. „Ewiges" Leben – ein Leben also, das *mehr* ist als dumpfes Vegetieren und das ein *Ziel* aufleuchten läßt: das eben hat er *nicht* gefunden. Darum kommt er verzweifelt zu Jesus. Wie die Geschichte weitergeht, will ich hier nicht erzählen ... (Sie steht im 10. Kapitel des Markusevangeliums.)

Nur einen einzigen Zug will ich hervorheben, weil er mit unserm Thema zu tun hat: Als der junge Mann seinen Überdruß und sein Ausgeleertsein bekennt, heißt es: „Jesus sah ihn an und liebte ihn." Camus hatte gesagt: „Mit dem Überdruß, in den sich Erstaunen mischt, fängt alles an." Hier im Evangelium wird uns der Grund genannt, *warum* es so anfängt, warum an diesem Tiefpunkt ein neuer Beginn ist: weil einer da ist, der uns liebt ... Jede Liebe *sucht* ja den, den sie liebt. Sie ist ihm immer auf der Spur und sieht ihn sich zum Greifen nahe, wenn ihm sein Leben auf einmal quälend fragwürdig wird und er sich verzweifelt fragt: *Wozu das alles?*

Und selbst wenn einer vor lauter Überdruß in den Rausch der Drogen flieht, um sich eine imaginäre Welt des Scheins hervorzuzaubern, eine Welt, die endlich den Leerlauf der täglichen Tretmühle und die Fadheit der Wohlstandsgesellschaft überbietet und ablöst: selbst dann also, wenn er sich in diese Sackgasse des Rausches verirrt, erkennt jene Liebe noch den geheimen und unglücklichen Aufschrei nach dem Warum und Wozu. Sie erkennt selbst in der Veruntreuung noch den Ernst des Suchens, erkennt selbst hier die Würde eines Menschen, der zum Ausbruch entschlossen ist.

Augustin hat darüber einmal gesagt:

„Ich würde dich nicht suchen können, Gott, wenn du mich nicht schon gefunden hättest." Und ich möchte hier hinzufügen: Ich bin auch dann schon gefunden und im Sinne jener Evangeliumsgeschichte „geliebt", wenn ich gar nicht ausdrücklich nach Gott suche, ja wenn mir dieser Name geradezu „entfallen" ist und ich dafür ganz andere Chiffren einsetze: das Warum von Camus vielleicht oder sein Erschrecken über das Absurde unserer Existenz oder die nihilistische Verzweiflung, die ja doch gar nicht denkbar wäre, wenn ich nicht den *Anspruch* auf Grund, Ziel und Sinn an das Leben stellte.

Aber: ist es wirklich nur ein „*Anspruch*", den ich an das Leben stelle – vielleicht ein verzweifelter, aussichtsloser Anspruch –, *oder* steht über diesem meinem Leben ein *Zuspruch,* der all meinem Suchen vorweg ist, ein Zuspruch im Sinne des Bibelwortes: *Ich habe dich bei deinem Namen gerufen, du bist mein?* Wir sind bei unserm Namen gerufen, längst ehe der Name „*Gott*" uns wieder eingefallen ist. Wir sind schon gefunden, wenn wir noch mitten im Überdruß stehen.

Das also meinte ich, wenn ich zu Anfang sagte, daß wir Chiffren entziffern müßten, um das Mächtigwerden der religiösen Frage allenthalben zu entdecken – gerade *dort* zu endecken, wo das „Wort" Religion überhaupt keine Rolle spielt oder gar außer Kurs geraten ist.

Mir liegt nun daran, Ihnen noch einige Signale sichtbar zu machen, in denen sich diese religiöse Frage zu erkennen gibt.

Sie äußert sich etwa in der These von der *Entfremdung* des Menschen, wie sie sich aus Manipulation, Anpassung und gesellschaftlichen Zwängen zu ergeben pflegt. Hinter dieser These steckt die Frage, was denn der *eigentliche* Mensch und das *eigentliche* Wesen menschlicher Existenz sei. Diese Frage nach dem Sinngrund unseres Lebens ist aber wiederum eine *religiöse* Frage, genauso wie die Infragestellung unseres Weltzustandes durch utopische Traumbilder. Denn in alledem wird nach dem gefragt, was sich dem empirischen Zugriff und der technischen Bewältigung entzieht. In diesem Bereiche des Erforschbaren und Machbaren sind wir perfekt und bleiben doch im Grunde entsetzlich hilflos.

Eine erste Entschlüsselung dieser religiösen Chiffren ist in dem Satze Einsteins erkennbar: „Wir leben in einer Zeit vollkommener Mittel und verworrener Ziele." Das heißt doch: Mit unsern technischen Mitteln planieren wir die Wege durch die Welt, wir machen uns das Leben leichter, und unsere Wohlfahrtsstaaten setzen die politische Technokratie ein, um die soziale Misere zu verringern. In der Tat: Wir bauen schöne Asphalt- und Lebensstraßen. Nur wissen wir leider nicht, wohin sie führen. Und eines Tages stellen wir die Camus-Frage, die Sisyphus-Frage: Was soll das alles, welchen Sinn hat es, und wo ist etwas, für das zu leben es sich lohnt? Ausgerechnet in dieser *äußeren* Perfektion, die uns doch innerlich so hilflos bleiben läßt, wird jenes *Unbedingte* zum Thema, das uns trägt und das den Rang von Grund und Ziel haben könnte. Das aber ist die Frage nach der verlorenen Transzendenz.

Ist man erst einmal auf diese versteckte Form der religiösen Frage aufmerksam geworden, entdeckt man sie allenthalben: In der Medizin z. B., wenn sie die Frage nach Beginn und Ende des menschlichen Lebens stellt (man denke nur an die §-218- oder die Euthanasie-Debatte!) und damit die bloß biologische Qualität dieses Lebens hinterfragt ... Auf derselben Linie liegt es, wenn das Strafrecht mit dem Problem ringt, ob es nur Schädigungen des gesellschaftlichen Gefüges abwehren solle *oder* aber über alle Funktionalität hinaus nach der bleibenden Verbindung von Schuld und Strafe fragen müsse.

Alle Problemmodelle dieser Art zeigen deutlich die Tendenz, daß in ihnen ein *Unbedingtes* erfragt wird, das sich der empirischen Erfaßbarkeit entzieht und doch gerade deshalb den *Grund* unserer Existenz ausmacht. Und ich meine, es gehe hier um einen sehr realen Grund. Denn unser Leben gestaltet sich doch völlig anders je nach dem, ob man diese Frage löst oder an ihr scheitert, je nach dem auch, für *welchen* Grund man sich entscheidet.

Und ferner meine ich: diese Frage nach dem Unbedingten, die sich hinter der Kritik am Bedingten verbirgt, sei in der heutigen Jugend mit besonderer Vehemenz aufgebrochen. Alois Schardt (Publik Nr. 26) hat darauf vor einiger Zeit eindrucksvoll hingewiesen:

„In der Jugend macht man in diesem Jahrzehnt kollektive Entdeckungen von ebenso eminenter wie naiver Art", sagt er. „Entdeckt wird, daß Liebe menschlicher ist als Krieg. – Entdeckt wird, daß es menschliche Verantwortung für Unterdrückte gibt. – Entdeckt wird, daß Gesellschaftssysteme die Geschichte jedes einzelnen manipulieren. Weil die Jugend ... glaubt, das alles *gegen* das bestehende System zu entdecken, schleudert sie uralte Weisheiten (ohne differenzierende Erfahrungen) gegen ihre Vätergeneration, die das alles doch hätte besser machen und besser wissen müssen."

Ich sagte: hinter dieser Kritik an dem Bedingenden und Manipulierenden stehe die Frage nach einem Unbedingten, in dessen Namen man unwissend Kritik übt. Ist der Griff zur Droge, die einen Zustand der Entrückung, die eine Flucht aus all diesen Zwängen zu gewähren scheint und ein Pseudo-Unbedingtes anbietet –, ist dieser Griff eigentlich so ganz unverständlich? Ist er nicht eigentlich die Perversion einer *religiösen* Frage? Und stimmt es nicht nachdenklich, wenn in Amerika nun Hunderttausende von Jugendlichen – sich die Augen reibend – aus diesem trügerischen Rausch erwachen und eine

Hippie-Jesus-Bewegung auslösen – eine Bewegung, die ihnen Jesus als eine Realität enthüllt und die nun den irrealen Spuk der Traumbilder ablöst? „Jesus ist ihnen das, was ihre Väter *nicht* sind", so hat es Time-Magazine kürzlich ausgedrückt.

Ist das alles nur eine unkontrollierte ekstatische Emotion, ein neuer amerikanischer Spleen, *oder* enthüllt sich in dieser Jesus-Bewegung der Klartext jener religiösen Frage, die sich durch die Flucht in die utopische Welt des Rauschgiftes nur verschlüsselt ausdrücken konnte? Ich will mich nicht als Prophet gebärden und so tun, als wüßte ich eine endgültige Antwort darauf. Ich will vor allem keine Traktätchen-Erbaulichkeit. Aber die Frage muß ja erlaubt sein – und ich gestehe, daß es mich nachdenklich stimmt, wenn ich sehe, daß keine Psychotherapie und kein Jugendstrafrecht und keine Polizei mit der Rauschgifthörigkeit fertig wurde, daß die Gestalt Jesu aber (wie phantastisch sie hier auch stilisiert sein mag) selbst diese Ketten zerbricht… Unzählige Jugendliche haben mit einem Aufschrei der Befreiung diese Ketten von sich geschleudert.

Ich möchte noch einen letzten Modellfall nennen, an dem uns die Hintergründigkeit der religiösen Frage klarwerden kann. Ich meine die Frage nach der *Identität*, die mit Macht in der jungen Generation aufgebrochen ist.

Es geht dabei um die Frage, wie ich mich selbst, wie ich mein eigentliches Ich finden könne, ohne daß dieses Ich von außen her (z.B. durch gesellschaftliche Strukturen und Zwänge) verbogen, von sich abgelenkt und also entfremdet wird. In einer Illustrierten las ich kürzlich eine Balkenüberschrift, in der der Film-Boß Peter Fonda von sich bekennt: „Ich lebe erst fünf Jahre. Vorher war ich nicht ich selbst." Auch ihm geht es also um die Frage seiner Identität.

Was damit gemeint ist, möchte ich an einem Gespräch verdeutlichen, das ich einmal führte:

Dabei fiel der Satz (ein mittelalterlicher Mann sprach ihn aus): „Ich habe *einmal* im Leben eine falsche Weiche gestellt. Ich hätte Musiker werden sollen, dann wäre etwas aus mir geworden. Statt dessen mußte ich die Firma meines Vaters übernehmen. So bin ich nie zu mir selbst gekommen."

Mir gefiel der etwas wehleidige Ton nicht, in dem er das sagte. Und so ließ ich mich zu einer wenig glücklichen Erwiderung hinreißen:

„Was wollen Sie denn überhaupt?" sagte ich. „Sie haben's doch schließlich zu etwas gebracht!"

„Zu etwas gebracht?" fuhr er auf, „ja: zu einem Haus mit Garten, zu einem ziemlich schweren Wagen und einigem anderen. Sie haben recht: Ich habe es zu ‚etwas' gebracht. Aber ich habe es nicht zu ‚mir selbst' gebracht. Das ist das Schlimme."

Ich bat ihn, das etwas genauer zu erklären. „Begreifen Sie denn nicht, was ich meine?" antwortete er. „Man hört doch in sich eine Stimme, die einem sagt: *Dazu* bist du da; *das* müßtest du sein; *dazu* bist du entworfen; und ich war wohl für die Musik bestimmt. Aber sehn Sie: Diesen Umriß meines Entwurfs habe ich eben nicht ausgemalt. Ich habe nur so ein bißchen daran herumgekleckert. Deshalb ist mein Leben ein ziemlich klägliches Fragment geblieben, auch wenn manche Leute mich als einen Senkrechtstarter bewundern und die Presse bei meinem Geschäftsjubiläum wahre Elogen über mich ergoß."

Darauf ich: „Wenn ich Sie recht verstehe, wollen Sie also sagen: Ich bin nicht mit mir selbst identisch geworden. Ich habe mein eigenes Selbst verfehlt."

Wie aus der Pistole geschossen, kam seine Antwort: „Das ist genau das Stichwort, nach dem ich gesucht habe. Ja: ich bin nicht mit mir selbst identisch geworden."

Hier will ich meine kleine Reportage über unser Gespräch abbrechen. Es ging natürlich noch lange weiter. Warum habe ich Ihnen das erzählt?

Nun: ich glaube, daß diese Frage „Wer bin Ich?", daß diese Frage nach unserer Identität jeden von uns beschäftigt. Sie gehört auch zu den Lieblingsthemen mancher vielgelesenen Dichter. In Max Frischs Roman „Mein Name sei Gantenbein" steht sie im Mittelpunkt, ebenso in seinem Drama „Biografie". Karl Marx und Sartre sagen je auf ihre Weise, daß der Mensch durch gesellschaftliche Zwänge in seiner Identität angetastet und sozusagen verbogen werde. Gesellschaftliche Strukturen hindern uns, mit unserm eigentlichen Wesen kongruent zu werden. Statt zu Originalen werden wir nur zu Kopien unserer Zeit.

Doch wichtiger als dieser Blick auf Denker und Dichter ist für uns wohl die Überlegung, wo das Problem der Identität denn in unserm *eigenen* Leben akut werde. Dazu noch ein paar abschließende Hinweise:

Sie haben sicher ebenso wie ich schon oft den Eindruck gehabt, daß das Bild, das andere von Ihnen haben (Ihre Kollegen etwa oder Ihre Stammtischfreunde oder Nachbarn), erheblich von dem Bilde abweicht, das Sie *selbst* von sich haben. Manchmal schiebt man Ihnen ein schäbiges Motiv unter, wo Sie es ehrlich gemeint hatten. Dann sagen Sie: So bin ich nicht; die Leute machen sich ein falsches

Bild von mir. Manchmal dagegen, wenn Sie sich aus opportunistischen Gründen als edlen, selbstlosen Charakter aufgespielt haben, fällt Ihre Umgebung darauf herein und zollt Ihnen Anerkennung. Dann sagen Sie im stillen Kämmerlein zu sich selbst: Wenn die wüßten! Ich bin in Wahrheit ein ungedeckter Scheck und entspreche nicht der Valuta, die man mir unterstellt. – Wer bin ich nun *eigentlich?* Bin ich das, was die andern, oder bin ich das, was ich selbst von mir sehe?

Ich habe einmal etwas erlebt, das wie ein Gedankenexperiment zu dieser Frage aussieht:

In einer Familie, die ich besuchte, war gerade der 25jährige Sohn anwesend. Er stand in dem Rufe, das zu sein, was man einen „mißratenen Knaben" nennt. Er hatte ziemlich trübe Sachen angestellt, seiner Mutter fast das Herz gebrochen und war auch einige Male im Knast gewesen. Der setzte sich nun plötzlich ans Klavier und spielte einige Choräle aus der Matthäus-Passion. Er spielte sie voller Ergriffenheit und Beteiligung, und mich rührte das an. Seine Schwester aber zischte mir wütend ins Ohr: „Dieser Heuchler!" Sie deutete das Spiel offenbar so, daß ihr Bruder mir als Theologen mit diesen Chorälen einen guten Eindruck machen wolle.

Ja, war er nun wirklich ein Heuchler? Wer und was war er nun eigentlich und letztlich? War er im Kern seines Wesens der, der immer wieder in fremde Kassen gegriffen und dann einer ziemlich üblen dolce vita gefrönt hatte? *Oder* war er im Kern seines Wesens der Mann, der diesen Choral spielte und darin nach Erlösung schrie, der sich selbst verachtete und den Dreck aus seiner Seele fortzuspülen suchte?

Kein Mensch kann beurteilen, wer der andere *eigentlich* ist. Ob Gott *allein* es vielleicht weiß? Ob der nicht möglicherweise gesagt hat: Dieser da hat den Hunger und Durst nach der Gerechtigkeit in sich; er verachtet sich selbst; darum ist er mir lieber als mancher Selbstsichere und Selbstgerechte mit seiner weißen bürgerlichen Weste?

In den letzten Tagen des Krieges wurde Dietrich Bonhoeffer durch die Gestapo erhängt. Er mußte sterben, weil sein Glaube ihn zu bekennendem Widerstand gegen das Nazi-Regime gedrängt hatte. Seine Bewacher und Mitgefangenen liebten ihn sehr, weil er sich nicht unterkriegen ließ und selbst in Ketten ein souveräner Mann blieb. Auch er kannte freilich Stunden der Mutlosigkeit. Doch die hielt er vor fremden Augen verborgen.

Aus der Zeit seiner Gefangenschaft sind einige Gedichte erhalten, und eines von ihnen beschäftigt sich mit dieser Frage „Wer bin ich?", also mit dem Problem der Identität:

Wer bin ich? Sie sagen mir oft,
ich träte aus meiner Zelle gelassen und heiter und fest
wie ein Gutsherr aus seinem Schloß.

Bin ich das wirklich, was andere von mir sagen?
Oder bin ich nur das, was ich selbst von mir weiß?
Unruhig, sehnsüchtig, krank, wie ein Vogel im Käfig...
müde und leer zum Beten, zum Denken, zum Schaffen?

Wer bin ich? Der oder jener?
Bin ich beides zugleich: vor Menschen ein Heuchler und vor mir
selbst ein verächtlich wehleidiger Schwächling?

Wer bin ich? Einsames Fragen treibt mit mir Spott.
Wer ich auch bin, Du kennst mich, Dein bin ich, o Gott!

Was bedeutet es, daß Gott mich kennt und daß ich sein bin?

Das bedeutet *erstens,* daß wir Menschen weder uns selbst noch unsern Mitmenschen ganz verstehen. Wir kennen weder unsere eigene Identität noch die des andern. Aber das braucht uns auch nicht zu kümmern. Unser Bild ist im Herzen Gottes geborgen. Er weiß um uns.

Aber damit ist noch ein *Zweites* gesagt: Der Gedanke, daß Gott um uns weiß, könnte ja auch etwas Erschreckendes haben. Von jemandem bis in die letzte Falte der Seele durchschaut zu sein, durch und durch geröntgt zu werden, ist ein schockierender Gedanke. Wenn aber das stimmt, was Jesus uns von seinem Vater gesagt hat, dann ist es *nicht* mehr furchtbar. Dann ist es auf einmal geradezu tröstlich, so durchschaut zu werden. Denn wir wissen, daß er uns in Liebe versteht und unter Schmerzen sucht.

Von *Gott* verstanden zu werden, das ist deshalb eine *mitreißende* Nachricht, die in der alten Sprache der Christenheit „Evangelium" heißt. Ich werde dann von jemandem verstanden, der mich bei meinem Namen ruft und dem es um mich geht. Das meinte Bonhoeffer mit dem Wort: „Wer ich auch bin, du kennst mich, dein bin ich, o Gott." Es gibt einen, der sich zu mir bekennt, wer immer ich auch bin und was auch immer ich getan habe.

Ich wollte an diesem Abend nicht eigentlich von Antworten reden, die das Evangelium gibt, sondern von den Fragen, die *wir* an das Leben haben. Und ich wollte diese Fragen ein wenig transparent machen, um hinter ihnen das sichtbar werden zu lassen, was man eine „religiöse Frage" nennt. Wurde das nicht gerade an der Frage „Wer bin ich? Was ist meine Identität?" deutlich?

So schließe ich mit einem biblischen Wort, das diese Frage nach uns selbst aufgreift:

Herr, du erforschest mich und kennest mich.
Ich sitze oder stehe auf, so weißt du es;
du verstehst meine Gedanken von ferne...

Von allen Seiten umgibst du mich und hältst deine Hand über mir...

Wo soll ich hingehen vor deinem Geist,
und wo soll ich hinfliehen vor deinem Angesicht?

Führe ich gen Himmel, so bist du da. Bettete ich mich in die Hölle, siehe, so bist du auch da.

Nähme ich Flügel der Morgenröte und bliebe am äußersten Meer, so würde mich doch deine Hand daselbst führen und deine Rechte mich halten...

Erforsche mich, Gott, und erfahre mein Herz;
prüfe und erfahre, wie ich's meine.

Und siehe, ob ich auf bösem Wege bin, und leite mich auf ewigem Wege.

II

Die Frage nach der Kirche

Zu aktuellen und grundsätzlichen Fragen der gegenwärtigen kirchlichen Situation

Ein Frage-Antwort-Spiel

WIE STEHEN SIE ZUM POSTULAT EINER „DEMOKRATISIERUNG" DER KIRCHE?

Antwort: Wenn man mit dem Begriff „Demokratisierung" zum Ausdruck zu bringen wünscht, daß die Initiative der kirchlichen Willensbildung nicht bei der Behörde liegen und überhaupt nicht „von oben", sondern vielmehr „von unten" ausgehen sollte, dann wird man diese Forderung nur bejahen können. Man deutet dann mit dem politischen Modewort Demokratisierung nur auf eine Tendenz, die im bisherigen Sprachschatz der Kirche sehr viel angemessener (und auch schöner!) als das Prinzip des „allgemeinen Priestertums" bezeichnet wurde. Schlägt man diese Wegrichtung ein – und es spricht, wie gesagt, alles dafür –, sollte man sich freilich über eines klarsein: In der Dringlichkeitsliste unseres Handelns müßte eine entsprechende Bewußtseinsbildung, sprich: eine entsprechende Aktivierung des Laienelements den Vorrang vor allen bloß formal-institutionellen Reformen haben. Strukturelle Änderungen, die nicht von einem lebendigen, aus der Substanz der Kirche genährten Bewußtsein getragen sind, bleiben ein steriles Gesetz, das ohne Verheißung ist.

Denke ich an einen so zu bestimmenden Weg der Kirche, hätte ich allerdings beträchtliche Hemmungen, nun ausgerechnet das Wort „Demokratisierung" als Etikette zu verwenden. Einerseits ist es immer mißlich, einen extra ecclesiam gebildeten Begriff in diese zu importieren. Man schleppt dann nur zu leicht die in dem Begriff enthaltenen Ideologien mit ein. In unserm verbalen Modellfall wäre das etwa die Ideologie einer generellen Nivellierung sowie die Ideologisierung antiautoritärer Affekte und Aggressionstriebe, die nicht nur auf den Abbau „autoritärer Strukturen", sondern darüber hinaus auf die Destruktion von Autorität überhaupt zielen. (Zu der genannten Nivellierungstendenz gehört auch, daß man nicht mehr zwischen „autoritär" und „Autorität" zu differenzieren weiß.) Andererseits läßt sich zeigen, daß in der neuesten Geschichte der Begriff „Demokratie" zu einem Schutz- und Tarnwort aller (ich sage: *aller*) Ideologisten geworden ist, zu einem Schlagwort, mit dessen Hilfe sie sich als progressiv, humanitär und weltverbesserisch zu legitimieren suchten. Da so der Begriff Demokratie längst zu einem bevorzugten Mittel der Verhehlungstaktik geworden ist und die so erzeugten Schwaden es schier unmöglich machen, Freund und Feind noch zu unterscheiden, schlage ich vor, diesem belasteten Begriff gegenüber Askese zu üben. Allzu abgegriffene und verhunzte Münzen sollte man aus dem Verkehr ziehen. Es gibt ja Leute, die diesen Vorwurf der Abgegriffenheit auch gegenüber der Vokabel „Gott" erheben und äußerste Zurückhaltung in ihrem Gebrauch empfehlen. Mein großer Freund Paul Tillich hat ähnliche Warnungen oft ausgesprochen. Vielleicht sollte man um Gottes willen tatsächlich das Wort Gott sparsamer verwenden, weil auch an dieser Münze sich zu viele Finger vergriffen haben. Selbst große Worte können also dem Schicksal verfallen, zu „tönendem Erz" und „klingenden Schellen" zu werden. Zur Reihe dieser einst großen und nun verschmierten Etiketten dürfte auch das Wort „Demokratisierung" gehören. Waldemar Besson sprach noch kurz vor seinem Tode von der „alles verschlingenden Gefräßigkeit der demokratischen Ideale … die in ihrem Überwuchern jede Kontur und jede Vernünftigkeit verlieren" (Dtsch. Zeitg. Nr. 30, S. 21). Warum sollten wir also ein abgetakeltes Klischee importieren, wenn die Kirche in ihrem eigenen Fundus die so viel angemessenere Signatur „allgemeines Priestertum" zur Verfügung hat?

Bejahen Sie die Notwendigkeit einer grundsätzlichen Strukturänderung der Kirche?

Antwort: Vielleicht darf ich zuvor bemerken, daß mein sprachlicher und intellektueller Geschmack mit einem gewissen Abscheu zu kämpfen hat, wenn ich das Wort „Struktur" überhaupt noch in den Mund nehmen soll. Wenn selbst der Klassenletzte und in Kürze wohl auch die Knäblein und Mägdelein der Kindergärten mit diesem Worte edler Abkunft jonglieren können, gönne ich mir den Snobismus, mich dessen möglichst zu enthalten. In meinem Seminar gehört es inzwischen zu den Begriffen, um deren Nicht-Gebrauch bzw. deren Umschreibung ich meine Studenten bitte. (Sie haben Humor genug, um auf ihren schwachen verbalen Bruder rührend Rücksicht zu nehmen.) Doch angesichts Ihrer Frage verkneife ich mir diese meine Hemmung, weil der sachliche Hintergrund, auf den Sie deuten, ja sehr ernsthaft ist.

Also: ich bejahe die Notwendigkeit einer grundsätzlichen Strukturänderung der Kirche schon deshalb, weil Strukturen ja keineswegs den Rang einer von Gott verfügten lex aeterna, sondern nur eine dienende Funktion haben. Sie sollen ein optimales organisatorisches Gefüge sein, das es ermöglicht, im Rahmen einer jeweils neuen Zeit zu verkündigen und zu handeln. Schon aus diesem Grunde müssen Strukturen flexibel bleiben. Das aber ist gar nicht die entscheidende Frage. Viel wichtiger ist die Überlegung, nach welchen *Kriterien* und *Zielvorstellungen* ihre Gestalt für einen Wandel offengehalten werden muß. Dazu nenne ich folgende Gesichtspunkte: Ehe man Formalia regelt, muß man sich klarsein, im Namen welcher *Sache* und welcher *Inhalte* sie zu regeln sind. Ein Kurs über Rhetorik und eine entsprechende rednerische Perfektion nützen nichts, wenn man nicht weiß, *was* man mit dieser Kunst des Sagens nun auszusprechen hat. Entsprechend ist auch eine strukturelle Perfektionierung der Kirche sinnlos, wenn sie des Fundamentes verlustig geht, von dem aus sie allein reden und wirken kann, wenn sie also nicht mehr weiß, was sie ist, was sie will und von was sie redet. So muß die Arbeit an der Basis des Glaubensgutes stets den Primat haben gegenüber formalen Regelungen. Andernfalls enden alle Bemühungen in sterilem Leerlauf, in einem gräßlichen Formalismus von Verfahrens- und Organisationsfragen. Wen interessiert noch die Verfassung einer Kirche, wenn der Zweck, dem die Verfassung als Mittel dient, außer Sicht geraten ist? Ein vollendet verfaßtes und organisiertes Nichts ist eine makabre Vorstellung. *Entweder* die Kirche weckt Interesse durch ihre Botschaft (was natürlich nur möglich ist, wenn sie sich selber vordringlich dafür interessiert und nicht statt dessen Luftgespinste spinnt und im Sekundären vagabundiert), *oder* sie ist auch als institutionelles Gebilde – mit Recht! – uninteressant.

Deshalb sehen institutionelle Fragen völlig anders aus, je nach dem ob das, was in einer Institution geschieht, *lebendig* ist, ob sie also aus ihrem Zentrum lebt und ihre Substanz dynamisch ist oder ob sie nur einen erstorbenen Krater darstellt, dem früher einmal glühende Lava entquollen sein mag. An einem Leichnam herumzumanipulieren führt zu nichts. Was nützt uns eine perfekt organisierte, dem Anspruch äußerster Modernität genügende Kirche, wenn sie nichts mehr zu sagen hat und die Predigthörer mit dem Echo reagieren: „Ich kam in dem, was der Pfarrer sagte, leider nicht vor. Es mag ja wahr sein (?), aber diese Wahrheit geht mich nicht an"? Das ist dann, boshaft ausgedrückt, nur Hollywood-Leichenkosmetik, die die vorübergehende Illusion eines „lebenden Leichnams" erzeugen mag. Es ist ebenso sinnlos, wie wenn man architektonisch vollendete, nach allen liturgischen Gesetzen aufgeführte Sakralbauten errichtet und kein Mensch hineingeht – außer einigen am Kirchenbau interessierte Touristen.

Ob eine Kirche aber lebendig oder tot ist, hängt von nichts anderem als von ihrer *Verkündigung* ab. Wer der Kirche bestreitet, daß sie eine *predigende* Kirche sei, wer ihr ferner bestreitet, daß sie aus einer Gemeinde besteht, die auf ihre Botschaft in Gebet, Lied und Handeln antwortet, hat einen Leichnam beschrieben.

So gibt mir Ihre Frage nach der Strukturveränderung Gelegenheit, den wundesten Punkt anzusprechen, den ich in der gegenwärtigen Krise der Kirche zu entdecken meine. Ihr Elend besteht nicht im Vorhandensein zerstrittener Gruppen. Diese Polarisierung von Standpunkten könnte ja auch das Symptom lebendiger Auseinandersetzungen sein, die gegenüber dem Kirchhofsfrieden eines kampflos-friedlichen Einverständnisses sogar den Vorzug verdienten. Nein: *ihr Elend besteht in einer völligen Verkennung des Prioritätenprinzips.*

Man setzt das, was am aller-unselbstverständlichsten ist, daß wir nämlich Christen sind, als selbstverständlich und indiskutabel voraus und wendet sich unreflektiert den Konsequenzen dieses Christseins zu: mitmenschlichen Aufgaben, gesellschaftlichen Veränderungen, Mitbestimmungsproblemen und schließlich auch den kircheneigenen Strukturfragen. Man stürmt gleichsam an die Aktionsfront, ohne den Nachschub aus den Magazinen der geistlichen Substanz zu bedenken. Man schreitet voran ohne die Rückendeckung der Botschaft, in deren Namen man immer noch anzutreten meint. Man pflegt die Zweige und vergißt die Wurzel. Wir übersehen zu unserm Schaden, daß vor dem „Vielen", was wir zu bedenken haben, das „Eine" steht, das not ist, und daß vor allem Ackern und Werken zunächst die kostbare Perle geborgen werden muß.

Zwischenfrage: Kommt in dem, was Sie eben sagten, nicht auch ein Bedenken gegen die mancherlei Denkschriften der evangelischen Kirche zum Ausdruck?

Antwort: Man braucht in der Tat nur an die Denkschriften- und „Worte-zur-Lage"-Manie der Kirche zu denken, um bezeichnende

Signale dieser Prioritätenblindheit vor Augen zu haben. Natürlich ist es verdienstvoll, wenn einsichtige und sachkundige Persönlichkeiten sich Gedanken über Ost-West-, Mitbestimmungs-, landwirtschaftliche und sonstige Fragen machen. Daß alle diese Fragen eine Affinität zum Theologischen haben, steht außer Frage. Der Verfasser, der in seiner „Theologischen Ethik" den Versuch gemacht hat, unsere gesamte Wirklichkeit theologisch zu interpretieren, wäre der letzte, das zu bestreiten. Daß die Kirche zum Schwangerschaftsabbruch und zur Sex-Welle nicht schweigen darf, bedarf erst recht keiner Diskussion. Doch was kommt schon dabei heraus, wenn in einem Teil dieser Denkschriften nur „vernünftige" Argumente auftauchen, die andere Leute genauso äußern könnten, oder wenn man eine verdienstvolle Ideologiekritik vollzieht, ohne daß der Ort in ein helles Scheinwerferlicht gerückt wird, von dem aus man sie übt? Man müßte, um wirklich geistlich zu reden, die genannten Probleme als Anlässe und „Aufhänger" benutzen, um den Kern der evangelischen Botschaft in Erscheinung treten zu lassen und darzutun, wohin es führt, wenn man seiner vergißt. Um das an einem Modellfall zu illustrieren:

Im Zusammenhang mit dem hochaktuellen Problem des Schwangerschaftsabbruchs können verblasene Vernunftsargumente oder allgemeine Schlagworte wie die von der Heiligkeit des Lebens niemals zu einem lösenden, am Evangelium orientierten Wort führen. Hier käme es darauf an, zu sagen und zu begründen, was menschliches Leben überhaupt ist: daß es von Gott geschaffen, daß es „teuer erkauft" und so durch seine „fremde Würde" unantastbar ist. Von da aus ergibt sich die Frage, wo die Zäsur zwischen dem nur biologischen und eben diesem „menschlichen" Leben verläuft, wo dieses menschliche Leben also beginnt und endet. Es ist die gleiche Frage, die im Euthanasieproblem eine Rolle spielt. Mit andern Worten: Es hätte um die Frage zu gehen, worin die Würde menschlichen Daseins begründet ist. Es müßte sich also um mehr und anderes handeln als um die endlose Wiederholung der letztlich leeren humanistischen These, „daß" es seine Würde habe. Die Leerheit dieser bloß konventionell gestützten Behauptungsthese erweist sich schon sehr bald daran, daß sie unter dem Druck frustrierender Situationen ihre Unbedingtheit verliert und sich beliebig manipulieren läßt: Die Unbedingtheit der Würde des humanum gerät über Nacht in die Abhängigkeit von vielerlei Bedingungen, vor allem solchen gesellschaftlicher Art. Die meisten Postulate einer sozialen Indikation sind dafür ein deutliches Indiz.

Nichts gegen die Vernünftigkeit unserer Argumentationen, auch im theologischen Bereich – natürlich nicht! Nur wäre auch hier wieder der Name zu bedenken, von *dem* aus man argumentiert: der Name dessen nämlich, der uns teuer erkauft hat und der uns damit unter ein Patronat versetzt, das auch ungeborenes oder heillos geisteskrankes Leben noch sakrosankt und unbedingt sein läßt. Man müßte also den Mut haben, das Bekenntnis zu bekennen, von dem aus man argumentiert.

Ich bin nicht so weltfremd, zu meinen, daß man hier grobschlächtig sein und ständig mit der Tür ins Haus fallen müßte. Aber man darf auch die Firma nicht verschweigen, in deren Auftrag man vorspricht. In allem, was wir als Christen oder als Kirche sagen, müssen Hinweise auf das und auf den enthalten sein, der uns zum Sagen treibt. Die konkreten Fälle, die ein offenes Wort von uns verlangen, sind deshalb niemals Selbstzweck, sondern wirklich „Anlässe", um das Eigentliche und letztlich Heilende zu sagen. Wenn man, wie der Verfasser, viel vor weltlichen Gremien zu sprechen hat, wird immer wieder erkennbar, daß von einem Theologen gerade *dies* auch erwartet wird.

Würde man aber das Zentrum wirklich im Auge haben, von dem aus man zu sprechen vorgibt, so käme es doch gewiß auch zu Denkschriften, die dem Zentrum die Ehre widerfahren ließen, es zu einem eigenständigen Thema zu machen. Wo aber gibt es neben den Worten zur „Lage" denn solche Worte zur „Sache", zur Sache *selbst*? Wo gibt es neben den Denkschriften über irdische und zeitliche Fragen solche, die mit dem „Himmel" und der „Ewigkeit" zu tun haben? Wo gibt es offizielle oder offiziöse Dokumente (sieht man von einigen verdienstvollen Synodaläußerungen ab, wie wir sie etwa der Württembergischen Kirche verdanken), die sich mit Kreuz, Auferstehung, Rechtfertigung und Gnade befassen? Da es bei all diesem um die Fleischwerdung des Wortes geht, wird die Sorge überflüssig, man bleibe bloß dem „Himmel" und einem weltentrückten Jenseits verhaftet. *Wer das Wort Gottes buchstabiert, buchstabiert damit auch die Welt, zu der es gesprochen ist.*

Warum also, frage ich, gibt es über diese Themen des *Zentrums* keine Denkschriften? Ob dazu der Atem zu kurz geworden ist, wenn man sich in die Hektik bloßer Zeitgenossenschaft begibt? Ob man fürchtet, sich hier nicht einig zu werden, und eben deshalb auf sachlich-irdische Themen ausweicht, in deren Umkreis man sich leichter arrangieren kann?

Die Kirche wird uninteressant, wenn sie nur das sagt, was andere ebenfalls und genausogut sagen können, und wenn sie sich damit zufriedengibt, inmitten pluralistischer Gruppen nur die Stimme eines Diskussionspartners zu sein. „Um die Ecke" kann man dann billiger und ohne christliche Verpackung haben, was die Kirche sagt. Kurz und gut: Ich würde mehr Freude an den kirchlichen Denkschriften haben, wenn sie a) ihre Themen nur „Anlässe" sein ließen, um das Eigentliche zu sagen, und wenn sie b) dieses Eigentliche nun auch *selbst* thematisierten und Klarheit im eigenen Hause schüfen, ehe man sich auf die Straße begibt.

Aus dem gleichen Grund hege ich gegenüber der kommenden Generalsynode der Kirche im Herbst 1971 nicht geringe Befürchtungen: Dort will man die Gesamtheit der gegenwärtigen Bildungssituation in Westdeutschland durchleuchten und den Bildungsplan der Bundesregierung kritisch unter die Lupe nehmen.

Hier scheint mir die gleiche Verfehlung der Dringlichkeitsstufen zu drohen: Man schaltet sich in den Chor unzähliger Rezensenten und Kritiker ein. Wäre es nicht besser und sachgemäßer gewesen, sich den Problemen des eigenen Hauses zuzuwenden und etwa über Religions- und Konfirmanden-Unterricht, über die Glaubensunterweisung in der Erwachsenenwelt zu reden? Brennt es nicht hier an allen Ecken und Enden? Ist jetzt wirklich Zeit für Exkursionen in noch so respektable, noch so interessante und „relevante" Themenregionen draußen? Hätte man aber den Mut und die Selbstbeschränkung aufgebracht, sich wirklich den eigenen, höchst bedrohten und ungeklärten Problemen zuzuwenden, so hätte man das gar nicht tun können, ohne auch das umgebende Gelände der allgemeinen Bildungsplanung *mit* in Augenschein zu nehmen. An Blicken in die Zeit und die Fülle ihrer Dimensionen kann es *dem* ja nicht fehlen, der das Thema der Ewigkeit in irgendeinem seiner Bezüge auf das Tapet bringt. Aber auch hier müssen die Stufen der Dringlichkeit unterschieden werden.

Lassen Sie mich zu dieser Frage noch ein Letztes bemerken: Mein Vorwurf, daß man vielerorts die Prioritätenfrage vergessen habe oder falsch beantworte, muß ich nach *allen* Seiten erheben: Die *einen* sind geschäftig an der Peripherie tätig und bemerken nicht ihren Verlust der Mitte. Die *andern* rufen zum Rückzug auf die Substanz des Evangeliums und seines Bekenntnisses auf, ohne zu bemerken, daß das Senfkorn dieses Evangeliums zu einem Baum werden will, dessen Zweige über den Erdkreis ragen und also in die „Öffentlichkeit" wollen. Die Esoterik der unter sich bleibenden Frommen ist dem Evangelium ebenso fern wie der Aktivismus der Stürmer und Dränger, die ohne rückwärtige Verbindungen nur Veränderung wollen. Wahre Nachfolge umfaßt beides. Sie steht aber unter dem Primat des „Einen, was not tut".

Antwort: Wenn mit „Pluralismus" nur die Verschiedenheit der theologischen Standpunkte und der Akzente des Handelns gemeint sein soll, dann kann er das Kennzeichen eines lebendigen Organismus mit seinen funktionsverschiedenen Gliedern sein. Man kann dann trotz aller Vielfalt der Funktionen um die gemeinsame Wurzel und die gemeinsame Gliedschaft an *einem* Leib wissen. Besteht diese verbindende Zentrierung aber nicht mehr, so wird der Pluralismus zum Kennzeichen zentrifugalen Auseinanderstrebens.

Ehe man also zum Pluralismus Stellung nimmt, muß man wissen, um welche „Rasse" von Pluralismus es überhaupt geht. Eine Kirche, die ihr Bekenntnis zu Jesus Christus ernst nimmt, kann sich auf keinen Fall zu einem neutralen Sprechsaal jeder beliebigen Meinung machen lassen, sosehr sie bereit sein muß, sich mit jeder beliebigen Meinung auseinanderzusetzen, sie zu hören und die Menschen ernst zu nehmen, die sie vertreten. Andererseits könnte sie sich nicht als eine Kirche verstehen, die in die Welt hinein gesandt ist. Soll sie den Menschen nachgehen, die in der Welt leben und wie Schafe sind, „die keinen Hirten haben", muß sie diese Menschen auch verstehen, ihnen auf der Fährte bleiben und ihre geistige Not mit auf sich nehmen. Aber gerade weil sie diese Menschen aus Relativismus, Indifferenz und Glaubenslosigkeit herausrufen soll, darf sie nicht selber relativistisch, indifferent und glaubenslos sein.

Ich weiß, daß dies alles gegenwärtig in hohem Maße gleichwohl in die Kirche eingedrungen ist. Daß es dahin kam, hängt mit dem zusammen, was ich früher zur zweiten Frage bemerkte: Wer sich mit seinen Zeitgenossen solidarisiert, ohne den Namen zu bedenken, in dem er das tut, dem schreibt schließlich diese Solidarisierung das Gesetz seines Denkens und Handelns vor; sie wird also Selbstzweck. Dann wird aus der Zeit-„Offenheit" das Laster der Zeit-„Hörigkeit". Liebe, die zur Solidarisierung treibt, bleibt sich dessen bewußt, *warum* sie liebt und sich in die Zeit begibt. Solidarisierung um ihrer selbst willen führt mit der Verknechtung an die Zeit schließlich zum Verlust der eigenen Identität: „Die Zeit wird Herr ..." Auf diese Weise droht die Kirche zu einer *pluralistischen Zentrifuge* zu werden. Sie sagt dann nichts anderes mehr (sozialethisch, politisch usw.), als was die andern auch sagen, und schaltet sich selbst so sehr schnell aus. (Kaum jemand hat das so eindrucksvoll verdeutlicht wie der amerikanische Soziologe Peter L. Berger in seinem nicht genug zu rühmenden Buch: Auf den Spuren der Engel. Die moderne Gesellschaft und die Wiederentdeckung der Transzendenz, 1971.)

So möchte ich Ihre Frage ein wenig variieren. Sie lautet dann so: Wie soll sich die Kirche zu diesem destruktiven Pluralismus in ihren eigenen Reihen verhalten?

Da es sich hierbei um einen Einbruch des Säkularismus in die Zonen ihres Auftrages handelt und da diese Tendenzen durch ihr Bekenntnis keinesfalls zu decken sind, muß die Kirche hier klar und kompromißlos widerstehen. Synoden und Kirchenleitungen sind ja bereits von der jeweiligen Verfassung her an den Auftrag gebunden, für die unverfälschte Botschaft des Evangeliums einzutreten und darüber zu wachen.

Wie dieser Auftrag im einzelnen wahrzunehmen ist, wird von den konkreten Fällen abhängen. Die Kirchen- und Lehrzucht kann freilich nicht die einzige, sondern nur die äußerste Form sein, in der man darauf reagiert. Dazu noch ein kurzes Wort:

Wir müssen bedenken, daß es sich auch bei sehr abstrusen Verirrungen des Redens und Handelns – man denke nur an die „Tod-Gottes"-Theologie! – in der Regel nicht um eine programmatische *Absage* an das Evangelium, sondern um eine *Konsequenz* des Evangeliums handelt, auch wenn diese Konsequenz irregeleitet und pervertiert ist. Der Ausgangspunkt war doch bei den meisten Radikalen die Absicht, Jesus Christus „heute" zu verkünden und neue Räume zu entdecken (z. B. den politischen Raum, etwa beim Politischen Nachtgebet in Köln), für die das Evangelium zuständig ist. Dieses Motiv führte zu der selbstkritischen Frage, ob man das Evangelium nicht verleugne, wenn man sich der Tatsache verschließt, daß es auch für jene Räume relevant und demzufolge in ihnen zu aktualisieren ist. Man mag darüber (d. h. man mag vor lauter Aktualisierungsmotiven) jene Rückverbindung vergessen haben, von der ich soeben sprach. Mag man so einem *zerstörerischen* Pluralismus verfallen sein. Doch dürfte es sicher der Fairneß und auch der christlichen Liebe entsprechen, daß man das Ausgangsmotiv jener Menschen im Auge behält und es auch honoriert, sosehr man im einzelnen zur Distanzierung genötigt sein mag. Eine Honorierung dieser Art sehe ich z. B. darin, daß die Kirche auf keinen Fall bei jedem Auftauchen solcher Phänomene ihre bürokratische Abwehrapparatur in Bewegung setzt. Sie muß vielmehr das Gespräch unermüdlich suchen (also nicht nur eine gedruckte oder vervielfältigte Polemik in Anspruch nehmen), um mit allen Kräften die Rückverbindung zur gemeinsamen Glaubensbasis wiederherzustellen. Sie wird das sogar *demütig* tun müssen: so nämlich, daß sie bekennt, warum solche Phänomene auf Ausfallserscheinungen in ihrer eigenen Botschaft und ihrem eigenen Verhalten deuten. Häresien sind ja immer, so auch hier, Symptome für etwas, das in der kirchlichen Lehre und Verkündigung zu kurz gekommen ist. Häresien sind ein Skorbut am Leibe der Kirche, der auf irgendeine Form von Vitaminmangel deutet. Nicht nur Abwehr, sondern Selbstkritik und Buße sollten deshalb die Weise bestimmen, wie die Kirche auf alles dies reagiert. Nur in dieser Haltung wird sie die Chance haben, auf der andern Seite *Hörbereitschaft* zu entbinden.

Im übrigen steht sie hier überhaupt keinen starr betonierten Fronten, sondern lebendigen Menschen gegenüber, die sich selbst in einer Entwicklung befinden. Ich meine schon jetzt bei einigen extremen Repräsentanten radikaler Richtungen Töne zu vernehmen, die man vor wenigen Jahren nicht zu erwarten gewagt hätte. Hier kündigen sich tastende Versuche zu dem an, was ich die Rückverbindung nannte. Hier zeigt sich die Wirkkraft des Wortes Gottes, das sich inmitten aller Wirrnis immer wieder durchsetzt und seine eigene Geschichte mit denen inszeniert, die sich ihm aussetzen. Man sollte ihm vertrauen und sich nicht den langen Atem nehmen lassen, den es schenken will. Vor allem könnte ihm unsere kirchliche Selbstgerechtigkeit im Wege stehen.

Summa: Man sollte vielem gegenüber sehr klar nein sagen und in jedem Fall eine klare Linie vertreten. Aber man sollte das nicht bürokratisch tun, auf keinen Fall sollte die bürokratische Aktenreaktion das erste sein. Vielmehr müßte man Auge in Auge und mit dem lebendigen Wort zu jenen Gruppen reden und sie nicht loslassen. Man sollte Seelsorger und nicht Zuchtmeister, Bruder und nicht Pharisäer sein. Gerade dann aber, wenn die Kirche sich den Seelen schuldet und sie sucht, darf sie ihnen auch ihr Nein nicht verschweigen. Sie würde sonst schuldig an ihnen. Was sie vielleicht als Liebe ausgäbe, die alles trägt, duldet und gewähren läßt, wäre in Wahrheit nur eine Trägheit des Herzens, die der Verantwortung für die irrenden Glieder aus dem Wege ginge.

HALTEN SIE DAS ENDE DER VOLKSKIRCHE FÜR GEKOMMEN?

Antwort: Ich halte es für eine Form von Panik und damit für Unglauben, wenn man neuerdings wie ein Kaninchen auf das Ende der Volkskirche starrt, wenn man nicht müde wird, von ihrer „Korrosion" zu sprechen, und in dem vermeintlich sinkenden Schiff die

Rettungsboote klar macht. Die gegenwärtig steigende Zahl der in vieler Hinsicht verständlichen und in etwa sogar notwendigen Kirchenaustritte bildet den wenig imposanten Anlaß solcher defätistischen Stimmungen.

Ich persönlich glaube demgegenüber, daß wir die Chancen der Volkskirche nicht entfernt ausgenutzt haben. Wir taten das wohl deshalb nicht, weil die Volkskirche allzu sicher gesetzlich verankert ist, weil sie deshalb nicht im täglichen Kampf um ihren physischen Bestand steht (wie die amerikanischen Freikirchen) und weil so ihre Etabliertheit und ihr Routinebetrieb zu einem Ruhekissen geworden sind. Ich sage das nicht, ohne den etwaigen Wunsch nach einer Freikirche ein wenig zu dämpfen, wenn auch nicht geradezu abzuwehren. Es gibt keine institutionelle Sicherung gegen den Teufel. Man kann seinem Einfluß weder durch „gute Werke" noch durch institutionelle Regelungen entrinnen. (Beides liegt übrigens auf derselben Ebene!) Auch in die Freikirche weiß er Einlaß zu finden. Ich habe das in Amerika unmittelbar und bei jeder Reise neu beobachtet: Eine Freikirche droht nämlich in Abhängigkeit zu geraten von reichen Gemeindegliedern, die sie finanzieren oder sonstwie über Einfluß verfügen. Ich vergesse nicht, wie viele Pfarrer in den USA zu mir kamen, um mich mehr oder weniger verzweifelt zu fragen, was sie denn tun sollten: Machten sie Demonstrationsmärsche für die Bürgerrechte der Afro-Amerikaner mit, würden sie von einflußreichen Leuten ihres Kirchenvorstandes fortgejagt. Ob sie wohl um des Gewissens willen bereit sein müßten, ihre Gemeinde deshalb im Stich zu lassen? Utopische Verklärungen wären jedenfalls hier wie auch sonst nicht am Platze.

Wenn ich sagte, wir hätten die Chancen der Volkskirche noch gar nicht ausgenutzt, dann steckt darin natürlich die Aufforderung, das nachzuholen. So wie ich den Sinn von Kirche verstehe und bisher deutlich zu machen suchte, heißt das vor allem, die *Basis*arbeit zu betreiben. In dem Maße, wie man hier wirkt und für mündige Christen sorgt, belebt man nicht nur die Volkskirche, sondern trifft auch die einzig mögliche Vorbereitung für den Fall, daß sie an ihr Ende kommen und die Gemeinden dann auf sich gestellt sein sollten.

Sehen Sie irgendwelche konkreten Möglichkeiten, was hier vordringlich zu tun wäre?

Antwort: Ich bin froh, durch Ihre Frage die Möglichkeit zu erhalten, aus der Darlegung des bloß Grundsätzlichen auszubrechen und

Ihnen anhand eines konkreten Modells (eines von vielen möglichen!) zu erläutern, an welche Aspekte ich dabei denke:

Basisarbeit heißt vor allem, den Zeitgenossen – praktizierenden Christen sowohl wie Randsiedlern und völlig Draußenstehenden – die zentralen Gehalte des Evangeliums zu vermitteln. Ehe man zum Glauben auffordert, muß man sagen, was Gegenstand und Inhalt dieses Glaubens sein soll. Sofern das recht gesagt wird, bedarf es der zusätzlichen „Aufforderung" zum Glauben kaum noch. Da die Unkenntnis über all das, was christlicher Glaube ist und meint, horrend ist – zwei Philologiestudenten, mit denen ich sprach, kannten weder das Vaterunser, noch hatten sie je von ihm gehört –, bedarf es vor allem des Unterrichts und der Information. Auch die praktizierenden Christen bedürfen dessen, weil sie teils vom Meinungsstreit und von Illustrierten–Kampagnen verwirrt sind, teils unter eigener Unkenntnis leiden. Explorationen bei diesem oder jenem „treuen" Gemeindeglied über die Frage, was es mit dem Abendmahl auf sich habe, wie man über die Auferstehung Christi denke oder wie man sich das Verhältnis des biblischen Schöpfungsberichts zu modernen Entwicklungstheorien vorstelle, können zu hanebüchenen Resultaten oder zu völligen Fehlanzeigen führen. Wer aber in den Grundlagen seines Glaubens gänzlich unbeschlagen ist, kann nicht als mündiger Christ bezeichnet werden. Er wird allen Moden der Kritik und der Destruktion hilflos ausgeliefert sein oder sich in einen verkrampften Konservatismus flüchten. Gemeinden, die aus solchen Glaubens-Ignoranten bestehen, müßten ohne die äußerlich haltenden Korsettstangen der etablierten Volkskirche hilflos in sich zusammensinken. Mit Hilfe solcher Glieder wäre auch eine Freikirche nicht zu schaffen!

Diese Beobachtungen haben eine Anzahl junger Leute in Hamburg – Assistenten, jüngere Pastoren, Lehrer und Studenten verschiedener Fakultäten – veranlaßt, sich mit mir als ihrem „Senior" zu einer „Projektgruppe Glaubensinformation" zusammenzutun. Ich möchte im kommenden Winter vierzehntägig in der Hamburger Michaeliskirche einen Glaubenslehrgang für Erwachsene halten. Im Anschluß an jeden Vortrag finden in allen verfügbaren Sälen Aussprachestunden statt, die von den Mitgliedern der Projektgruppe geleitet werden. Die Ausspracheleiter müssen dafür ihrerseits vorbereitet werden. Über die Gruppenaussprachen hinaus soll Gelegenheit für Einzelgespräche, insbesondere für Seelsorge, geboten werden. Man kann sich dafür anmelden und wird je nach der Besonderheit des Falles an das dafür zuständige Mitglied der Gruppe verwiesen. Wir haben das alles in sorgfältiger monatelanger

Planung vorbereitet. Wenn junge Menschen ein faszinierendes Ziel haben, sind sie auch heute wie eh und je zu jeder Anstrengung und jeder Hingabe bereit, ohne irgendein Honorar dafür zu empfangen. Dieser Nachholbedarf an Glaubensinformation leuchtete ihnen als eine elementare Aufgabe ein, die jedes Opfers an Zeit und Kraft wert ist. Es bedarf keines „Selbsterfahrungsunternehmens", keines Angelns nach „Selbstidentifizierung" mehr, wenn man von einer großen Aufgabe hingenommen ist.

Indem ich von diesem Vorhaben berichte, möchte ich andern Mut machen, sich ebenfalls an Aufgaben dieser Art zu wagen. *Entweder die Kirche wird Basisarbeit treiben und sich den Fundamenten ihres Glaubens zuwenden, oder sie wird sterben.* Der Platzregen des Evangeliums, von dem Luther sprach, wird dann vorüberziehen und empfänglichere Landstriche befruchten. Wenn nicht alles trügt, rückt der Zeiger auf Mitternacht. Vielleicht wird die Jesus-Bewegung unter der amerikanischen Jugend, besonders unter den Hippies und den früher Rauschgiftsüchtigen, schon bald in unser Land übergreifen. Was tun wir dann, um dafür zu sorgen, daß diese suchende, für Utopien so anfällige Jugend nicht in der Schwarmgeisterei und im Emotionalen steckenbleibt, um danach einer noch schwärzeren nihilistischen Finsternis zu verfallen? Arbeiten wir an der Basis, um im rechten Augenblick sagen zu können, wer Jesus Christus ist und von was und wozu er befreit.

III

Die Frage nach dem Menschen

Marxistische Anthropologie

1. Der eigentliche und uneigentliche Mensch

Der Marxismus ist in erster Linie eine *Lehre von gesellschaftlichen Zusammenhängen.* Diese Lehre soll dem Kampf des Proletariats um seine Befreiung als geistiges Rüstzeug dienen. Für den Marxismus hat diese Befreiung vor allem einen ökonomischen Sinn, denn es geht ihm um die wirtschaftliche Ausbeutung des Proletariats und das ihm damit zugefügte Schicksal der „Entfremdung". Das damit gegebene ökonomische Grundthema mag es zunächst verwunderlich erscheinen lassen, überhaupt die Frage nach der marxistischen Anthropologie zu stellen. Es mag die Befürchtung aufkommen lassen, ob man damit nicht eine wesensfremde Fragestellung von außen her in das System hineintrage. Gleichwohl aber gibt es eine gar nicht einmal verborgene, beim jungen Marx sogar programmatisch vorgetragene *Lehre vom Menschen.*

Der Ort der anthropologischen Frage

Zwei Möglichkeiten bieten sich an, um den Ort dieser anthropologischen Aussagen innerhalb des Gesamtsystems zu finden:

Der dialektische Materialismus sagt, daß das geschichtliche Geschehen auf ökonomischen Bewegungen und Gesetzmäßigkeiten beruhe, daß also die Geschichte recht eigentlich *Wirtschaftsgeschichte* sei. Das kann zunächst vermuten lassen, daß der Mensch das Produkt dieser Gesetzmäßigkeiten sei, wobei der Begriff „Produkt" bedeutet, daß der Mensch die Wirkung ökonomischer Zustände ist und sie also nicht seinerseits bewirkt hat. Das kann er schon deshalb nicht getan haben, weil diese Zustände sich gesetzmäßig, nämlich nach dem Gesetz der Dialektik, ergeben und sich damit dem Spielraum einer als Interventionsmöglichkeit verstandenen Freiheit entziehen. Unter diesem Aspekt scheint der Mensch nur eine kümmerliche Nebenrolle zu spielen, so gewiß er nur das Anhängsel von Bewegungen ist, die sich an ihm als einem *Objekt* vollziehen.

Demgegenüber scheint nun aber auch eine ganz andere Möglichkeit zu bestehen, die marxistische Anthropologie systematisch einzuordnen. So kann etwa ein Deuter des Marxismus aus dem Lager katholischer Theologie, *Theodor Steinbüchel,* sagen: „Geht es dem Christentum um den Menschen, so geht es auch Marx um ihn." Damit meint Steinbüchel: nur um des Menschen, also um ihres gemeinsamen Gegenstandes willen seien beide überhaupt derart polemisch aneinander interessiert. Wäre der Marxismus nur Wirtschaftstheorie, so könnte man sich schwerlich denken, daß Christentum und Marxismus in eine so leidenschaftliche Kontroverse miteinander eingetreten seien. Das wäre schon deshalb schwer zu verstehen, weil das Christentum ja *kein speziell christliches Wirtschaftsprogramm* vertritt und darum möglicherweise, wie manche religiösen Sozialisten ja auch wähnten, mit einer marxistischen Wirtschaftstheorie durchaus vereinbar sein könne.

Daß in der Tat das anthropologische Interesse im Zentrum des marxistischen Denkens steht, jedenfalls beim *jungen Marx,* ist ohne weiteres an expliziten Äußerungen erkennbar. *Schoeps* (Was ist der Mensch? 1960, S. 33) sagt sehr richtig: Der junge Marx habe viel Verwandtes mit Kierkegaard. Denn wie diesem, so gehe es auch Marx um den uneigentlichen, entfremdeten *und* um den eigentlichen Menschen, auch wenn das Verhältnis von beiden jeweils anders bestimmt werde. In der Kritik der Hegelschen Religionsphilosophie (Kröner, Band 209, S. 216) sagt Marx: „Die Theorie ist fähig, die Massen zu ergreifen, sobald sie ad hominem demonstriert, und sie demonstriert ad hominem, sobald sie radikal wird. Radikal sein heißt die Sache an der Wurzel fassen. Die Wurzel für den Menschen ist aber der Mensch selbst."

Der Mensch als Hauptthema

Bedarf es eines weiteren Beweises, daß hier der Mensch tatsächlich das eigentliche Thema ist, und zwar nicht nur für die Theorie, sondern auch für die Programmatik des Kampfes? „Die einzig praktisch mögliche Befreiung Deutschlands ist die Befreiung auf dem Standpunkte *der* Theorie, welche den Menschen für das höchste Wesen des Menschen erklärt" (Kröner, S. 223). Theoretisch ausgedrückt, ist deshalb das Ziel dieses Kampfes (und das ist wieder eine anthropologische These!) „die wahre Auflösung des Streits zwischen Existenz und Wesen, zwischen Vergegenständlichung (das heißt Opfer- und Objektstellung) und Selbstbetätigung, zwischen Freiheit und Notwendigkeit, zwischen Individuum und Gattung. Er (der eigentliche, nicht mehr verfremdete und zu sich gekommene Mensch) ist das aufgelöste Rätsel der Geschichte und weiß sich als dessen Lösung" (Kröner, S. 235). Von hier aus würde man also sagen müssen, daß der Mensch das *eigentliche Thema* des marxistischen Denkens sei, zwar nicht der Mensch an sich, aber der Mensch im Zusammenhang mit den materiellen Bedingungen seines Existierens, die darüber entscheiden, ob er in der Entfremdung gefesselt bleibt oder aber die soziale Chance für den Durchbruch zu seiner Eigentlichkeit gewinnt.

Es dürfte in der Tat wichtig sein, den konkreten Anlaß zu bedenken, aus dem heraus der Marxismus entstand, nämlich die Lage der Arbeiterkreise in der Epoche des Frühkapitalismus. Das marxistische Ethos hat sich in der leidenschaftlichen Abwehrbewegung gegen zwei Krankheitssymptome der modernen Gesellschaft gebildet, die selbst wieder eng miteinander zusammenhängen: einmal gegenüber der modernen Form der Sklaverei, nämlich gegenüber der Herabwürdigung eines bestimmten Menschheitsteiles zu einer dinglichen Masse, die selber nur maschinellen Rang besitzt, und ferner gegenüber der Herabwürdigung des Menschen als *Mittel zum Zweck,* wobei dieser Zweck in dem Profit einer bestimmten, und zwar kleinen Parasitenklasse gesehen wird. Man wird deshalb die Initialzündung der marxistischen Bewegungen in dem Protest gegen die Entmenschlichung zu sehen haben. Insofern könnte man tatsächlich von einem *humanitären Ansatz* sprechen.

So berechtigt es nun auch ist, dem anthropologischen Ansatz im marxistischen System den gebührenden Stellenwert einzuräumen, so wird man doch sofort die Frage hinterherschicken müssen: *wie* und in welchem *Sinne* kommt der Mensch bei Marx vor? Der Beantwortung dieser Frage soll die folgende Überlegung gewidmet sein. Er soll so etwas wie eine scharfe *theologische Befragung* von Marx enthalten.

Homo oeconomicus

Der Mensch kommt bei Marx vor als Gegenstand eines „sozialen Erbarmens" und einer daraus gefolgerten gesellschaftlichen Therapie. Es geht um die Frage: Wie kann man den Menschen aus seiner Entfremdung und Depravierung angesichts einer verfahrenen sozialen Struktur befreien? Der Mensch ist aber – das wäre die *negative*

Zusatzfeststellung – nicht Gegenstand eines eigenständigen Interesses, das nach dem Geheimnis seiner Existenz, nach seinem Wesen fragte, und zwar auch dort, wo dieses Wesen die ökonomische Affinität überragt. Da der Mensch nur in seiner *Relation zum Ökonomisch-Gesellschaftlichen* gesehen wird und da man ihn selber nur so ändern und zu seiner Eigentlichkeit bringen kann, daß man diesen dominierenden Faktor ändert, bleibt es nicht aus, daß der Mensch schließlich nur als Exponent und Funktion dieses Realitätskomplexes gesehen wird.

Infolgedessen meint Marx, tatsächlich alles Nötige über den Menschen gesagt zu haben, wenn er ihn als *homo oeconomicus* beschreibt. Das Ökonomische wird nicht nur als eine (wenn auch sehr wesentliche) Dimension seines Daseins verstanden, sondern sein Dasein wird als Ausfluß dieser einen und partikulären Größe verstanden. *Das Partielle wird zum Ganzen gemacht.* In theologischer Terminologie ausgedrückt, hat damit das marxistische Denken in formaler Hinsicht den Charakter einer *Häresie.* Denn diese ist ja bekanntlich dadurch bestimmt, daß sie ein einziges Lehrstück zum Ganzen macht und es gleichsam zur „Elefantiasis" kommen läßt. So wäre auch Marx insofern ein „Häretiker" im Umkreis der Anthropologie, als er das Ganze menschlicher Existenz auf einen Sektor des Daseins *reduziert.* Wir werden deshalb erwarten dürfen und wohl auch sehen, daß Marx trotz seinem zentralen Interesse am Menschen das *Wesen der humanitas gerade verfehlt* und daß sein Denken ein Menschenbild von *gespenstischer Ungreifbarkeit* umkreist.

Doch gehen wir nun in medias res und fassen wir die Anthropologie einmal an ihrem negativen Ende an, dort nämlich, wo Marx von Entmenschlichung und Entfremdung spricht. Was ist das? Die Modelle dafür finden wir im Kapitalismus, so wie er ihn interpretiert.

Der Begriff der Entfremdung

Man kann den Verlust der humanitas, das heißt die Erniedrigung des Menschen zur dinglichen Arbeitskraft, genau an jenem Phänomen studieren, das der Marxismus als „Mehrwerttheorie" bezeichnet. Indem der Arbeiter nicht den seiner Arbeit angemessenen Tauschwert erhält, sondern nur soviel, wie er für sein Existenzminimum braucht, wird er nur als dynamischer, unpersönlicher Träger seiner Arbeitskraft und also nicht als *Person* gewertet, die doch mehr ist als die Produktivität, welche die Natur in sie investiert hat. Man könnte die im Kapitalismus liegende *Pseudohumanität,* so wie sie durch die Mehrwert-Theorie dargestellt wird, in dem Satz zusammenfassen: „Der Arbeiter wird nicht geliebt, aber man darf ihn nicht verhungern lassen, um seine Arbeitskraft zu erhalten."

Das aber wird als das Unmenschliche schlechthin empfunden, weil der Arbeiter damit nicht mehr als menschlicher Selbstzweck, sondern nur als Mittel zum Zweck gewertet wird: nämlich als Mittel zur Erzeugung einer bestimmten Arbeitsquote. *Immanuel Kant* hat es als Inbegriff des Unsittlichen festgestellt, wenn der Mensch nicht als Selbstzweck, sondern als Mittel zum Zweck gewertet wird. Diese *Verdinglichungstendenz* kommt schon in der Bezeichnung „Arbeitskraft" zum Ausdruck, so gewiß der Arbeiter damit in Parallele zu den naturhaften Energien wie Dampf und Elektrizität gesetzt wird. Da er nun diese seine Arbeitskraft verkauft, andererseits aber mit seiner Arbeitskraft *identisch* ist, so bedeutet das also, daß er gezwungen ist, sich selbst zu verkaufen.

Die so entstandene Sklaverei führt zur Entfremdung des Menschen von sich selbst. Und zwar manifestiert sich diese Selbstentfremdung in *zwei Formen:*

Einmal in der gesellschaftlich-ökonomischen: Der Mensch verfällt einer Deformation seiner selbst insofern, als er durch seine Produkte beherrscht und kontrolliert wird. Er steht seinen Produkten und deren Produktion nämlich nicht als Subjekt, sondern als Opfer und Sklave gegenüber. Dadurch, daß ein Teil der Menschen, nämlich die Kapitalistenklasse, über die Arbeit der anderen verfügt und sie nur als Mittel zum Zweck des eigenen Profits benutzt, das heißt als Menschenmaterial verbraucht, wird die Menschheit aufgeteilt in Nutznießer und Opfer. Der Mensch als bloßes Objekt und bloßer Träger einer Funktion: das ist seine äußerste Selbstentfremdung.

Die gesellschaftlich-institutionelle Repräsentation dieser Selbstentfremdung sind die *Klassen.* Der Grund für die Selbstentfremdung ist also eine *Arbeitsteilung,* kraft deren die einen für die andern arbeiten müssen und den Arbeitenden selbst keine Verfügung über ihr Produkt zusteht. Damit wird der Arbeiter auf seine Funktion reduziert. „Dieser degradierenden Funktion entspricht eine depravierte Seele" (Das Elend der Philosophie, Kröner, S. 516).

Ferner vollzieht sich die Selbstentfremdung in der *Religion und in der Ideologie.* Die jeweils herrschende Klasse bildet Ideologien, durch die sie ihre Monopole rechtfertigt, sich selbst zu bestätigen versucht und damit den Ausgesaugten Sand in die Augen streut, so daß diese ihre Selbstentfremdung als solche nicht erkennen und entsprechend auch nicht gegen sie aufbegehren sollen. Zu diesen Ideologien gehört nach Marx, wie gesagt, auch die Religion. Sie intensiviert und konserviert die Selbstentfremdung insofern, als sie eine Art von *Surrogat-Tröstung* ist, mit deren Hilfe der Mensch sich seine realen Verhältnisse verstellt, sich über sie tröstet (indem er auf ein besseres Jenseits hofft) und die Misere des Diesseits als vermeintlichen Willen Gottes akzeptiert. Dadurch wird er gehemmt, eine reale Wandlung seiner Lage zu wollen und herbeizuführen.

Hier sitzt wohl der eigentliche Impuls, der auf den *marxistischen Atheismus* drängt: Die Religion erlöst den Menschen nicht von seiner Selbstentfremdung, sondern sie hält ihn darin fest. (Vgl. die Studie des Verfassers zum Atheismusproblem in „Spannungsfelder der evangelischen Soziallehre", Hamburg.) Hier wird ganz deutlich, wie im ursprünglichen Marxismus offensichtlich Züge wahrnehmbar sind, die man nach Marxens Selbstverständnis als positiven Humanismus bezeichnen könnte. Es scheint Marx tatsächlich um den Menschen zu gehen, ja um seine „Persönlichkeit".

2. Der Bruch in der marxistischen Anthropologie

Vermag nun der Marxismus seinen „humanitären" Ansatz durchzuhalten? Die Frage ist deshalb so dringlich, weil wir immer wieder das Gegenteil zu beobachten glauben. Schon die Tatsache, daß der Marxismus sich in der *staatlichen Form der Diktatur* etabliert hat, belehrt uns, daß die Humanitas offenbar einem hochgradigen Personverlust gewichen ist, daß – jedenfalls in gewissen Formen seiner Auswirkung – die Würde und die Freiheit des Menschen nicht so respektiert werden, wie es im ursprünglichen Ansatz doch zu liegen schien, und daß wir einer Mechanisierung und Entseelung mit anderem Vorzeichen begegnen. (Daß wir dies im Westen nicht mit wegwerfendem Hochmut feststellen dürfen, liegt auf der Hand, weil wir in diesem Punkte – wenn auch wohl aus andern Gründen – selber im Glashaus sitzen.)

Selbst wenn wir das Selbstverständnis des Marxismus-Leninismus als einer konsequenten Ausformung der marxistischen Ideologie nicht billigen könnten, sondern einen tiefgreifenden Strukturwandel zu konstatieren hätten, so würde uns das nicht von der genannten kritischen Anfrage entbinden, sondern uns eher in ihr bestärken. Die Frage würde in diesem Falle nur schärfer zu stellen sein: Wie es nämlich komme, daß eben der Marxismus-Leninismus sich aus der urmarxistischen Ideologie zu „ergeben" vermochte und sich offenbar mit einigem Recht auf sie berufen kann. So halten wir zunächst an unserem Kernproblem fest, wie es zu diesem *Bruch* innerhalb des Marxismus gekommen sei, zu jenem Bruch, der den „humanitären" Ansatz im Inhumanen droht auslaufen zu lassen. Liegt hier Inkonsequenz, Entgleisung und *Abfall von seinem ursprünglichen Ideal* vor? Haben wir es hier mit dem *Wesen* selbst oder mit der *Abirrung* vom Wesen zu tun?

Diese Frage ist außerordentlich erregend. Denn von ihrer Beantwortung hängt es ab, ob die *Kirche Jesu Christi* nur ihr Nein zum Marxismus sprechen oder ob sie *Korrektive* in ihm angelegt finden kann, die zeigen, daß er auch einer wirklichen Humanitas gegenüber offenzubleiben vermag und daß die Verbindung mit einer atheistischen Anthropologie für den Marxismus nicht unbedingt konstitutiv ist, daß er vielmehr als wissenschaftliche Soziologie dem Christlichen gegenüber so offen- oder fernsteht wie etwa die Naturwissenschaft. Wir müssen uns hier als christliche Beobachter immer wieder zur Ordnung rufen, weil es ja so sein könnte, daß sich bei uns und für die Augen des Marxisten Christliches und Bürgerliches vermischt hat und den Blick trübt. Jedenfalls müssen wir diese mögliche Fehlerquelle im Auge behalten.

Der idealistische Ursprung

Vielleicht kommen wir in der Beantwortung unserer Kardinalfrage weiter, wenn wir den zweiten Strang verfolgen, der auf die Entstehung des Marxismus zurückführt. (Der erste betrifft den äußeren Anlaß, nämlich die Mißstände der kapitalistischen Gesellschaftsordnung.) Er soll uns die *geistesgeschichtliche* Entstehung zeigen, also die Art, wie der Marxismus aus der *Hegelschen Philosophie* hervorgegangen ist. Hierbei wird insbesondere die Frage im Auge zu behalten sein, inwieweit der Marxismus, wenn er sich betont „materialistisch" gebärdet, eine Art Ödipus-Komplex gegenüber seinem idealistischen Ursprung abreagiert.

Hegels Grundgedanke war ja, daß das gesamte Weltgeschehen eine *Selbstentfaltung des Geistes* sei. Dieser Geist west nicht in einem abstrakten „An-sich" jenseits der Welt, sondern existiert in seiner Entfaltung. Dabei ringt sich der Weltgeist allmählich von der Stufe der unbewußten Natur empor zur Stufe des erwachenden Bewußtseins von sich selbst. Dieses Bewußtsein liegt vor im Denken des Menschen, und dieses Denken hat seinerseits wieder einen reichen Stufenbau von Entwicklungsmöglichkeiten, die von der Phase eines dumpfen Erwachens bis zum Stadium höchster reflexiver Bewußtheit reichen. Dieses letzte Stadium tritt ein, wenn der Mensch schließlich den ganzen Gehalt des göttlichen Geistes zum klaren philosophischen Wissen erhebt. In diesem Sinne hat sich Hegel selbst als die *äußerste Bewußtwerdung des Geistes* verstanden.

Das für die idealistisch-marxistische Kontroverse Wesentliche ist also dies: Der Geist ist bei Hegel nicht etwas, das – grob gesagt – vom menschlichen Denken oder gar von seinem Gehirn „produziert" würde, so daß der Mensch am Anfang aller geistigen Bewegungen stände. Die Sache ist vielmehr umgekehrt: Der denkende Mensch ist das *Letzte*. Das *Erste* aber ist der Weltgeist selbst, der jene verschiedenen Stadien seiner Entwicklung kennt: Zuerst prägt er sich im Kosmos der anorganischen und organischen Natur aus. Auch diese trägt ja schon deutlich Geistspuren, denn sie ist eben „Kosmos", also ein sinnvolles, geisthaltiges Gebilde mit kausaler und finaler Gesetzlichkeit.

Aber sie ist nur Objekt des sich entfaltenden Geistes (im Stadium von dessen „Für-sich-Sein", also in seiner Selbstentfremdung) und kann ihm noch nicht mit eigenem Bewußtsein antworten. Erst im menschlichen Geist – also auf einer sehr späten Stufe der Entwicklung – wird sich der absolute Geist seiner bewußt und kann auf sich selbst reflektieren. Wenn also der Mensch denkt, dann denkt strenggenommen nicht der Mensch, sondern durch ihn hindurch denkt sich der absolute Geist selbst. So kommt es etwa zu dem Satz: „Der absolute Geist denkt sich im endlichen Geist, und der endliche Geist weiß sich als absoluten Geist."

Der Mensch als Durchgangspunkt geistiger Prozesse

Für die später von uns zu vollziehende Deutung des Marxismus ist es wichtig, zu bemerken, daß also in dem idealistischen System Hegels der Mensch selbst eine verhältnismäßig sekundäre Rolle spielt und daß er gleichsam nur einen Durchgangspunkt höherer geistiger Prozesse darstellt, ähnlich der Art, wie er später bei Marx bloßer Durchgangspunkt *ökonomischer Prozesse* ist. Damit hängt es zusammen, daß Hegel keinen rechten Ort für das menschliche Individuum hat. Die menschliche Geschichte als Selbstverwirklichung des Geistes kennt das Individuum nur als uneigentlichen Träger, eben nur als Durchgangspunkt. Als das bloß Individuelle kommt das Individuum *hinter der Gattung* zu stehen, die ihrerseits das Allgemeine präsentiert und insofern der Idee näher ist. Ja man kann geradezu sagen: Indem die Gattung als das Allgemeine sich hervorbringen möchte und dieses Hervorbringen im Fluß der Generationen geschehen ist, muß sie ständig das Individuum zur bloßen Übergangsgröße degradieren und insofern „töten", „verbrauchen".

Die Begattung der Individuen, kraft deren sie in die Gattung eingehen, kraft deren sie geschlechtlich handeln und insofern das Geschlecht als überindividuelle Größe bewahren, ist deshalb auch der erste Schritt zur Aufhebung der eigenen Individualität, das heißt zum Tode. Hegel bringt diese *eigentümliche Verbindung von Liebe und Tod* so zum Ausdruck, daß er sagt: „Die Gattung erhält sich nur durch den Untergang der Individuen, die im Prozesse der Begattung ihre Bestimmung erfüllen, und insofern sie keine höhere haben, damit dem Tode zugehen" (Enzyklopädie § 370 S. 327, Meiner). Man kann geradezu sagen: Die ursprüngliche Unangemessenheit des Individuums zum Allgemeinen „ist seine ursprüngliche Krankheit und der angeborene Keim des Todes" (a. a. O. § 375 S. 331).

Hegel ist für unseren Zusammenhang in doppeltem Sinne bedeutsam. Wir verstehen jetzt genauer, warum wir früher sagen mußten: Das Individuum „Mensch" sei gar nicht das eigentlich geistig Produzierende, sondern ein verhältnismäßig belangloser Durchgangspunkt des Geistes, der es benutzt, um dadurch seine Zwecke zu verwirklichen und sich seiner bewußt zu werden. Daß es tatsächlich so ist, wird etwa an der Rolle der *Renommierexemplare* der Menschheit, nämlich aus der Rolle der „weltgeschichtlichen Individuen", bei Hegel deutlich: Sie stehen nicht, wie wir als Zuschauer es ihnen zutrauen möchten, *initiativ* im Geschichtsprozeß, sondern werden von der „List der Vernunft" *instrumental* benutzt. Sosehr sich also der Marxismus gegen seinen idealistischen Ahn empören mag, so unverkennbar ist eine bestimmte Erbmasse, die er jedenfalls mitbekommen hat: jener sekundäre Rang des in den Strom überindividueller Prozesse hineingenommenen Individuums.

Der Bruch mit Hegel

Nunmehr sind wir genügend vorbereitet, um den Punkt ins Auge zu fassen, an dem der Marxismus geistesgeschichtlich entsteht, und das heißt hier, an dem er *aus der Hegelschen Tradition* ausbricht. Es ist wohl genügend deutlich geworden, daß man entscheidende Tendenzen des Marxismus nicht verstehen würde, wenn man diese seine idealistische Genesis nicht bedächte und sie in ihrer Negation dann doch wirksam sähe. Gerade seine atheistischen und antichristlichen Ressentiments werden nur verständlich, wenn man sich klarmacht, in welchem Ausmaß der Marxismus sich hier mit seinem eigenen väterlichen Ursprung auseinandersetzt.

Die junge Hegelsche Schule, die sogenannten *Links-Hegelianer*, aus deren Reihen Marx hervorgegangen ist, fühlen sich nun zu der erregenden und bei Hegel selbst bereits angelegten Frage gedrängt, ob seine Art, das Verhältnis von Weltgeist und menschlichem Geist zu bestimmen, nicht umgekehrt werden müsse. Stimmt es wirklich, fragt jene Schule, daß es so etwas wie einen absoluten Geist gibt, der das menschliche Bewußtsein benutzt, um sich seiner bewußt zu werden? Oder ist das nicht eine Illusion in dem Sinne, daß jener absolute Geist gerade umgekehrt die Projektion des menschlichen Geistes darstellt? Dann wäre der absolute Geist nur der Doppelgänger unserer selbst, den wir infolge einer optischen Täuschung, nämlich infolge eines heimlichen Objektivationsaktes, auf uns zukommen sähen.

Damit haben wir bereits die entscheidende Reaktion auf Hegel ausgesprochen. So sagt *Feuerbach* im Sinne dieser Reaktion – indem er jene Umkehrung auf den Gottesgedanken anwendet –, das Prinzip seiner Philosophie bestehe nicht in Spinozas „Substanz", nicht in Kants „intelligiblem Ich", nicht in Hegels „absolutem Geist", überhaupt nicht in irgendeiner derartigen, von der realen Wirklichkeit abstrahierten Größe, sondern sein Prinzip sei das Allerrealste von allen realen Wesen, das wahrhafte *ens realissimum:* der *Mensch.* Dieser Mensch denkt den Geist, und nicht denkt sich der Geist im Menschen. Hierbei ist bei Feuerbach dieses *ens realissimum* nicht der einzelne Mensch, sondern der Mensch als *Gattungswesen,* als Typus. Auch hier wirkt Hegels Abneigung gegenüber dem Individuellen noch nach.

Die äußerste Gegenposition

Diese nuancenreiche Front der Hegelschen Linken kann hier nicht weiter charakterisiert werden. Doch bedarf ihr äußerster und für die Gegenreflexion gegenüber Hegel charakteristischer Flügel noch einer näheren Betrachtung. Diese Gegenreflexion drängt nämlich zu einer äußersten Konsequenz, beinahe aufs Groteske zu, wenn *Max Stirner* in seinem berühmten Buch *„Der Einzige und sein Eigentum"* (1845) den konkreten einzelnen Menschen zum Repräsentanten der letzten, ja der einzigen Wirklichkeit überhaupt erhebt. Er meint dabei den Menschen, der von allem, was nicht real feststellbar ist (also von der Bezogenheit auf metaphysische, logische, ethische und rechtliche Normen), befreit ist, der insofern nur als physisches, nach Größe und Gewicht meßbares Wesen vor uns steht und den Augenblick genießt. Es kann wirklich nur den „Augenblick", den diskontinuierlichen Moment, für ihn geben. Denn sowie er sich auf Zukunft bezöge und damit zeitliche Kontinuität implizieren würde, müßte er Normen, Werte und Ziele voraussetzen, auf die hin er sich entwürfe.

Mit anderen Worten: Das *ens realissimum* ist nicht nur der einzelne Mensch mit seiner geistigen Existenz, sondern der einzelne Mensch als *animal naturale*, gerade abgesehen von seiner geistigen Existenz. In der Tat muß bei dieser letzten Konsequenz der Mensch auf den physischen Teil seines Ichs reduziert werden, gleichsam zusammenschrumpfen. Denn sobald dieser Mensch zu denken beginnt, hat er schon wieder mit dem irrealen Wolkenkuckucksheim zu tun, wie es sich in seiner Philosophie, seiner Religion und seinem Ethos niederschlägt.

So drängt sich schließlich der Begriff des „Einzigen" als des *einzig Realen* auf. Denn mit den „idealen" Normen entfällt ja auch jede Kommunikationsmöglichkeit zum Nebenmenschen, da diese nur im Rahmen von Relationen möglich wäre, die selbst wieder die beiden Menschenexemplare transzendieren müßten und insofern ideell wären. Deshalb kann es auch den Begriff des Menschen als Gattungswesen nicht geben, weil dieser Begriff ja die Kommunikation der Einzelnen impliziert. So gibt es statt einer Gemeinschaft nur das beziehungslose Nebeneinander physischer Körper. Hier ist Hegels Lehre vom absoluten Geist in eine nihilistisch anarchistische und atheistische Anthropologie verwandelt, die jegliche weitere Entwicklung, ja sogar den Begriff der Anthropologie selbst, ausschließt – einfach deshalb, weil der menschliche Gedanke hier das Reich des Irrationalen und Alogischen betritt, das Reich des Schweigens der Vernunft. Denn sobald diese zu reden begänne, strömte ja wieder die Illusion auf uns zu.

Umschlag in den Marxismus

Man muß den Umschlag des Hegelschen Idealismus einmal bis an diesen äußersten Punkt verfolgen, an dem er sich in den völlig materialistisch bestimmten Solipsismus Max Stirners verwandelt. Man muß sich einen Augenblick die ganze Trostlosigkeit dieser entgeisteten, entsittlichten Welt vergegenwärtigen, in der die Grabesstille des Nichts herrscht und wo der einzige, einsame Mensch in der Nachtverlassenheit einer Mondlandschaft mit sich selbst allein ist, um das schauerliche und absolute *Ende des Idealismus* zu erfassen und um anderseits den geistesgeschichtlichen Ort zu bestimmen, an dem nun der Umschlag in die marxistische Philosophie erfolgt und gleichsam „notwendig" wird.

Marx und Engels haben diese Stirnersche Konsequenz genau verfolgt. So schreibt *Engels* 1844 an Marx, indem er vom „edlen" Stirner spricht („edel" wohl deshalb, weil es nie ohne imponierenden Eindruck bleiben kann, wenn jemand letzte Folgerungen zu ziehen den Mut besitzt): „ ... dieser Egoismus ist so auf die Spitze getrieben, so toll und zugleich so selbstbewußt, daß er sich in seiner Einseitigkeit nicht einen Augenblick halten kann, sondern gleichsam in Kommunismus umschlagen muß" (Marx-Engels-Ausgabe III, Abt. I S. 7).

Diese Briefstelle scheint deshalb besonders bedeutsam, weil sie die geistesgeschichtliche Ansatzstelle des Marxismus genau bestimmt. Zugleich ist es wichtig zu sehen, daß und in welcher Weise das Gesetz der Hegelschen Geschichtsdialektik hier wirksam wird: Daß Max Stirner mit seinem materialistischen Individualismus die Antithesis zu Hegels These vom Geist und von der Aufhebung des Individuums ist, haben wir gesehen. Daraus ergibt sich nun die Frage, wie sich die Antithetik weiterentfaltet. Es scheinen nämlich zwei Möglichkeiten für die Bildung einer neuen Antithesis zu bestehen, je nachdem, worauf der Ton bei dem Begriffspaar „materialistischer Individualismus" liegt, ob auf „materialistisch" oder auf „Individualismus".

Im ersten Falle läge der Umschlag in eine neue idealistische Variante nah. Auf diese Möglichkeit brauchen wir hier nicht einzugehen, obwohl in den verschiedenen revisionistischen Sozialismen diese Regenerationsformen des Idealismus akut werden. Im zweiten Falle – wenn der Ton auf „Individualismus" liegt – ist die antithetische Entsprechung tatsächlich der *Kommunismus*. Diese Möglichkeit wird nun von Marx in Anspruch genommen. Zugleich ist hier noch ein weiteres Moment bedeutsam, das uns den hegelianischen Ursprung des Marxismus verständlich macht: daß in diesem Umschlag in den Kommunismus die materielle Ausgangsbasis „aufgehoben" wird, und zwar in jenem besonderen Hegelschen Sinne „aufgehoben", der besagt, daß es nicht nur um Negierung und Überwindung, sondern auch um eine „Bewahrung" in modifizierter Gestalt geht.

Das zeigt sich in einem Doppelten. Einmal in der Art, wie nun der Mensch in Beziehung gesetzt wird zu den materiell-ökonomischen Gesetzen, die seine Existenz bestimmen; und ferner in der Art, wie der Geistsektor verstanden wird. Im folgenden wird zunächst vom ersten, nämlich von der Bedeutung der ökonomischen Prozesse, die Rede sein.

3. „Einsicht in die Notwendigkeit" als Grundlage
menschlichen Handelns

Die Art, wie der Mensch im Marxismus als Funktion des geschichtlichen Unterbaues gesehen wird, erinnert an die *Abhängigkeit* des
Menschen *von Naturgesetzen*. Das wird besonders deutlich etwa
an der Interpretation der *Revolution,* wie sie Marx mit Hilfe des
Bildes vom Umschlag der Quantität in Qualität verdeutlicht: Im
Verlauf quantitativer Umschichtungen in der Gesellschaft, das heißt
einer quantitativen Besitzmehrung auf der einen und einer quantitativen Besitzminderung auf der andern Seite, ferner eines zunehmen-
den quantitativen Mißverhältnisses zwischen der immer kleiner
werdenden Schicht der Besitzenden und dem immer gigantischer
sich vergrößernden Heer besitzloser Proletarier treten mit Notwendigkeit solche Knotenpunkte ein, wie sie beim *Umschlag der
Quantität in Qualität* vorliegen. In diesem Falle kommt es zu dem
Knotenpunkt der „Revolution".

Man sollte meinen, daß gerade in der Revolution die Freiheit des
Menschen hervorbräche, daß sie ein von Emotionen begleitetes
Ereignis menschlicher Spontaneität sei. Die Revolutionen bedeuten
doch immer, daß man mit dem Trägheitsgesetz der Vergangenheit
bricht, daß man sich nicht einfach mehr als Wirkung historischer
Zustände (zum Beispiel gesellschaftlicher Ordnungen) auffaßt,
sondern in freier Spontaneität die Fesseln bricht und sich selber zum
Schöpfer neuer Zustände erklärt. Wir sehen aber, daß auch die
Revolution (als dieses spezifische Phänomen menschlicher Freiheit)
einer naturgesetzlichen Notwendigkeit unterworfen ist und die
Eigenschaft eines physikalischen Knotenpunktes besitzt. Ist damit
nicht jede Subjekthaftigkeit des Menschen, und das heißt: jedes
Menschliche überhaupt aufgehoben? (Hierbei dient uns der Fall
Revolution nur als Modell der Betrachtung.) Um die Frage noch
weiter zu treiben; kann es in diesem Umkreis überhaupt die für den
Menschen so repräsentative Situation der „Verantwortung" geben?

Das Problem der Verantwortung

Um gleich bei diesem letzteren Begriffe zu bleiben: Die Chance zur
Verantwortung ist immer nur dann gegeben, wenn eine doppelte
Bedingung erfüllt ist: wenn ich erstens als Subjekt frei handle und
darum für das, was ich tue, geradestehen muß; für das, was ich im
Trancezustand oder angesichts eines erpresserisch vorgehaltenen
Revolvers tue, kann ich jedenfalls von Menschen nicht zur Verant-

wortung gezogen werden. Sie ist zweitens gegeben, wenn die Möglichkeit besteht, daß der Mensch ein Echo gibt auf den an ihn ergehenden *Anspruch der höheren Autorität,* zum Beispiel der Wahrheit. Verantwortung heißt ja doch, der Notwendigkeit ausgesetzt zu sein, antworten zu müssen, Echo geben zu müssen.

Daher ist Verantwortung prinzipiell nicht möglich, wenn die Konfrontation mit einer Größe fehlt, der ich antworten *muß* und die deshalb von mir unabhängig ist. Die Möglichkeit der Verantwortung ist prinzipiell nicht gegeben, wenn alles, was ich tue und denke, sich unter Umgehung meines personhaften Ich beziehungsweise unter bloßer Benutzung meines unpersönlich gedachten Ich als dialektisch bedingter Prozeß ergibt. Wird in diesem Zusammenhang der Begriff Freiheit dennoch gebraucht (und gibt es überhaupt ein philosophisches System, das auf ihn verzichten würde?), dann kann er nicht mehr das Signum willentlicher Spontaneität sein, sondern nur noch *„Einsicht in die geschichtliche Notwendigkeit"* bedeuten. Wir müssen bei diesem Verständnis der Freiheit einen Augenblick verweilen.

Wolfgang *Leonhard* berichtet in seinem berühmt gewordenen Buch „Die Revolution entläßt ihre Kinder" von dem eigenartigen Eindruck, den die Freiheitsproklamationen der westlichen Presse auf die jungen Funktionäre bolschewistischer Parteihochschulen gemacht hätten. „Für uns", so sagt er (S. 331), „war Freiheit die Einsicht in die historische Notwendigkeit. Da wir die einzigen waren, die auf Grund wissenschaftlicher Theorien diese Einsicht hatten, waren wir frei, während die Menschen im Westen, die diese wissenschaftliche Theorie nicht besaßen und damit der geschichtlichen Entwicklung unwissend und hilflos gegenüberstanden, ja zum Spielball dieser Entwicklung wurden (trotz ihren Freiheitsproklamationen), unfrei waren."

Anders ausgedrückt: Der Westen versteht unter Freiheit das Vermögen, „zu tun, was man will", ahnt aber nicht, welche geheimen Steuerungskräfte der Geschichte seine vermeintliche Freiheit durchwirken und sie damit zur Illusion machen. Man wird die Ernsthaftigkeit dieser Infragestellung nicht überhören können. Würden wir sie mit dem bloß konfessorischen Hinweis beantworten, wir verträten eben den freiheitlichen way of life des Westens, so wäre das hohles Pathos. Es erschreckt mich, wenn ich das Geräusch dieser klingenden Schellen immer wieder unter uns höre. Sie sind die Signale einer *beklemmenden Sicherheit,* die am Rande des Abgrunds nicht nur unangemessen, sondern bedrohlich ist. Hier ist uns die Anstrengung des Gedankens aufgegeben.

Was bedeutet dieser Satz, daß Freiheit die Einsicht in die Notwendigkeit sei? Der dialektische Materialismus vertritt die These, daß in der Natur sowohl wie in der Gesellschaft nicht so etwas wie Zufall, sondern daß Notwendigkeit herrsche. Insofern wird alles, was den Geschichtsraum und damit die Sphäre menschlichen Handelns durchwirkt, von objektiven Gesetzen gesteuert. Sie haben die Stringenz von Naturgesetzen. Da sich der Kommunismus nun als eine Befreiungsbewegung versteht und infolgedessen die Welt nicht zu interpretieren, sondern zu *verändern* wünscht, sieht er sich sehr elementar dem Problem der Freiheit gegenübergestellt. Denn der Wille, die Welt zu verändern, setzt logischerweise die Freiheit voraus, sie verändern zu *können*.

Die Antwort auf die so erfragte Relation zwischen Freiheit und Notwendigkeit kann in dem abgesteckten Rahmen – in der berühmten Definition von Friedrich Engels – nur lauten: „Nicht in der erträumten Unabhängigkeit von den Naturgesetzen liegt die Freiheit, sondern in der *Erkenntnis dieser Gesetze* und in der damit gegebenen Möglichkeit, sie planmäßig zu bestimmten Zwecken wirken zu lassen." Die Freiheit ist demnach nicht aktives Eingreifen in die Gesetze – wie sollte das auch möglich sein! –, sondern sie vollzieht sich als *Kollaboration* mit diesen Gesetzen, als ein planmäßiges Wirkenlassen. Diese Kollaboration setzt natürlich ihre Kenntnis voraus. Und diese Kenntnis läßt sie als die der Bewegungsregeln des materialökonomischen Unterbaus der Geschichte verstehen.

Dieser *geschichtlichen* Struktur der Freiheit als einer bloßen Einsicht in die Notwendigkeit folgt nun als Überbietung die *eschatologische* Freiheit der Geschichtsvollendung. Diese ihre zweite Gestalt – eben die eschatologische – führt das herbei, was der Marxismus-Leninismus den *„Sprung in das Reich der Freiheit"* nennt. Denn mit der Besitzergreifung der Produktionsmittel durch die Gesellschaft hört die Herrschaft des Produkts über den Produzenten auf. Damit hört auch die Notwendigkeit des bisherigen Geschichtsverlaufs, die eine Art Oktroi für den Menschen bedeutet, auf. Und die „objektiven fremden Mächte, die bisher die Geschichte beherrschten, treten unter die Kontrolle des Menschen" und räumen ihm nunmehr die Rolle des Subjekts ein. Erst dieses eschatologische Stadium der Geschichte bringt die endgültige Emanzipation des Menschen aus dem Tierreich, läßt ihn ganz bei sich selbst sein und eröffnet die Chancen einer ungebrochenen Humanität.

Wer Hegel kennt, hört hier die Materialisierung seiner Geistlehre unschwer heraus: Indem der Mensch sich zum subjektiven Geiste entwickelt, wird er frei und erkennt in aller Wirklichkeit die Manifestation desselben Geistes, der in ihm als endlichem Geist zum Bewußtsein seiner selbst kommt. Indem er sich so in seiner Identität mit dem erkennt, was alles Gegenständliche durchwirkt, ist er absolut frei. Denn Frei-Sein und Von-nichts-Fremdem-determiniert-Sein ist dasselbe. „Frei bin ich, wenn ich bei mir selbst bin" (Philosophie der Geschichte/Philos. Bibl., S. 32); anders: wenn ich das vom Weltgeist Gewollte will und wenn also dieses Gewollte kein Oktroi mehr für mich ist. Indem die Geschichte ein Fortschritt im Bewußtsein dieser Identität ist, ist die Weltgeschichte zugleich „der Fortschritt im Bewußtsein der Freiheit" (a. a. O., S. 40). Der eschatologische Raum der Freiheit ist deshalb ebenfalls ein Raum vollendeter Humanität im Sinne des Bei-sich-selbst-Seins der Menschen.

Im dynamischen Gefälle der Geschichte

In der Nachfolge Hegels sieht der Marxist also den Aufstieg zur Freiheit dadurch gegeben, daß er die anonymen Gewalten, denen die Bourgeoisie geblendet gegenübersteht, beim Namen nennt und die Erkenntnis ihres gesetzlichen Ablaufs in eins setzt mit dem Programm seines Handelns. Dadurch verzehrt er sich nicht mehr, wie der Kantsche Dualismus von Freiheit und Notwendigkeit es fordert, im Kampf mit den Zwangsläufigkeiten der Geschichte – also im Kampf mit ökonomischen Trends, mit massenpsychologischen Nomoi und vielen andern Faktoren des überindividuellen Geschichtsraums –, sondern er nutzt deren Gefälle aus, treibt alle Wasser auf seine Mühlen und potenziert damit seine geschichtsverändernde Dynamik mit den *Kräften der Geschichte* selbst. Er behandelt folglich die Geschichte sozusagen homöopathisch, im Sinne von *similia similibus,* statt ihr allopathisch „contra" zu geben.

Man versteht, daß hierin – nun im Unterschiede zu Hegel! – selbst eine „ökonomische" Überlegung zum Zuge kommt: daß es nämlich kraftverzehrend sei, sich dem Trend der Geschichte zu widersetzen, und umgekehrt kraftsparend, den eigenen Willen durch Richtungsgleichheit mit dem dynamischen Gefälle der Geschichte um das Vielfache zu potenzieren. Das Ökonomische ist nicht nur der *Gegenstand* des marxistischen Denkens, sondern bestimmt auch seine *Methode,* sich denkerisch dieses Gegenstandes zu bemächtigen und dann handelnd auf ihn einzuwirken.

Wir verstehen den hohen Grad von Faszination, den diese Schau und diese Programmatik erzeugen müssen. Die Attraktivität dieses

Konzepts beruht dabei wohl weniger auf seinen materialistischen Hintergründen – hier ist ein polemisches Wenn und Aber vielmehr sofort auf dem Plan –, sondern jene Attraktivität rührt aus der Einsicht, daß hier die Freiheit nicht einfach als Wunschziel proklamiert, sondern daß sie *dem Druck der Reflexion* ausgesetzt wird. Diese Reflexion entdeckt bestimmte Steuerungskräfte der Geschichte, angesichts deren Freiheit erst zu sich selbst kommen kann, wenn anders sie nicht blind sein und dann zur Phrase entleert werden will. Wer Freiheit sagt, ohne um jene Notwendigkeit zu wissen, mit der er sich so oder so arrangieren muß, hat im Grunde nichts gesagt.

Darum kann der freie Westen in kommunistischer Sicht seine Freiheit nicht so erklären, daß er anders „will" als sein östlicher Widerpart, sondern daß er anders „denkt". Die Freiheit zu wollen – im Gegensatz etwa zu Terror und ideologischer Tyrannis – kann deshalb nur heißen, daß man andere *Gedanken* über die Freiheit will. Freiheit muß begründet werden, sonst hat sie keinen Grund. Hierbei möchte ich den Doppelklang des Begriffes „Grund" im Sinne einer logischen Kategorie und im Sinne eines realen Lebensfundamentes bewußt ausschwingen lassen. Insofern enthält der *Marxismus-Leninismus* eine sehr prinzipielle Anfrage, die nicht deklamatorisch, sondern nur argumentierend beantwortet werden kann. Das Problem, wie diese Anfrage zu beantworten sei, erscheint als die große Denk- und Entscheidungsaufgabe für die mündigen Geister des Westens.

Die Legitimierung der Verkürzung des Menschen

Hier stoßen wir nun wieder auf die Reduktion des personalen Bereiches im Marxismus, denn man ist doch zu der Frage genötigt: Ist Freiheit auf diese Weise nicht zurückgeschraubt auf das bloße Vermögen, eine Einsicht zustande zu bringen (eben die in die historische Notwendigkeit)? Was aber drängt den Menschen, diese Einsicht in Anspruch zu nehmen? oder besser: was bevollmächtigt ihn dazu?

Was die *Proletarierklasse* anbelangt, so könnte man vielleicht antworten: Dieses Drängende ist eben das soziale Elend, das sich überwinden möchte und taktische Möglichkeiten zu erspähen sucht, wie diese Befreiung bewirkt werden könne. Dabei stellt man als erste Voraussetzung fest, den Gang des geschichtlichen Prozesses zu konstatieren, um im Sinne seines Trends und damit produktiv, nicht aber gegen ihn und damit erfolglos, zu wirken. Dann wäre die Freiheit als Einsicht in die Notwendigkeit also nur das *Produkt des ökonomischen Drucks,* auf keinen Fall aber das, was man von jeher unter Freiheit verstanden hat: nämlich das Vermögen, sich von jeglichem Druck zu distanzieren, sich gegenüber Gesetzen zu behaupten und zum Beispiel die Freiheit des Geistes gegenüber den Leiden des Körpers triumphieren zu lassen.

Denkt man aber statt an die Proletarierklasse an Leute wie Marx selbst, die es ja hier doch sind, die die Theorie der Geschichte aufstellen und ihre Einsichten in Notwendigkeit proklamieren, so kommt man mit dieser Erklärung nicht aus. Denn diese Philosophen des Marxismus, Marx und Engels etwa, stehen ja selber nicht unter dem Druck des proletarischen Schicksals; sie leisten die Arbeit der Gedanken doch *stellvertretend* für das Proletariat. Was drängt denn *sie* zur Inanspruchnahme jener Freiheit? Ist es das Erbarmen mit dem entfremdeten Menschentum der Proletarier? Antworten wir darauf mit Ja, dann ergibt sich sofort die nächste Frage: Wie kommt es zu jenem Erbarmen? Was ist denn die Würde dieser Menschen, für die sich der Einsatz eines Denkerlebens lohnt? Und auf diese Frage bekommen wir *keine* Antwort.

Das Motiv der Freiheit, die Bevollmächtigung zur Freiheit erfolgt also, wenn ich recht sehe, entweder nur als *Selbsthilfemaßnahme* unter ökonomischem Druck, oder sie erfolgt um des Menschen willen, dessen Wesen und Würde dunkel bleiben. Müßte es aber nicht aufgelichtet werden, müßte man nicht sagen, was dieser Mensch ist, um die Bereitschaft, ihm zu helfen, etwa aus dem Motiv der Liebe zu erklären? Im *Neuen Testament* ist ja die Liebe aus dem Wesen des Menschen begründet: Er ist das Wesen, an dem Gott gelegen ist und das er „teuer erkauft"; darum muß auch uns an ihm liegen, wenn uns an Gott liegt.

Ausklammerung des personalen Bereichs

So bleibt der personale Bereich ausgeklammert und unbelichtet. Das letzte, was über den Menschen gesagt wird, ist nur dies, daß der Mensch in seinem Sein und Bewußtsein durch den ökonomischen Unterbau, also durch die Klassensituation, bestimmt sei, daß er der Exponent dieser Situation wäre. Alle seine Antriebe und Entscheidungen sind nur ein Ausfluß dieses Unterbaues, sind nur Reaktionen auf ihn, sind aber niemals auf Überzeugungen zurückzuführen, die einen eigenständigen Ursprung im sittlichen Ich, im Gewissen hätten.

Wie sollte so etwas denn auch nur denkbar sein? Solche Entscheidungen und Überzeugungen würden ja doch, *wenn* sie zustande kommen, im Bewußtsein gebildet. Dieses aber ist doch nur das Spiegelbild jener ökonomischen Grundlage, befindet sich also von ihr in funktionaler Abhängigkeit. Daher kann es gar nichts Eigenständiges produzieren. Denn: „Die herrschenden Gedanken sind weiter nichts als der ideelle Ausdruck der herrschenden materiellen Verhältnisse, die als Gedanken gefaßten herrschenden materiellen Verhältnisse; also die Verhältnisse, die eben die eine Klasse zur herrschenden machen, also Gedanken ihrer Herrschaft" (Marx, Deutsche Ideologie, Kröner, S. 373 f.).

Auch hier ist zwar festzustellen, daß diese Diagnose von Marx in vieler Hinsicht die Bedeutung eines Korrektivs hat: daß sie nämlich zeigt, wie wenig die Annahme stimmt, daß die Philosophie voraussetzungslos vom Himmel auf die Erde stiege, und wie wichtig es ist, sich klarzumachen, daß die soziale Lage tatsächlich formend auf unser Bewußtsein und unsere Entscheidungen wirkt. „Die Primitivität besteht nur darin", so sagt *Schoeps* einmal (Was ist der Mensch, S. 53), „daß er glaubt, hier das alleinige und absolute Erklärungsprinzip der doch so komplexen menschlichen Handlungsweisen gefunden zu haben, mit dem sich sogar die Entwicklungsgesetze der Geschichte bestimmen und vorausbestimmen lassen. Daß die Handlungsweisen der Menschen – vulgär ausgedrückt – immer nur von der Brieftasche abhängen, ist einfach eine Albernheit. Gegenüber jeder wahrhaft großen Gestalt der Weltgeschichte versagt das materialistische Erklärungsprinzip ... Nicht einmal eine so ephemere Erscheinung der jüngsten Vergangenheit wie die Hitler-Bewegung kann ernsthaft so erklärt werden." Darum „setzt der reale Geschichtsverlauf die marxistischen Deutungen und Prognosen immer wieder ins Unrecht, obwohl sie, mit den Erfordernissen der ökonomischen Vernunft gedeckt, so realistisch klingen. Aber in Entscheidungszeiten versagen sie immer wieder. Warum dies? Weil die Marxisten eine falsche Anthropologie besitzen, weil Marx mit seiner These von der ausschließenden Seins-Fundiertheit des Bewußtseins den Menschen verkürzt angesetzt hat."

4. Die Degradierung des Menschen zur Funktion

Im Ausfall der Personalität, in der Reduktion des Menschen zur bloßen Funktion des Unterbaus, liegen die tiefsten Gründe dafür verborgen, daß wir in der Welt des kommunistischen Denkens immer wieder auf die *Personlosigkeit* in ihren verschiedenartigen Ausdrucksformen stoßen, z.B. darauf, daß es hier nur ein kollektives Handeln und Denken gibt, daß es zum DIN-Format und zur Schematisierung in Sprache und Anschauungen, zum Klischee der Propaganda neigt, daß die Vielfalt und der Spannungsreichtum der geistigen Strukturen, daß das Schwimmen gegen den Strom und daß das Nichtheulen mit den Wölfen schon als *Möglichkeit* nicht vorgesehen sein können.

Marxistische Marxismuskritik

Ein Zeichen dafür, wie stark man die gefährlichen Entwicklungsmöglichkeiten auch innerhalb des Sozialismus selbst gesehen hat, bilden die sogenannten *„Revisionismen"*, die sich freilich in bloßen Postulaten erschöpfen, wobei es natürlich zweifelhaft ist, ob sich die von ihnen gewünschten Korrekturen noch wirksam anbringen lassen, wenn erst einmal die Ebene des marxistischen Denkens betreten ist. Es seien hier nur zwei solcher revisionistischer Postulate genannt, die für unseren Fragenkreis besonders wichtig sind. So sagen etwa die führenden Revisionisten *Eduard Bernstein* und *Ludwig Woltmann,* es gehe nicht an, die Gesellschaftslehre wie eine Art Naturwissenschaft zu betreiben, die gewisse soziologische Gesetze aufstellt, genauso wie man Naturgesetze formuliert, und die dann mit Hilfe dieser Gesetze kommende Entwicklungen exakt vorauszusagen vermöge.

Diese Voraussagungen könnten gar nicht in Erfüllung gehen und seien auch nicht in Erfüllung gegangen. Zum Beispiel sei die *Verelendung des Industrieproletariats* überhaupt nicht weiter fortgeschritten, sondern es habe sich infolge Selbsthilfe (Streiks) und anderer sozialer Maßnahmen (Gewerkschaft), also infolge von Eingriffen menschlicher Initiative, die von keinem Naturgesetz bestimmt seien, eine stete Verbesserung der Lebensverhältnisse bei den arbeitenden Schichten und beim bürgerlichen Mittelstand ergeben. Sie sagen also mit andern Worten: Die exakt berechneten *Prognosen* können gar nicht in Erfüllung gehen, weil sie nicht mit der Intervention des zielbewußten, vernünftigen Willens rechnen. Deshalb aber müsse man die ethischen und idealen Werte ernst nehmen und dürfe sie nicht als bloß funktionelle Ideologien verstehen. Religion, Kunst und Recht hätten ebenso auf die wirtschaftlichen Verhältnisse eingewirkt, wie umgekehrt die wirtschaftlichen Zustände den religiösen oder künstlerischen Überbau beeinflußt hätten.

Man wird angesichts dieser Revisionsvorschläge, die aus dem Lager des Marxismus kommen, allen Ernstes die Frage stellen müssen, inwieweit sie damit nicht die eigentliche Front des Marxismus ablehnen und ihn deshalb nicht korrigieren, sondern negieren, was natürlich nicht zu heißen braucht, daß man sich nicht gewisse wirtschaftstheoretische Einsichten anzueignen vermöchte.

Die Prüfung dieser Frage kann nicht unsere Aufgabe sein. Ich erwähnte den Revisionismus nur, um zu zeigen, daß das Erschrecken über die im Marxismus herrschende Personlosigkeit nicht aus theologischen Vorurteilen zu stammen braucht, sondern daß es innerhalb des Marxismus selbst empfunden wurde. Genau wie der junge Marxismus eine Art Intervention zugunsten des Humanum vollzog (damals gegenüber der kapitalistischen Gesellschaft), so vollzieht nun der Revisionismus wiederum eine Art Intervention zugunsten des Humanum (diesmal aber gegenüber dem Marxismus selbst).

Ein eindrucksvoller Hinweis auf die drohende Personlosigkeit zeigt sich auch an einer atheistischen Meditation über das Gebet, wie sie der marxistische Philosoph Milan Machovec in seinem Buch „Vom Sinn des menschlichen Lebens" vorträgt: Während der heutige Mensch kraft permanenter Außensteuerung und Ablenkung in der Ichvergessenheit lebe, habe sich „der Mensch von einst... den inneren Dialog durch die Religion gesichert". Er sprach im Gebet zwar entgegen seiner Vermutung nicht mit *Gott,* sondern mit seinem „idealen *Ich",* doch gewann er dadurch immerhin jenen „inneren Dialog, der ihm ermöglichte, sein Leben zu bewältigen. sein Ich nicht in äußerlichen Dingen aufgehen zu lassen". Wenn der moderne Mensch deshalb „das Gebet nur einfach aus seinem Leben streicht, ohne das Menschliche, das im Gebet enthalten war, zu demystifizieren und zu befreien, dann verliert er den inneren Dialog mit sich selbst, dann verzichtet er ... auf die Vergegenwärtigung und Überwindung des Gefühls der eigenen Schwäche und der ‚Schuld', d. h. der Mißerfolge des ‚empirisch' Ich", dann ... „erleidet er notwendigerweise eine gewisse innere Verarmung". — „Der souveräne Herrscher über die Dinge, der sein Ich vergißt, bringt sich um das Kostbarste auf der Welt: um die Kommunikation mit dem Menscheninnern. *Im Vergleich mit dem modernen Menschen ist der mittelalterliche, seinen Meditationen hingegebene Mönch, was den Einstieg in die inneren Dialog betrifft, eigentlich fortgeschrittener"* (Hervorhebung vom Verfasser).

So scheint sich Machovec in einem Zwiespalt zu befinden: Einerseits solidarisiert er sich mit der marxistischen Religionskritik, und zwar mit einem unverkennbar rationalistischen Akzent. Andererseits sieht er, daß mit der marxistisch bedingten Emanzipation von der *Theologie* zugleich eine Gefährdung der *Anthropologie* gegeben ist: Die fundamentale Rolle des Materiell-Dinglichen raubt dem Humanum seine Eigenständigkeit und tastet den Freiraum seines Innen an. Sein fehlendes spezifisches Gewicht läßt das Humanum wehrlos dem Außen der Dingwelt verfallen. So wird das Gebet als bewahrendes Exercitium der Menschlichkeit beschworen, wenn auch so, daß es entmythisiert werden müsse. Nur seine kreative *Funktion* im Bereich des Humanum solle erhalten werden, nicht aber sein ursprünglicher *Sinn:* der Dialog mit Gott, aus dem sich – wie nebenbei – dann auch jene „humane" Funktion ergeben hatte.

Wenn irgendwo, dann zeigt sich in diesem Stadium des Spätmarxismus, wo die liegen gebliebene Frage nach der Wirklichkeit des Humanum mit Macht aufbricht, die „heimliche Frage nach Gott".

„Kommunistischer Humanismus"

Damit sind wir nochmals auf den tiefen Bruch gestoßen, der sich im Marxismus selbst offenbart. Er besteht darin, daß der merkwürdige Widerspruch, der von vornherein zwischen dem menschlich-persönlichen Anliegen einerseits und der ökonomisch-materialistischen Entpersönlichung anderseits besteht, in Theorie und Praxis immer mehr zugunsten der Entpersönlichung entschieden wird. Hat aber nicht auch der Marxismus-Leninismus das Stichwort vom „positiven Humanismus" aufrechterhalten? Hat selbst *Stalin* – um eine besonders extreme und schillernde Gestalt zu zitieren – diesen Begriff nicht auch verwendet?

Eine Rede Stalins, die Fritz Lieb (Rußland unterwegs, 1945, S. 262 ff.) abdruckt, ist für die Interpretation des Begriffs „positiver Humanismus" außerordentlich instruktiv. In dieser Rede wettert Stalin bei einem Betriebsappell dagegen, daß man sich um eine entlaufene Stute mehr bemüht habe als um einen vermißten Arbeiter. Und er sagt dann: früher, in der Zeit der Revolution, habe man allen Wert auf die Förderung der Technik legen müssen; jetzt aber müsse man sich wieder dem Menschen zuwenden, der die Technik meistere. Gerade dieses humane Interesse werde durch die Losung der Technik selbst gefordert. (Man beachte: Nicht ein kategorischer Imperativ oder ein Gebot Gottes legt den Akzent auf das Humanum, sondern dieser Akzent wird von der Technik gesetzt.) „Wir müssen jeden fähigen und sachkundigen Funktionär hüten und sein Wachstum fördern. Sorgfältig die Menschen aufziehen, sie richtig im Produktionsprozeß einteilen und organisieren, ihre Qualifikation heben, das ist es, was wir nötig haben, um eine große Armee von produktions-technischen Kadern zu schaffen."

Verwertbarkeit als Maßstab

Da diese Argumentation ja nicht allein steht, sondern durchaus konformistisch ist, wird man sie als repräsentativ verstehen und entsprechend interpretieren dürfen. Danach ist der neue, auf den Menschen zu legende Akzent und ist der ihm korrespondierende positive Humanismus nicht dadurch veranlaßt, daß der Mensch als Gegenüber zur Welt des Mechanisch-Instrumentalen gesehen würde, daß er etwa der Träger von personhafter Würde oder eines

„unendlichen Wertes der Menschenseele" oder einer Gottebenbild-lichkeit wäre, sondern es ist so: Innerhalb der Hierarchie der techni-schen Mittel ist der Mensch befördert und zu einer Spitzenstellung erhoben worden, insofern er der *Steuermann der Maschine* ist. Er ist der Funktionär inmitten einer Welt von Funktionen: das ist sein Adel. Es geht nicht um seinen Wert, sondern es geht um seine *Ver-wertbarkeit.* Auch hier dominiert der *pragmatische Aspekt.*

Die Frage, die an diese Form des Humanismus zu stellen ist, lautet von hier aus so: Versteht er nicht ebenfalls – nämlich genauso wie sein ursprünglicher kapitalistischer Gegner – den Menschen *als Mittel zum Zweck,* wenn er dessen Wichtigkeit danach bemißt, welche Rolle der Mensch im Produktionsprozeß spielt? Die Mittel-zum-Zweck-Stellung wird immer an einem Grenzfall erkennbar (wie überhaupt die Grenze der für die Erkenntnis fruchtbare Ort ist): daran nämlich, ob der Mensch nur Träger eines dinglichen Wertes und einer Funktion ist, ob er zum Beispiel also nur dadurch Gewicht besitzt, daß er einen ökonomischen Wert repräsentiert, oder ob er auch, abgesehen von diesem Wert, als alter, schwacher und „lebensunwerter" Mensch noch sakrosankt bleibt. Denn eben-dies empfinden wir doch als das *spezifisch Menschliche.*

Ist der Mensch dagegen nur wichtig als Träger eines dinglichen Wertes, so darf auch die höchste Schätzung, die ihm widerfährt und die sich vielleicht in Orden, gesellschaftlichen Privilegien und ent-sprechenden Gehaltsbezügen ausdrückt, nicht zu dem Irrtum ver-führen, als ob es bei dieser Schätzung um den Respekt vor der menschlichen Person ginge. Wie wenig es um diesen menschlichen Respekt geht, wird daran deutlich, daß es in der Konsequenz dieses Gedankens liegen würde, die nicht mehr verwertbaren Exemplare der Spezies Mensch zu „liquidieren".

Ausklammerung der anthropologischen Grundfragen

Tatsächlich wird über diesen pragmatischen Aspekt hinaus nicht nach dem Wesen des Menschen gefragt. Es drängt sich aber noch eine Testfrage auf. An zwei Punkten nämlich scheint die Frage nach dem Menschen doch gestellt zu werden: *erstens,* wenn Marx von der *Entfremdung* spricht. Kann man von der Entfremdung reden, ohne sie an einer Norm dessen zu messen, was nun der Mensch, der „bei sich selbst" ist, in seinem Wesen und also positiv darstellt?

Das braucht indessen nicht so zu sein, so verwunderlich es klingt. Denn auch bei uns ist es so, daß wir alle ziemlich genau sagen kön-nen, was unmenschlich ist. Wenn man aber sagen soll, was menschlich im positiven Sinne ist, breitet sich leicht Verlegenheit aus. Wer weiß, was böse ist, weiß noch längst nicht, was gut ist. Denn um zu wissen, was der Mensch ist und was gut ist, müßte man die Quelle seines Wissens verraten: zum Beispiel, ob der Mensch Ebenbild Gottes oder aber nur Funktionär des ökonomischen Prozesses ist. Bei der Negation dagegen, bei der Feststellung dessen, was unmenschlich ist, braucht man das nicht ohne weiteres zu verraten. Denn eine massive Mißhandlung des Menschen, seine zynische Ausnutzung zum Beispiel, widerspricht beiden Menschenbildern.

Weil man aber meist nur von „dem" Menschen spricht, darum ist dieser Begriff bei uns auch so verblasen und unglaubwürdig, darum ist er zum Humanitätsgeschwätz geworden. Meist meinen wir, wenn wir von „dem" Menschen sprechen, nur eine Chiffre für das Gegenteil des Unmenschlichen, also die *Negation der Negation*. Aus der Feststellung allein also, daß Marx den Begriff der Entfremdung und damit der Unmenschlichkeit kennt, können wir noch nicht schließen, daß er auch um das Positive, um das Wesen des Menschen selber, wüßte.

Weiß Marx denn – vielleicht unter der Chiffre der Entfremdung – wenigstens um das „Radikal-Böse"? Auch das wird man mit gewichtigen Gründen in Frage stellen dürfen. *Leszek Kolakowski* (Der Mensch ohne Alternative, München 1961) dürfte recht haben, wenn er darauf hinweist, daß die Frage des Radikal-Bösen hier gar nicht entstehen könne, weil der Mensch sich ja nicht vor radikalen Entscheidungen gegenüber einem absolut verstandenen Guten und Bösen sehe, sondern sich nur vor die durch geschichtliche Prozesse eingeschränkten und relativierten Werte stelle. Gut und Böse können sich doch überhaupt nur in einer persönlichen, unbedingt verstandenen Überzeugung zeigen: „Einer moralischen Beurteilung unterliegen ausschließlich einzelne Menschen und ihre Handlungen. Das kommt daher, daß es keine moralische Beurteilung ohne Berücksichtigung der Absicht des Handelnden gibt, die Absichten aber sind Sache der einzelnen Menschen; daraus wiederum folgt, daß es unmöglich ist, einen anonymen historischen Prozeß, sein Gelingen oder Mißlingen moralisch zu werten." (Kolakowski, S. 106ff.)

Vergesellschaftung als „freie Tat"

Wir haben für unsere Testfrage noch eine *zweite Kontrollmöglichkeit*. Marx hat Gelegenheit gehabt, sich auch positiv über das Wesen des Menschen, über den eigentlichen Menschen zu äußern: wenn er ihn nämlich schildert, wie dieser aus seiner Entfremdung befreit und zu sich selbst gebracht wird. Das ist in seiner Eschatologie so. Er stellt sie unter dem Stichwort „Sprung in die Freiheit" dar: Dieser Sprung besteht darin, daß „mit der Besitzergreifung der Produktionsmittel durch die Gesellschaft ... die wahren Produktionen beseitigt (sind) und damit die Herrschaft des Produkts über die Produzenten". „Der Kampf ums Einzeldasein hört auf. Damit erst scheidet der Mensch endgültig aus dem Tierreich, tritt aus tierischen Daseinsbedingungen in wirklich menschliche ... Die eigene Vergesellschaftung des Menschen, die ihm bisher von Natur und Geschichte oktroyiert gegenüberstand, wird jetzt seine eigene Tat. Das ist „Der Sprung der Menschheit aus dem Reich der Notwendigkeit in das Reich der Freiheit" (Handbuch des Weltkommunismus, § 23).

Der Mensch an sich, der eigentliche Mensch, ist also derjenige, der nicht mehr Objekt der Verhältnisse ist, sondern *seine eigene Vergesellschaftung in freier Tat vollzieht.* Aber ist das etwas anderes als eine immer noch negative Aussage, als eine Negation der Negation? Steckt darin denn mehr als die Feststellung, der mensch sei nun nicht mehr verfremdet, ohne daß aber gesagt würde (und nach dem ideologischen Ansatz auch gesagt werden könnte), was er positiv sei? Wie wird die Geschichte weitergehen? Geht sie überhaupt weiter? Es gibt offenbar keine feindlichen Gewalten mehr – weder außerhalb des Menschen in der Gesellschaft (die Klassen haben ja aufgehört!) noch in der Seele des Menschen –, mit denen er sich auseinandersetzen müßte. Ist dieser Mensch der letzten Tage gut, vollkommen, ohne das Böse? Das alles bleibt dunkel. Ein Mann wie *Prof. Robert Havemann* hat sich, wenn auch in sehr utopischer Weise, Gedanken darüber gemacht. Aber schon die Tatsache, daß er dieses Thema stellte, schien den Instinkt der Chefideologen zu bestätigen, daß er ein Fremdkörper im System sei.

Vages Bild des Menschen

Es gibt anscheinend bei Marx nur *eine* Andeutung, die das Wesen des Menschen selbst anspricht (vgl. Deutsche Ideologie, Kröner II, S. 5; dazu Weinstock, Humanismus, S. 292). Auch für Marx hat sich die ganze ungeheuerliche Macht des Bösen, wie sie in der wirtschaftlichen Unordnung des Kapitalismus proletarisierend, das heißt entmenschlichend am Werke ist, ja nicht von selbst gebildet, sondern sie kommt vom Menschen her, der sie verschuldet hat. „Es ist", sagt Marx, „die *eigene Tat des Menschen,* die ihm zu einer fremden, gegenüberstehenden Macht wird, die ihn unterjocht, statt daß er sie beherrscht."

Ist es ein Zufall, daß dieser Gedanke des Bösen als anthropologische Wesensaussage nicht weiter expliziert wird, daß der Begriff des Bösen (außer unter der Chiffre der Entfremdung), soweit ich sehe, nirgendwo sonst auftaucht? (Oder sollte ich nur Unglück bei meinem Suchen gehabt haben? Dann wäre ich dankbar, wenn mir einer weiterhülfe.) Insbesondere ist dieser Gedanke an das radikale Böse in der marxistischen Eschatologie wieder völlig verdampft. Dort steht nur das utopische Traumbild eines Menschen, der keine Geschichte mehr hat: ein merkwürdig unwirkliches doketisches Gespenst, an dem keinerlei Wesenszüge abzulesen sind. Hier hört Marx einfach auf, den Menschen zu porträtieren; gerade dort also, wo wir aufs höchste gespannt sind, nun sein unverfremdetes und eigenes Wesen zu erblicken.

Wo ist jenes Böse geblieben, um dessen Spurenelemente beim „geschichtlichen" Menschen Marx immerhin weiß? Angenommen einmal, es sei nach Marx wirklich so gewesen, daß die soziale Form der Entmenschlichung, daß Ausbeuten und Klassenstruktur der Gesellschaft das Produkt des Bösen im Menschen sei: Wie soll man dann hoffen dürfen, daß der Mensch anders würde, wenn er dieses Produkt seiner Sünde beseitigt? Wird denn, dogmatisch ausgedrückt, sein Status geändert, wenn der ihm entstammende Actus unterbleibt? Mußte man nicht vielmehr annehmen, daß die potentielle Energie des Bösen sich nun in andern und neuen kinetischen Formen in der klassenlosen Gesellschaft entlädt, etwa im individuellen Kampf der Menschen miteinander, in Neid, Haß, Prestigebedürfnis? Der Aggressionstrieb bleibt ja immer derselbe.

Das Bild dieses eschatologischen eigentlichen Menschen wird dadurch noch ungreifbarer, daß er alle individuellen Züge verliert und zum bloßen *Substrat eines kollektiven Bewußtseins* wird. „Erst wenn der wirkliche individuelle Mensch den abstrakten Staatsbürger in sich zurücknimmt und als individueller Mensch in seinem empirischen Leben, in seiner individuellen Arbeit, Gattungswesen geworden ist, erst wenn der Mensch seine „forces propres" als gesellschaftliche Kräfte erkannt und organisiert hat und daher die gesellschaftliche Kraft nicht mehr in der Gestalt der *politischen* Kraft von sich trennt, erst dann ist die menschliche Emanzipation vollbracht" (Marx, Zur Judenfrage, Kröner S. 199).

Der Mensch vollendet sich also in der Weise, daß er als Individuum aufhört und „gesellschaftlicher" Mensch wird. Erst hier bildet die Gesellschaft eine vollendete Wesenseinheit des Menschen mit der Natur; hier erst gibt es den „durchgeführten Naturalismus des Menschen" und den „durchgeführten Humanismus der Natur".

Mit andern Worten: hier ist der Mensch in seine Einheit mit Natur und Welt zurückgekehrt. Hier will er das, was die Natur will, was die Gesellschaft will. Alle Widersprüche hören auf, weil die Emanzipation alles Partikulären, also auch des Individuellen, beendigt ist. Im Sinne von *Gogarten* könnte man vielleicht sagen, hier sei der Mensch aus einem geschichtlichen wieder ein *mythisches Wesen* geworden. Das führt bis zur Ausbildung von „gesellschaftlichen Organen", eines kollektiven Instinktes sozusagen, durch den hindurch der gesellschaftliche Wille sich ausspricht und den Menschen auch in seiner Spontaneität nicht mehr bloß als Gegenstand eines „Du sollst!" gesellschaftlich-kollektiv sein läßt (vgl. Kröner S. 241). Die Vergesellschaftung der Produktionsmittel wird auch diesen gesellschaftlichen Menschen erzeugen.

Die große Fehlrechnung

Ist dieser Mensch nicht in der Tat ein *unwirkliches Gespenst*, ein Wesen mit kollektiven Instinkten, mit kollektivem Bewußtsein? Gibt es ihn überhaupt noch? Hat er nicht aufgehört zu „sein", und ist er nicht statt dessen ein *Synonym für „Menschlichkeit"* geworden, für jene Menschheit, die im 18. und 19. Jahrhundert und auch noch bei Feuerbach die Summe aller positiven und sich ergänzenden Eigenschaften des Menschen ist?

Hier tut sich die große Fehlrechnung auf. Das Wesen des Menschen, so sahen wir früher, kann nicht empirisch erhoben und als Summe von Eigenschaften gewonnen werden. Das aber hat Marx getan, wenn er den Menschen aus der Empirie des Geschichtsverlaufs als Homo oeconomicus zu erweisen sucht. Auf diese Weise entsteht letzten Endes das *doketische humane Gespenst*, weil das Eigentliche des Menschen nicht von der partikulären Lebensäußerung des Ökonomischen zu fassen ist. Daß sich das auch empirisch nicht machen läßt, zeigt sich daran, daß sich soundso viele menschliche Phänomene einfach nicht begreifen lassen, wenn wir sie nur aus der ökonomischen Interessensituation erklären wollen: Kann Luther, kann Franz von Assisi, kann selbst Hitler (so fragten wir schon) von diesem Interessengesichtspunkt aus erklärt werden?

Der Marxismus kann also von seiner Position aus die Menschlichkeit des Menschen nicht ins Visier bekommen. Denn paradoxerweise bleibt die Menschlichkeit des Menschen so lange unerkennbar, wie man sich an seinen immanenten Wert, an seinen Funktionswert, hält. Im profanen Sinn an den Wert des Menschen glauben heißt nichts anderes, als ihn für „verwertbar" (zum Beispiel im Produktionsprozeß oder als Fortpflanzungsinstrument) zu halten, ihn also als Mittel zum Zweck zu verstehen.

Damit stoßen wir auf ein letztes Mysterium der Anthropologie überhaupt: In jeder Interpretation menschlicher Existenz kann es nicht anders sein, als daß durch die Wirklichkeit des Menschen hindurch eine andere Wirklichkeit schimmert, ein Alienum gleichsam, das ihn entscheidend charakterisiert. Das liegt daran, daß der Mensch immer und nur als ein „Wesen im Bezug" beschrieben werden kann, als ein Wesen, das sich auf etwas erstreckt und in Relation zu etwas steht. (Das ist keineswegs nur im Christentum so.)

Entweder ist dieses den Menschen bestimmende Alienum das Dingliche, dem er dienstbar ist, so wie das beim Marxismus die ökonomische Struktur oder im Nationalsozialismus die biologischen Mächte waren. Es geht hier um irgendeine Form immanenter *essentia*. Oder aber dieses Alienum ist das alles Dingliche transzendierende Unbedingte, ist Gott. In diesem Falle hat der Mensch jene *dignitas aliena,* die als das wesentliche Charakteristikum der Gottebenbildlichkeit zu bezeichnen ist. *Kierkegaard* bringt den Unterschied dieser beiden Beziehungsgrößen in der *„Krankheit zum Tode"* zum Ausdruck: „Welche unendliche Realität bekommt doch das menschliche Selbst, wenn es sich dessen bewußt wird, daß es vor Gott da ist, wenn es ein menschliches Sein wird, dessen Maßstab Gott wird (das sich also durch die Relation zu dem über ihm befindlichen göttlichen Alienum konstituiert). Ein Hirte, der, wenn das möglich wäre, Kühen gegenüber ein Selbst ist, ist ein sehr niedriges Selbst; ein Herrscher, der Sklaven gegenüber ein Selbst ist, desgleichen, und eigentlich sind diese beiden kein Selbst, denn es fehlt das Maß. Das Kind, das bisher nur die Kinder zum Maß hatte, wird ein Selbst, indem es als Mann den Staat zum Maß bekommt; aber welcher unendliche Akzent fällt auf das Selbst, wenn es Gott zum Maß bekommt."

Die eigentliche Humanitas

Hier wird also der Wert des Selbst danach entschieden, ob es durchsichtig wird für die über ihm oder für die „unter" ihm befindliche Beziehungsgröße. Wird es durch das unter ihm Befindliche bestimmt, so wird damit sein eigener Rang bestimmt. Auf diese Weise wird der Mensch, der sich vom Dinglichen her bestimmt, selber in den Verschleiß der Dinge mit hineingezogen. Und nur wer diese fremde Würde besitzt, die ihm das Sein gegenüber Gott verleiht, ist dem versklavenden Zugriff entzogen, der ihn dinglich verwerten will beziehungsweise der ihn fallenläßt, wenn er diese dingliche Verwertbarkeit nicht mehr besitzt. Gerade hier wirken sich der Schutz, die Unantastbarkeit und die heilige Privilegierung aus, die der Mensch besitzt, wenn er als Träger jener fremden Würde erkannt wird: Selbst in den zitierten Grenzfällen der Nichtmehrverwertbarkeit bleibt er der von Gott Geschaffene oder – wie das Alte Testament sagt – der „Augapfel Gottes", dessen Schutz Gott selbst übernimmt: „Wer ihn antastet, tastet den Herrn selber an..."

Es ist im gleichen Sinne charakteristisch, daß im *Neuen Testament* die Würde des Menschen gerade nicht an den sogenannten Gipfelerscheinungen beziehungsweise an den Renommiermodellen der Humanitas aufgezeigt wird, also an den Genies und moralischen Heroen, sondern an den Kleinen, den Erbarmungswürdigen, den *ptochoi*, an den *Grenzgebilden der Menschheit*, aber den Grenzgebilden nach der andern, nach der dunklen Seite.

So will uns der heimliche Christus in denen begegnen, die hungrig, heimatlos, gefangen, nackt und bloß sind. Zu ihrer aller Bruder macht er sich. Und wer sie aufnimmt, besucht, speist, bekleidet, der tut das alles an ihm selber. Ganz entsprechend kann *Paulus* die unantastbare Würde der engherzigen, die christliche Freiheit beschränken wollenden, uns also belastenden Naturen mit den Worten umschreiben: Christus sei für sie gestorben, darum dürfe man sie nicht ärgern (Röm 14, 15; 1 Kor 8, 11). Es ist die *fremde Würde*, die sie sakrosankt macht.

Der Mensch ist also hier ganz und gar nicht auf sich oder auf Dinge oder auf seine Verwertbarkeit bezogen, sondern er ist auf die *Gloria Dei* bezogen, die sich an ihm erweisen und verherrlichen will. Es geht hier um das Geborgensein in der „fremden" Gerechtigkeit Jesu Christi. Und genauso, wie wir darin unter den Augen Gottes unseren unendlichen Wert erhalten (so gewiß uns Gott in seinem Sohn anschauen will), genauso ist darin auch unter den Augen der Menschen die eigentliche Humanitas gegeben. Es ist die *Humanitas des Sohnes Gottes*, der uns seine Brüder heißt, verborgen wie diese selbst und darum auch geschändet wie diese, aber gerade *in ihrer heimlichen Würde* geschändet und geehrt.

Es ist also nicht wahr, daß der Mensch durch diese Art seiner dienenden Stellung klein würde und daß ihn gleichsam die Übermacht der Doxa Gottes herabdrückte, so wie der orientalische Despot seine Größe gerade darin erweist, daß er seine Umgebung zu Sklaven und Fellachen herabwürdigt. Die vielfach angenommene Proportion, daß mit der Größe und absoluten Stellung Gottes eine entsprechende Verkleinerung und Entwertung des auf ihn bezogenen Menschen gegeben wäre, stimmt nicht. Vielmehr ist es umgekehrt: Je größer der Bezugsgegenstand der menschlichen Existenz wird (sofern nur dieser Bezugs-„Gegenstand" Gott selbst und nicht eine übergeordnete geschöpfliche Größe ist, die den Menschen in der Tat sofort relativiert und zur Partikel macht), um so eindeutiger und in ihrer Eindeutigkeit unantastbar wird seine Humanitas. Das lehrten uns gerade die Grenzfälle dieser Humanitas, die den Menschen entweder als Augapfel Gottes oder als Spielball des menschlichen Opportunismus verstehen lassen.

Die entscheidende Erkenntnis

Wir halten also die entscheidende Erkenntnis fest: Das Bild des Menschen ist immer wesentlich geprägt durch das jeweilige Alienum, das sich in ihm verwirklicht. Mit dieser Feststellung ist sogleich der Schlüssel für die merkwürdige und zunächst befremdliche Tatsache gegeben, daß der *Marxismus* trotz seiner Bemühung um den Menschen schließlich nur dessen *Verdinglichung* zu vollziehen vermochte. Da er ihn einer „verkehrten Relation" einbeschloß, konnte er ihn gerade durch die Eigengesetzlichkeit dieser Relation nicht „heben", ja nicht einmal in seinen Gesichtskreis ziehen. *Er hat den Menschen niemals gesehen.*

Entweder also ist der Mensch geprägt durch das, was „unter" ihm ist. Dann ist jener Zustand das Ende, in dem dieses dingliche Alienum gleichsam die Humanitas verzehrt und in dem uns entweder das erstarrte Antlitz der unmenschlichen Natur oder der ebenso unmenschliche, weil hüllenlose Mechanismus der dialektischen Gliederpuppe anblickt. *Oder* er ist geprägt durch das, was über ihm ist: durch das Alienum des göttlichen Bildes. Dann ist das Ziel dieser Prägung die Gloria Dei, die sich uns zum Werkzeug wählt. Als solche Gloria aber, die uns zugewandt ist, heißt sie in der alten Sprache der Christenheit Gratia, Gnade.

Durch welche Größe wir das Bild des Menschen geprägt sehen, beziehungsweise in welcher Größe wir es erhalten wissen oder aber verloren haben wollen, das ist die *abendländische Entscheidungsfrage* großen Ranges. Diese Frage klar zu sehen und die Schneide des Messers sichtbar zu machen, auf der diese Entscheidung seit Jahrzehnten ruht, das war das Ziel dieser Untersuchung.

Freiheit und Bindung
gegenüber gesellschaftlichen Strukturen

1. Das weltlose Ich

Wenn ich recht sehe, ist das neuzeitliche Denken über das Selbst-
und Weltverständnis des Menschen durch zwei Aporien gekennzeichnet, die einander entsprechen und sich antithetisch im
Geschichtsprozeß ablösen. Diese Aporien bestehen in der Ichlosig-
keit und in der Weltlosigkeit.

Der erste, der dieses Problem gesehen und dann auch
durchreflektiert hat, dürfte *Descartes* gewesen sein. Während für
die Hochscholastik des Mittelalters Natur und Gnade, Irdisches und
Überirdisches durch ein umgreifendes, in seiner Statik unbezweifel-
tes System miteinander verklammert waren, griff Descartes dieses
System durch seinen methodischen Zweifel an. Dieser Zweifel zer-
setzte die Gewißheit jenes relationalen Gefüges und ließ als letzten
rocher de bronce unmittelbarer Evidenz allein noch die Ich-Gewiß-
heit selbst übrig: Cogito ergo sum. Die Relation Denken-Sein (und
damit die Gewißheit der Außenwelt) war in diesem ersten Stadium
des Zweifels ebenso verloren wie die Relation Mensch-Gott, und
übrig blieb zunächst nur die solipsistische Ich-Einsamkeit. Diese
Weltlosigkeit wird dann bei Descartes durch einen in ontologischer
Manier geführten Gottesbeweis wieder überwunden: Erst indem
in Gott jenes Umgreifende verfügbar wird, das Subjekt und
Objekt, das res cogitans und res extensa überpolar umfängt, sieht
sich das Ich aus der Frost-Zone weltloser Ich-Einsamkeit befreit und
aufs neue mit der Welt und seinem In-der-Welt-sein beschenkt.

Bei *Kant* taucht dieser Einsatz beim Ich – hier beim transzen-
dentalen Ich seiner Erkenntnistheorie – in modifizierter Gestalt
noch einmal auf. Schon seine Grundfragestellung, wie die Struktur
des menschlichen Erkenntnisvermögens beschaffen sei, treibt ihn
zur Herausstellung des Ich als des *Subjektes* der Erfahrung. Und
auch hier kommt es im Zuge dessen zu einer Art weltloser Ich-
Einsamkeit. Das zeigt sich vor allem in der „Kritik der praktischen
Vernunft" an der Art, wie er sich mit dem Eudämonismus, also mit

dem Problem der Glückseligkeit auseinandersetzt. Pflicht und Glück verhalten sich aus Gründen, die hier nicht dargelegt zu werden brauchen, antagonistisch zueinander. Deshalb schließen sie sich als mögliche Motive von Gesinnung und Handeln aus. Andererseits gehört aber das Glück zur Selbsterfüllung des Menschen, so gewiß „Glückseligkeit ... der Zustand eines vernünftigen Wesens in der Welt ist, dem es im Ganzen seiner Existenz alles nach Wunsch und Willen geht." Insofern beruht Glückseligkeit „auf der Übereinstimmung der Natur zu seinem ganzen Zwecke" [1]. Etwas modern könnte man sagen: Glückseligkeit besteht darin, daß das Ich in der Welt mit sich selbst identisch wird, daß der Weltstoff es ihm gestattet, so zu sich *selbst* zu kommen, statt ihm Erfüllungen dieser Art zu versagen und ihm Entfremdung aufzuerlegen. Die Weltlosigkeit, wie sie bei *Kant* erkennbar ist, besteht nun darin, daß die Eliminierung des Glückseligkeitsmotivs zugleich die Relation zu jener Welt abbaut, die allein jene glückliche Identität des Menschen mit sich selbst zur Verfügung stellen könnte.

An dieser Stelle geht der modus procedendi des Denkens ganz analog zu *Descartes* weiter. Denn nun tritt auch hier der Deus ex machina ins Spiel, der den verlorenen Bezug wiederherstellt und in Gestalt des höchsten Gutes die Kombination von Pflicht und Glück, sprich: von Person und Welt konstituiert. Aber diese Wiederherstellung der verlorenen Relation ist *noch* fragwürdiger als bei *Descartes*. Denn gerade das, was die Welt hier beizutragen hätte, nämlich die ontische Ermöglichung von Glück, kann und darf sie bei *Kant* ja nicht leisten, weil es sonst *wieder* zu jener illegalen Vermischung von Motiven käme, die grundsätzlich exklusiv gegeneinander bleiben müssen. Glück und Pflicht müssen eben wie Feuer und Wasser voneinander geschieden bleiben. Deshalb wird die zu postulierende Verbindung beider ins postmortale Fortleben des Menschen verlegt. Trotz komplizierter Operationen mit dem Gottespostulat gelingt es *Kant* also nicht, die verlorene Ich-Welt-Beziehung wieder herzustellen. Die entscheidende Lösung wird in eine weltlose Prolongierung des Daseins verlegt: ein willkommener Angriffspunkt für spätere sozialrevolutionäre Theorien.

Das theologisch Wichtige an diesen Konzeptionen scheint mir nun dies zu sein:

Sowohl bei *Descartes* wie bei *Kant* ist das Ich die eigentliche Realität – sei es das ontologische Ich wie bei Descartes oder das erkenntnistheoretische Ich wie bei Kant. Gott dagegen ist erst aus die-

---

[1] Kritik der praktischen Vernunft (Meiner) S. 143.

ser primären Ich-Wirklichkeit abgeleitet. Er ist nicht der, der das Ich definiert – im Sinne des Cogitor ergo sum, wie es *Franz v. Baader* gegen Descartes formuliert hat –, sondern es ist umgekehrt: Gott ist seinerseits durch das *Ich* definiert und unterliegt in seiner Erkennbarkeit den Bedingungen, die die noetische Struktur des menschlichen Subjekts zur Verfügung stellt. Gott wird nicht in der Übermacht eines Widerfahrnisses ergriffen – „Herr, gehe vor mir hinaus, ich bin ein sündiger Mensch!" –, sondern er wird auf der punktierten Fortsetzung immanenter Gewißheitslinien geortet und als nachträgliche Hilfskonstruktion verwendet, um die Antagonismen des Daseins auszugleichen. Kein Wunder, daß deshalb *Heinrich Heine* ob dieses post-festum-Gottes Kant zum Vater der Tod-Gottes-Theologien ernannt hat.

Diese philosophischen Konzeptionen, die den Menschen aus seiner Ich-Einsamkeit befreien und ihm mit Hilfe theologischer Klammer-Manipulationen die verlorene Welt zurückschenken sollen, finden eine gewisse Fortsetzung im modernen nachkierkegaardschen Existenzialismus. Auch in ihm taucht das solipsistische *Ich* als Mittelpunktgröße auf. Die *Welt* ist nur noch das, was dieses Ich sich selbst entfremdet und zu einem Verfallen an die Welt anstiftet. So ist bei *Heidegger* das zum Selbst-sein bestimmte Ich in das „Man" hinein verdampft. Bei *Sartre* wird es durch die anderen – durch die Nächsten und das Publikum – „fixiert" und in die Uneigentlichkeit verstoßen. Das Ich kommt zur Identität mit sich selbst erst dadurch, daß es sich *wider* die Welt behauptet. Die Natur mit Sonnen- und Mondeslicht, aber auch die Geschichte mit ihrer eigengesetzlichen Struktur bilden nur die dunkle Folie, vor der das Licht der Existenz brennt.

Kein Wunder, daß diese Positionen, die in Theologie und Philosophie seit langem das Feld unseres Denkens beherrschen und um den isolierten Einzelnen als Mittelpunkt kreisen, explosive Kräfte auslösen, wenn plötzlich übermächtige Weltprobleme auf uns zukommen, wenn z. B. das bedrohliche strukturelle Mißverhältnis zwischen reichen und armen Menschheitskontingenten, zwischen Monopolinhabern und Ausgebeuteten eine tellurische Katastrophe ankündigen. Mit den Mitteln einer philosophischen und theologischen Tradition, die von der *Ich-Einsamkeit* her denkt und also individualistisch ist, lassen sich diese Probleme nicht mehr in den Griff bekommen. Es ist verständlich, daß man sich deshalb mit Leidenschaft gegen eine Überlieferung auflehnt, die einen bei elementaren Fragen der Lebensbewältigung im Stich läßt, ja die einen verführt hat, diese Fragen zu übersehen. Die Theologie (der Bultmannsche

Existenzialismus etwa), die in diesen Denkschemata mitgefangen war, wird auch entsprechend mitgehangen. So kommt es zu einem ungeheuren Nachholbedarf an gesellschaftsstrukturellen Problemen, man könnte auch sagen: an Fragen der Weltbewältigung. Man sucht Lösungen, wo man sie kriegen kann oder kriegen zu können meint – wenn nicht bei den etablierten Wissenschaften, dann auf dem Schwarzmarkt.

2. Die ichlose Welt

Neben dieser Linie der Ich-Einsamkeit gibt es dann noch das gegenteilige Extrem, nämlich die Linie – erlauben Sie zunächst die vereinfachende Bezeichnung – einer *ichlosen Weltlichkeit*. Dafür steht der Traditionsstrang Hegel–Marx repräsentativ. Der absolute Geist ist seiner Unmittelbarkeit näher in den objektiven Institutionen und Strukturen als im Individuum, das den Geist nur in seinem Für-sich-Sein, in seiner Entfremdung zeigt, jedenfalls solange es sich in seiner Partikularität verwirklicht[2] und sich noch nicht als Exponenten des Allgemeinen will. Insofern ist das individuelle Ich, „das sich aller Erfüllung als Atom gegenüberstellt... das Gegenüber der ganzen Fülle der Idee"[3]. Das Individuum ist jedenfalls von Haus aus das Geistfremde, das vom Allgemeinen der Idee sich Emanzipierende. Und es findet zur Idee zurück – Hegels Lehre vom weltgeschichtlichen Individuum zeigt es –, indem es sich zur Funktion des Weltgeistes macht und darum seine Rolle als „Individuum" gerade aufgibt.

So wird in diesem Überlieferungsstrang der andere Pol, die Welt mit ihrer Struktur, verabsolutiert. Sie wird als Repräsentantin des Allgemeinen der aufs äußerste reduzierten individuellen Personalität vorgeordnet. Das bleibt auch und gerade dort so, wo bei Marx die Hegelsche Geistlehre umgestülpt und vom Kopf auf die Füße gestellt wird.

Es liegt nahe und ist begreiflich, daß nach der Herrschaft der Individuation (von Kant bis zum Existenzialismus) gerade diese Traditionslinie eine beträchtliche Faszination ausübt und daß man sich auf *Karl Marx* besinnt. Denn da die heutige Welt unter sozialem und ökonomischem Aspekt schreiende Disproportionalitäten aufweist und deshalb so oder so verändert werden muß, wird genau

---

[2] Die Vernunft in der Geschichte (Meiner) S. 70.
[3] A.a.O., S. 69; vgl. Encykl. (Meiner) § 550f., S. 462.

jene Strukturfrage virulent, für die die Descartes-Kant-Existenzialismus-Linie weder Antennen noch Rezepte zur Verfügung zu haben scheint.

Die Strukturfrage wird an dieser Stelle insofern thematisiert, als Mißverhältnisse im „Allgemeinen", also in einer den individuellen Bereich transzendierenden Sphäre, festgestellt werden und darum auch nur auf der gleichen Ebene, nämlich durch *Änderung der Organisation* – und möglicherweise der Strukturen selbst – bekämpft werden können. Liegt der Schaden am System, z. B. an dem, was Marx das kapitalistische System nannte, dann wird kein systemimmanent gehandhabtes Flickwerk, aber auch kein individuelles Sich-dagegenstemmen durchgreifende Hilfe bringen, sondern dann muß die Therapie auch ihrerseits einen *systematischen* Charakter haben, d. h. sie muß das System *selber* verändern.

Sofern man bei diesen Intentionen an Motive christlicher Agape denkt, spricht man von „politischer Diakonie", um damit anzudeuten, daß der Dienst am Nächsten sich nicht – wie beim Barmherzigen Samariter – in einer unmittelbaren Ich-Du-Begegnung erschöpfen kann, sondern daß er sich auch eines überpersönlich wirksamen Instrumentariums bedienen muß, um die Verhältnisse im Großen zu ändern. – Sofern man dabei an den einzuschlagenden modus procedendi und an die Mittel denkt, die hier einzusetzen sind, pflegt man von „Revolution" zu sprechen im Unterschied zu bloßer „Reform". Der Begriff „Reform" bezieht sich auf system *immanente* Änderungen und meint insofern taktische Modifikationen en detail. Im Umkreis des Marxismus steht das bloße Reformbemühen deshalb unter dem Verdikt des Revisionismus.

Der Begriff „Revolution" dagegen ist *strategisch* gemeint, und zwar in dem Sinne, daß er den Umsturz des gesellschaftlich, politisch und wirtschaftlich frustrierenden Systems *selbst* meint. Diese Revolutionierung kann *gewaltlos* geschehen wie etwa dann, wenn man von „industrieller Revolution" spricht und damit zu sagen wünscht, daß die evolutionär sich vollziehenden technologischen Veränderungen neue Konstellationen von Bevölkerungsschichten und „Klassen" erzeugen. Diese Revolutionierung kann aber auch *gewaltsam* geschehen, wenn – marxistisch gesprochen – die Quantität der Mißverhältnisse bei einem bestimmten Grad ihrer Steigerung einen „Knotenpunkt" erreicht, der die Quantität in eine neue gesellschaftliche Qualität umschlagen läßt.

Es ist zweifellos das Verdienst von *Karl Marx,* zum ersten Male und grundsätzlich von einem philantropischen, d. h. säkularisiert christlichen Motiv aus die Aufgabe einer revolutionären Systemänderung durchdacht zu haben. Bei dieser meiner Reverenz lasse ich es ganz dahingestellt, ob die Methoden, die K. Marx für solche Systemänderungen vorschlägt, auch heute für uns in Betracht kommen. Ich selbst neige hier mehr der Meinung *Max Kohnstamms* zu [4], wenn er sagt: „Um etwas gegen den Hunger in der Welt zu tun, traue ich der Biochemie, die neue Getreidearten entwickelt, sehr viel mehr zu als K. Marx." Doch kann diese Frage hier dahingestellt bleiben. Die geschichtliche Effektivität eines Denkers pflegt mehr in seinen Fragestellungen als in seinen Lösungen zu bestehen. Und die Fragestellung, die sich auf die Systemkritik und auf die Konzeption neuer Systeme bezieht: diese Fragestellung verdanken wir allerdings K. Marx.

3. Die Änderung der Welt als Auftrag des Liebesgebotes

Im Blick auf die Geschichte der Christenheit wird man nun sagen müssen, daß ihr Verständnis der Agape vor Marx (und auch noch lange nach ihm) wesentlich im Bereich *individueller* Bezüge steckengeblieben ist. Selbst dort war das so, wo sie in großräumigen Organisationsformen wirksam wurde wie etwa bei der Inneren Mission oder der Caritas.

Gleichwohl finden sich durchaus auch solche Ansätze des Denkens, die über diesen Bereich hinausweisen oder die jedenfalls ein theologisches Koordinatensystem erstellen, in dem die von Marx initiierten Fragestellungen wenigstens „unterzubringen" sind. Ich denke hierbei vor allem an *Luthers* Lehre von den beiden Reichen. Hierin ist das Reich zur Linken, das „Weltreich", als eine Dimension der Wirklichkeit verstanden, die zwar wie alle Wirklichkeit unter der Herrschaft Gottes steht, die aber gleichwohl durch überpersönliche, gewissermaßen „eigengesetzliche" Strukturen bestimmt ist. Diese von Gott gewollte Besonderheit ihres Gefüges will beachtet sein, wenn man in dieser Region handelt: Der Erzieher, der Richter, der Staatsmann und die Angehörigen sonstiger Berufe stehen unter den Sachgesetzen ihrer Ressorts und bedienen sich ihrer Vernunft, um diese Gesetze einzusehen und sich in ihrem Rahmen zu verhalten [5]. Es dürfte unschwer einleuchten, daß dieses Denkschema der Zwei-Reiche-Lehre imstande ist, ein Verständnis christlicher Agape zu rezipieren, das die Tätigkeit unserer Liebe über den individuellen

---

[4] Die Zukunft der Kirche und die Zukunft der Welt, EKD-Synode 1968, München 1968, S. 144.
[5] Vgl. Theol. Ethik I, § 1784 ff.

Ich-Du-Bezug hinausweist und ihr die Aufgabe zuordnet, die Sach-gesetze des Reiches zur Linken auch in *systematischer* Weise zu be-einflussen.

An dieser Stelle sitzt also gar nicht das eigentliche theologische Problem. Bis zu diesem Punkt ist die christliche Tradition des Den-kens vielmehr durchaus dafür disponiert, Denkanstöße aus dem sä-kularen Raum – etwa in Richtung auf die überpersönlich-struktu-relle Dimension der Agape – in ihr überliefertes Gedankengut zu integrieren.

Der Punkt, an dem sich das theologisch *Nicht*-mehr-integrierbare zeigt, sitzt dagegen an einer Stelle, wo sich die strukturelle Affinität der Agape (diese *berechtigte* Affinität!) mit einem Dogma säkularer Anthropologie verbindet und auf diese Weise ideologisiert wird. Worin besteht dieses Dogma?

4. Der Primat der Strukturen gegenüber dem Menschen

Dieses Dogma äußert sich in einer These, welche die Aufgabe der Strukturänderung nicht mehr bloß pragmatisch – nämlich im Blick auf ihre strategische Effektivität –, sondern die jene Änderung sozu-sagen „metaphysisch" begründet. Diese Begründung sieht so aus, daß man den Menschen nicht mehr im *Gegenüber* zu den geschicht-lichen Strukturen sieht (so daß er noch ein personales Eigensein hätte und also *mehr* wäre als eine bloße Funktion strukturell gesteu-erter Abläufe), sondern daß man ihn als das *Produkt* dieser Struktu-ren und als *Exponenten* ihrer Regelprozesse versteht. Ohne daß ich das hier im einzelnen begründen könnte, möchte ich die Vermutung aussprechen, daß sich in dieser These die Abneigung Hegels gegen das personal Individuelle als das dem Allgemeinen der Idee Fremde auswirkt. Ich habe in anderen Zusammenhängen nachzuweisen versucht [6], wie sich die Hegelsche Aversion gegen das Individuelle in der marxistischen Anthropologie erhalten hat und es hier zu Momenten der Entpersönlichung kommen läßt.

Das „metaphysische" Axiom, von dem ich sprach, äußert sich also in der *Begründung* für die geforderte Strukturbeeinflussung. Man könnte es so formulieren: *Weil der Mensch das Produkt ge-schichtlicher (z. B. gesellschaftlicher und ökonomischer) Strukturen ist, müssen wir die Strukturen ändern, um den Menschen zu ändern.*

Der Vorwurf des Metaphysischen – und das *ist* ja ein Vorwurf! –

---

[6] Vgl. Theol. Ethik II, 1, § 75.; ferner das Kapitel „Marxistische Anthropologie".

liegt also darin, daß hier eine einlinige Kausalfolge unterstellt sei, der zufolge die Strukturen den Rang einer prima causa bekommen und der Mensch dann als bloßer effectus, als das eindeutig Bewirkte, erscheint. Das ist zweifellos mehr und ist auch etwas anderes als das, was ich soeben als „christlich integrierbar" bezeichnete. Denn dort ging es im Namen der Agape lediglich um diakonisch gemeinte Eingriffe in die überpersönlichen Lebens-„*Bedingungen*" des Menschen – mit dem Ziel, ihm zu helfen. Jetzt aber, auf Grund jenes „metaphysischen" Axioms, geht es um Eingriffe in die überpersönlichen Lebens-„*Ursachen*" des Menschen – mit dem Ziel, ihn selber zu verwandeln. Das ist der Unterschied.

Daß ich hier nicht zuviel sage, ließe sich selbst an einem so kritischen (auch selbstkritischen) Marxisten wie Robert *Havemann* zeigen [7]. Daß und wie bei ihm der Mensch als ausschließliches Produkt gesellschaftlicher Zustände erscheint, wird allein an der Art deutlich, wie er selbst die Signatur der Humanität, nämlich das Innestehen des Menschen zwischen Gut und Böse, für einen Ausfluß gesellschaftlicher Situationen hält. Gut und Böse sind lediglich „soziale Begriffe"[8]. Darum wird „die kommunistische Gesellschaft ... keine Diebe und Räuber kennen", weil die „Beziehungen zwischen den einzelnen Menschen ... unmoralisch (sind) allein durch die materielle Abhängigkeit voneinander", also durch bestimmte Herrschaftssysteme, die in der kommunistischen Gesellschaft eben abgebaut sein werden[9]. Nur wo es Privateigentum gibt, gibt es Kriminalität[10].

Man beachte genau: Kriminalität, Schuld, Aggression sind keine dem Menschen innewohnende Potentialität, die durch pervertierte gesellschaftliche Verhältnisse nur zur Virulenz gebracht würde. Sondern sie sind – entsprechend dem genannten metaphysischen Axiom – *Produkte* dieser Verhältnisse. Entsprechend ist es nur logisch, zu folgern: Wenn die verursachenden Verhältnisse geändert werden, sind auch die Menschen gut, dann senkt sich die Reinheit des Paradieses auf uns herab. Herbert *Marcuse* ist hier wohl wesentlich realistischer, wenn er meint: Gewisse Konflikte und Konkurrenzen im persönlichen Bereich werde es immer und in *jeder* Gesellschaft geben. Es werde z.B. „immer vorkommen, daß sich zwei Männer in dasselbe Mädchen verlieben. Eine Gesellschaft, in der das nicht geschieht, ist unvorstellbar."[11] Dieses Zugeständnis mag

[7] Vgl. Dialektik ohne Dogma?, 1964.
[8] A.a.O., S. 144. [9] A.a.O., S. 120. [10] A.a.O, A. 156.
[11] Spiegel-Interview Nr. 35, 1967, S. 117.

mit gewissen Privilegien des Personalen zusammenhängen, die sich in Marcuses modifiziertem Marxismus finden.

In gewissen Formen heutiger Revolutionstheologie ist aber zweifellos die These wiederzuerkennen, daß der Mensch das *Produkt* seiner Verhältnisse sei, daß folglich die geschichtlichen Strukturen eine verursachende und nicht bloß eine mitbedingende Bedeutung für seinen personalen Zustand haben. So jedenfalls hat es, Zeitungsberichten zufolge, ein junger Hamburger Pastor – unreflektiert und indifferenziert genug – ausgeplaudert: „Die bisherige Theologie will den Menschen ändern, um die Welt zu verändern. Wir wollen die Welt verändern, um den Menschen zu ändern."[12] Hinsichtlich der darin implizierten christologischen Konsequenzen heißt das: Christus wird nicht mein Herr und Erlöser, der dann aus dem Senfkorn[13] dieses unscheinbaren Geschehens einen Baum erwachsen läßt, dessen Zweige über die Welt hin ragen, sondern Christus ist der Revolutionär, der an den Strukturen der Welt rüttelt, um uns durch eine so gerecht werdende Welt auch unsererseits „gerecht" werden zu lassen. Das würde zwar allem widerstreiten, was der Chor sämtlicher neutestamentlichen Zeugen in Cantus firmus und Contrapunkt von ihm bezeugt, es würde auch in groteskem Widerspruch zu allem stehen, was in der Kirche Jesu Christi jemals geglaubt und bekannt worden ist, aber es wäre immerhin konsequent im Sinne des besprochenen metaphysischen Axioms. Nur sollte man sich darüber klarsein, wem man hier seinen Consens erteilt und von wem man sich lossagt.

Im übrigen feiert in diesem ideologisierten Christentum eine Häresie Urständ – es ist wirklich alles schon einmal dagewesen und weniger neu, als es ungeschichtlichem Denken erscheinen mag – eine Häresie, sage ich, die in vielerlei Modifikationen durch die Kirchengeschichte geht: Ich meine den Satz von der *Werkgerechtigkeit*. Dieser Satz meint, daß der Mensch sich durch sein Tun selbst hervorbringen könne, daß er also nicht tut, was er ist, sondern daß er ist, was er tut. Zu *Luthers* Zeiten ist dieses Tun im Sinne der Werkgerechtigkeit wohl vor allem individualistisch, nämlich als Handeln des einzelnen, verstanden worden. Heute wird es kollektivistisch verstanden: Der Mensch bringt sich selbst hervor, indem er die verursachenden geschichtlichen Strukturen manipuliert[14] und

[12] Hamb. Abendbl. Nr. 300, 1968, S. IV.
[13] Mt 13, 31 ff. Mk 4, 26 ff. Vgl. Das Bilderbuch Gottes, 1963, S. 77 ff; 111 ff.
[14] Im übrigen zeigt sich in dieser Formulierung eine Dialektik, die auch bei Marx selbst immer wieder auftaucht: Der Mensch ist zwar das Produkt seiner Verhältnisse, aber er kann gleichwohl *Einfluß* nehmen auf diese seine Verhältnisse, so daß er auf dialek-

dadurch, daß er sie manipuliert, zugleich sich selbst verändert bzw. allererst hervorbringt.

Soteriologisch ausgedrückt, könnte man so formulieren: Er erlöst die Strukturen aus ihrer Entfremdung, um auf diesem Wege *dann* und danach auch den *Menschen* aus seiner Entfremdung zu erlösen. Das wäre dann im Sinne des Paulus wohl der Rückfall der „unverständigen Galater" aus der Glaubens- in die Werkgerechtigkeit (Gal 3, 1 ff.), aus der Erlösung durch Christus in die Gebundenheit durch das Gesetz (4, 8 ff.) und damit in die „falsche Beschneidung" (Phil 3, 2). Von da aus ist es nur ein Schritt bis zu dem Satz, der wiederholt zu lesen war: Heute komme es darauf an, die Strukturen zu bekehren; die Bekehrung der Menschen sei dann nur eine Folge davon. Ich hoffe, es ist keine unbillige Karikatur, wenn ich diese These so interpretiere: Die Bekehrung der Menschen falle dann als Nebenprodukt bei der Strukturveränderung mit ab.

5. Die Folge: Drängen auf Utopien

Ich habe mich bemüht, den theologischen und geistesgeschichtlichen Hintergrund zu verdeutlichen, vor dem man den zitierten Satz sehen muß. Ich meine, dieser Hintergrund sei erschreckend, jedenfalls dann, wenn man im Auge behält, was jemals im Sinne der Christenheit als Glaube verstanden und als Bild des Menschen begriffen worden ist.

Auf der Linie dieser soziologischen Erlösungslehren muß es nun natürlich zur Bildung von *Utopien* kommen. Der Grund dafür ist unschwer einzusehen:

Solange der Mensch coram Deo gesehen wird, muß er sich als den von Gott abgefallenen, als den Entfremdeten und aus dem Para-

tische Weise zugleich wieder zur Ursache jener Verhältnisse wird. Was auf den ersten Blick wie ein kontradiktorischer Widerspruch aussieht, wird nun bei Marx dialektisch insofern aufgelöst, als der die Verhältnisse ändernde Mensch nicht in freier Spontaneität und damit aus der *Emanzipation* gegenüber jenen Strukturen handelt, sondern daß er durch den Zustand dieser Strukturen und damit durch die geschichtliche Situation in die *Disposition* für jene Änderung versetzt sein muß. Eine solche Disposition hat für Marx z. B. das Proletariat, dessen Ausbeutung einen quantitativen Grad der Verelendung erzeugt, der in revolutionärer Art dann die neue Qualität der Gesellschaft hervorbringt. Hier mag Hegels Lehre vom weltgeschichtlichen Individuum nachwirken und auf das Collectivum des Proletariats übertragen worden sein. Denn auch das weltgeschichtliche Individuum greift zwar verändernd in die Verhältnisse der Welt ein, ist aber zugleich durch diese für seine Rolle vorbereitet worden, so daß es einen bestimmten Kairos braucht, um zu sein und zu wirken (vgl. dazu die marxistische Theorie der Revolution, in: Theol. Ethik II, 1, § 58 ff.).

diese Vertriebenen verstehen. Über diesen status kann ihn die Geschichte nie hinausführen, sondern sie kann ihn durch immer neue Demonstrationen seines Egoismus, seines Aggressionstriebes, seines Selbstseinwollens nur bestätigen. Das Äußerste, was ihm zu tun möglich, dann aber auch vom Herrn der Geschichte aufgegeben ist, ist die Kanalisierung und in etwa auch die Fruchtbarmachung dieser Antriebe. (Es ist ja offenkundig, daß z. B. der Egoismus, produktiv eingesetzt, auch diese motorische Qualität gewinnen kann.) [15] Jedenfalls ist das Wissen um die Gefallenheit des Menschen einer der wesentlichen Gründe dafür, warum das Neue Testament das Reich Gottes nicht als innergeschichtlich-utopisches Evolutionsziel, sondern als das von der anderen Seite her „Kommende" versteht.

Diese Voraussetzungen entfallen aber in dem Augenblick, wo der Mensch als Funktion gesellschaftlicher Zustände verstanden wird. Dann wird seine Entfremdung ja grundsätzlich überwindbar. Er kann vollkommen werden in dem Maße, wie diese *Strukturen* ihre Perfektion erreichen, wo sie z. B. herrschaftslos werden, wo sie eine Welt der Gerechtigkeit, des mündigen Miteinander und der Befreiung von Hunger und Angst ermöglichen. Und wir wissen, in welchem Maße heute solche Utopien geträumt werden.

Aber ist die Formulierung „geträumt" nicht ausgesprochen bösartig? Gewinnen die Utopien nicht einen eminent realistischen Zug insofern, als sie politisch höchst effektiv sind und motorische Kräfte des progressus entbinden? Ist also der utopische Traum, wenn es denn ein „Traum" ist, nicht von geschichtsschöpferischer Dynamik?

Zweifellos ist er das, und zwar aus zwei Gründen:

Erstens deshalb, weil er den Menschen nicht mehr auf sterile Art an den status quo bindet, sondern ihm seine Zukunft als „offene Möglichkeit" darstellt. Die Ontologie des Noch-nicht, wie sie Ernst *Bloch* nennt, wirkt Hoffnung, und Hoffnung ist ein beflügelnder Antrieb. „Mensch sein heißt, auf dem Wege zu etwas anderem sein", heißt, daß der jetzige Mensch überbietbar ist. Und er *muß* ja als überbietbar erscheinen, wenn er von den Strukturen geprägt ist und wenn diese ihrerseits überboten werden können. Selbst in einer Fata morgana können gewaltige Impulse zum Vorwärtsdrängen in der Wüste stecken.

---

[15] Vgl. die These von Adam Smith, daß das Selbstinteresse der rivalisierenden Individuen und Gruppen stimulierend wirke und automatisch in soziale Harmonie einmünde (vgl. Reinhold Niebuhr, Reflections on the End of an Era, New York 1934, S. 5).

Zweitens haben die Utopien *deshalb* eine so mobilisierende Kraft, weil sie am Maßstab der geträumten Vollkommenheit die Gegenwart messen und sie im Namen dieses Maßstabes verurteilen. So produzieren sie Kritik und Protest. Sie tun das selbst dann, wenn sie als Zielbilder ohne deutliche Konturen bleiben, wenn sie Gegenstand eines nur dumpfen Drängens sind, über dessen Ziel man keine genaue Auskunft geben kann. Auch dann lösen sie noch die Vorstellung einer „Dialektik des Negativen" aus, die den verneinenden Protest dann später und von alleine in schärfer profilierte Zielvorstellungen überführen wird.

Wer sich so utopisch, der Zukunft zugewandt und von da aus gegenwartskritisch verhält, bringt sich auf relativ einfache Art in den Ruf eines Avantgardisten und degradiert dann die anderen zu reaktionären status-quo-Leuten. Wenn man nur möglichst hemmungslos-pauschal negativ und destruktiv daherredet, scheint kaum jemand auf die Idee zu kommen, daß das mit der Einfallslosigkeit eines meckerhaften Gemütes zusammenhängen könnte. Viele von denen, die unsere öffentliche Meinung machen, scheinen vielmehr zu meinen, man müsse wohl enorm der Zukunft erschlossen und visionär bereits in ihr zu Hause sein, wenn man derart aus der Gegenwart emigriert sei und sie aus so weitem Abstand beurteilen könne. – Wäre das wirklich so, dann müßte der sogenannte Avantgardismus durch die eingetretene Zukunft ja bestätigt werden und sich damit auf Dauer stabilisieren. Das aber ist doch mitnichten so! Es gibt im Gegenteil kaum irgendwo eine so rasante Form von Vergänglichkeit und Verschleiß, wie sie avantgardistischen Programmen eignet. Ich schlage vor, daß sich ein Historiker einmal an die Arbeit macht und eine Geschichte der Avantgardismen und der von ihnen ausgeteilten Zensuren „reaktionär" und „restaurativ" schreibt, fürchte allerdings, daß er sich dazu einer Zeitlupe bedienen müßte. Denn das modisch Aufblitzende und Erlöschende huscht viel zu schnell vorbei und versinkt wieder im Dunkeln, als daß es von normalen Sinnesorganen – selbst von denen eines Historikers – überhaupt registriert werden könnte. Und wie komisch wirken die vergangenen Idole oft von hinten!

6. Utopie-Kritik

Nehmen wir nun einmal jenen Endtraum ernst, wie er sich darstellt: als den Traum einer strukturell perfektionierten Welt also, als paradiesische Organisation, in der Gewalt und Ungerechtigkeit getilgt sind und die Herrschaft des einen über den anderen aufhört. Sollte dies dann das Ende sein? (Und die Vorausschattungen dieses Endes scheinen sich heute schon in bestimmten Wohlfahrtsstaaten anzudeuten). Sollte das nicht eine Welt sein, in deren wohlgeölter Apparatur der Mensch trotz aller Klimatisierung vielleicht erfriert?

Eine Welt glücklicher Lemuren, die – wohlgesättigt und voll einge-
paßt in ihre ausgeklügelte gesellschaftliche Apparatur – risiko- und
konfliktlos zwischen Geburt und Grab dahindirigiert werden?
Könnte das Gesetz, nach dem diese Konzeptionen angetreten sind
– nämlich das Gesetz des „Allgemeinen", von dem das personale
Individuum auf den Nullpunkt reduziert wird –, könnte dieses
Gesetz nun die Bahn des Geschehens nicht in dem Sinne vollenden
lassen, daß die Personalität völlig erfriert (und damit also auch das,
was Herbert *Marcuse* etwa der repressiven Toleranz der Gesellschaft doch gerade abringen, was er regeneriert sehen möchte)?
Wird hier die Anpassung, wird hier der Konformismus nicht kom-
plett? *Welche* Utopien werden also hier geträumt?

Ich meine, man habe hier die Rechnung ohne den Wirt, d. h. ohne
den konkreten Menschen gemacht. Und ein animal concretissimum
ist er nun allerdings, wenn wir an die biblische Anthropologie denken. Bleibt dieser Mensch nicht, um früher Gesagtes noch einmal
anklingen zu lassen, ein Aggressionswesen? Oder sollte seine
Aggression, sollte sein Egoismus, sollten Neid, Machthunger und
Prestigebedürfnis wirklich *nur* (nicht „auch", sondern „nur"!) aus
der Frustration durch ungerechte Strukturen zu erklären sein und
nicht vielmehr zunächst einmal aus ihm selbst, aus seiner „Natur"?
Blitzt nicht selbst bei K. Marx hin und wieder ein Wissen darum
auf – ein Wissen nämlich, das nach den *hinter* allen ungerechten
Strukturen stehenden Menschen fragt? Auch für ihn hat sich die
ganze ungeheuerliche Macht des Bösen, wie sie in der wirtschaftlichen Unordnung des Kapitalismus entmenschlichend und entfremdend am Werke ist, ja nicht von selbst gebildet, sondern sie
entstammt letzten Endes der Initiative des Menschen und damit seiner Schuld. Es ist, sagt Marx in der Deutschen Ideologie, „die eigene
Tat des Menschen, die ihm zu einer fremden, gegenüberstehenden
Macht wird, die ihn unterjocht, statt daß er sie beherrscht"[16]. Die
strukturelle und utopische Erlösungslehre *kann* diese prinzipielle
Fragwürdigkeit des Menschen nicht mehr sehen. Sie darf sie nicht
einmal sehen *wollen*. Sollte es also wirklich um eine „Bekehrung
der Strukturen" gehen können, und ist das jetzt noch mehr als eine
rhetorische Frage –?

Neben dieser anthropologischen Kritik erwähne ich noch einen
im engeren Sinne *theologischen* Gesichtspunkt: Liegt die Fragwürdigkeit dieser Konzeption, gerade wenn Theologen sie adaptieren,
nicht darin, daß hier Gott als diejenige Größe eliminiert ist, die Per-

---

[16] Siehe die „Marxistische Anthropologie".

son und Weltstruktur gleichermaßen umgreift, die mich bei meinem Namen ruft und damit zur Person macht, die zugleich aber auch das Weltgefüge trägt und es *dem* zu verantwortlicher Oikonomia überträgt, den er so bei seinem Namen gerufen hat? Muß nun, wenn dieser Umgreifende so außer Sichtweite rückt, nicht beides auseinanderfallen, so daß entweder das cartesianische Ich übrigbleibt oder aber das apersonale Weltgefüge?

Ich möchte diese Frage, die ich für die entscheidende halte, so stehenlassen, d. h. ich möchte sie nicht apologetisch ausschlachten, indem ich etwa sage: Wenn wir den fehlenden Gottesglauben wieder in unsere Konzeptionen einbauen, kommt alles in Ordnung. Durch das, was ich am Anfang über die Descartes-Kant-Linie sagte, sind wir wohl genügend gewarnt, um den Gottesgedanken lediglich als nachträgliche Hilfskonstruktion noch verwenden und mit seiner Hilfe die Disparatheiten des In-der-Welt-Seins auffangen zu wollen.

Statt dessen erscheint mir allein der folgende Weg legitim zu sein: die Aufgabe nämlich, zu beobachten, wie die biblische Relation zwischen Gott, Ich und Welt aussieht, und dann der Frage standzuhalten, ob uns diese Relation zum Appell für eine Neuorientierung dienen könne.

7. Der Primat der Person gegenüber der Struktur

Aus dem großen Komplex dessen, was hier nun zu bedenken wäre, greife ich aus Raumgründen nur einige Hinweise heraus, die dem eigenen Weiterdenken dienen können [17].

Es ist völlig eindeutig, daß das biblische Denken alle Wandlungen bei der *Person* und nicht bei den Umständen, d. h. den Strukturen, beginnen läßt. Für das Verhalten Jesu ist es in diesem Sinne charakteristisch, daß er sich primär nicht einmal an die repräsentativen Personen (oder wie manche heute gern sagen: an die Vertreter des Establishments) wendet, um so wenigstens personale Schlüsselpunkte für strategisch wirksame Veränderungen zu treffen. Sondern er bleibt stehen bei den Armen, Blinden, Lahmen und Besessenen – also bei Gestalten, die sozial völlig ineffektiv sind. Das ist für unser Problem deshalb so wichtig, weil der Mensch dann, wenn die „Struktur" die Anthropologie beherrscht, nur durch seine *Rolle* in

---

[17] Für weitere Stoffe weise ich auf das hin, was ich in ThE I, § 1783 ff. über „Kritische Fragen an Luthers Lehre von den beiden Reichen" gesagt habe. Die Beziehung Gott–Welt–Ich wird ferner in der Ordnungslehre behandelt (Theol. Ethik I, § 2144 ff.).

dieser Struktur bedeutsam wird: sei es nun, daß er diese Rolle als einzelner, oder sei es, daß er sie als soziale Klasse (etwa als Proletariat oder als Ausbeuterschicht) spielt. An die Stelle des „unendlichen Wertes der Menschenseele" (Harnack), wie sie sich coram Deo ergibt, tritt hier der pragmatische Gesichtspunkt der gesellschaftlichen Verwertbarkeit oder Nicht-Verwertbarkeit. Bei Jesus aber ist jeder Mensch unmittelbar zu Gott und für wert gehalten, bei seinem Namen gerufen zu werden.

Hier ist also ein ganz anderer Einsatz der Anthropologie, und man wird sich kaum unterstehen dürfen, das bloß mit dem banalen Argument erklären zu wollen, damals habe es eben noch keine Soziologie gegeben! Dieser Einsatz des Denkens bei der Unmittelbarkeit des Menschen zu Gott ist vielmehr in so zentralen Bereichen des christlichen Glaubens angesiedelt, daß mit seiner Preisgabe jener Glaube selbst aufgegeben würde. Er ist von so substanziellem Gewicht, daß dieser bei seinem Namen gerufene Mensch, daß dieser Blinde, Lahme und sozial Unwertige seinen Rang in *jedem* wie immer beschaffenen System beibehalten müßte – auch und gerade dann, wenn man die *strukturverändernde* Seite der christlichen Agape durchaus erkannt hat und sie als Aufgabe übernimmt. Ich verstehe im übrigen nicht, warum dieses biblische Menschenbild nicht auch in *dieser* Suppe das Salz zu sein vermöchte.

In einer Michaelis-Predigt habe ich es einmal am Gleichnis vom Barmherzigen Samariter zu zeigen versucht: Der Einsatz der Nächstenliebe erfolgt hier gewiß zunächst in der persönlichen Begegnung von Ich und Du. Der Samariter findet den unter die Mörder Gefallenen vor, und er greift helfend zu, ganz spontan, ganz unsystematisch und vermutlich sogar so, daß das nicht einmal in die Systematik seines Terminkalenders paßt. Für diese improvisierende Hilfe sind sozusagen Gotteskindschaft und Menschenbruderschaft das unmittelbare Motiv. Beides repräsentiert sich in dem verwundeten Nächsten. Was aber sollte den Samariter nun hindern – falls er etwa Bürgermeister oder gar ein Staatsmann auf Dienstreise gewesen sein sollte –, darüber nachzudenken, wie man in Zukunft derartige Überfälle systematisch und *prophylaktisch* verhindern könne – etwa dadurch, daß man die Wälder auf Wegelagerer hin durchkämmt, daß man die eingefangenen Asozialen exploriert, *warum* sie Räuber geworden sind, um dann die Ursachen der Kriminalität zu beseitigen? Das wäre, an einem Modellfall verdeutlicht, genau der Übergang von der individuell-spontanen zur sozial-systematischen und strukturell wirksamen Agape. Wird aber das ursprüngliche Motiv, daß es um den von Gott geliebten und wertgehaltenen

Nächsten gehe, sich dann nicht auch in diesem *zweiten* Stadium durchhalten, in jenem Stadium also, wo das kleine Senfkorn unmittelbarer Nächstenliebe sich zu einem Baum entwickelt hat, dessen Zweige sich über den Erdkreis, sprich: über die Strukturen recken?

Ich darf noch einen zweiten Modellfall zitieren:

Im Philemonbrief wird geschildert [18], daß der Sklave Onesimus seinem Herrn Philemon entlaufen ist und durch merkwürdige Zufälle eine Aufwartungsstelle bei Paulus erhält. Der Apostel schickt ihn später, nachdem dieser Sklave unter seinem Einfluß Christ geworden ist, seinem früheren Dienstherrn zurück. Er entläßt ihn also wieder in die Sklaverei. Hat Paulus damit den Glauben als eine Sache privater Innerlichkeit behandelt, die mit gesellschaftlichen Strukturen, innerhalb deren es Herren und Sklaven, Menschen und Nicht-Menschen gibt, nichts zu tun hätte und sie also ungeschoren bestehen läßt? Mitnichten!

Paulus spricht nämlich den Philemon darauf an, daß er und sein Sklave Onesimus nunmehr Brüder in Christus seien. Das bedeutet, daß in ihrem beiderseitigen Verhältnis sich ab sofort zwei Ordnungsebenen überschneiden: *einmal* die gesellschaftliche Ordnung des Herr-Sklave-Verhältnisses und *dann* die Reich-Gottes-Ordnung der Bruder-Bruder-Beziehung. Diese Überschneidungslinie muß auf die Dauer einer schweren Friktion ausgesetzt sein: Denn die damalige Gesellschaftsordnung kann die Sklaverei nur mit Hilfe einer ganz bestimmten Anthropologie legitimiert sehen: daß der Sklave nämlich – wie Aristoteles meinte – nicht eigentlich „Mensch" sei, daß er keine Seele und keine Personhaftigkeit habe. Der Sklave muß folglich – im Gegensatz zur Kantschen Ethik – als Mittel zum Zweck betrachtet und kann nicht als Selbstzweck gewertet werden. – Die *christliche* Ebene dagegen zeigt den Menschen (einschließlich des Sklaven) als Selbstzweck, als teuer erkauftes Kind Gottes, als Bruder.

Indem Paulus den Sklaven Onesimus mit solchen Prädikaten bedenkt und ihn seinem früheren Herrn als nunmehrigen „Bruder" anbefiehlt, greift er in indirekter Manier die Strukturform der Sklaverei an und unterwandert sie. Die äußerste und von Paulus gewollte Paradoxie ist die, daß Onesimus sich nun aus einem Motiv in die Sklaverei zurückbegibt, das dieser Strukturform radikal entgegengesetzt ist und sie von innen her aufweichen muß, nämlich aus dem Motiv der *Freiheit*. Als freies Kind Gottes bindet er sich im Rahmen einer vorläufigen Ordnung an ein anderes freies Kind Gottes. Damit

---

[18] Vgl. die ausführlichere Darlegung in Theol. Ethik II, 1, § 2057 ff.

wird in die Strukturform der Sklaverei ein Sprengstoff einge-
schmuggelt, der diese Ordnung verändern und dann auch für eine
Aufhebung der Struktur reif machen muß.

Der Kernsatz der hier vorliegenden Anthropologie würde also in
seinem *negativen* Teil lauten, daß nicht die gesellschaftliche Struktur
die Person definiert. (Täte sie das, würde die Person ja gerade eliminiert und zum Molekül in einem Kollektiv herabgewürdigt.) In seinem *positiven* Teil würde jener Satz lauten, daß das Verständnis
der Person und das von diesem Verständnis her bestimmte Agape-
Motiv der Leitgesichtspunkt auch dann bleibt, wenn der Dienst am
Menschen zu einer Revolutionierung gesellschaftlicher Strukturen
treibt. Die zentralen Gehalte des Glaubens bleiben auch hier in
Kraft. Wo sie außer Kurs gesetzt werden, verschwindet nicht nur
der Glaube, sondern auch die Humanität. An ihre Stelle tritt der
inhumane Mechanismus sozialer Apparaturen und der Phobos utopischer Abstraktion.

Auf der gleichen Linie liegen die Aussagen der Propheten des Alten Testaments. Auch sie verkünden keine strukturverändernden Programme, sondern sie predigen Gericht und Verheißung. Entsprechend setzt auch hier die
Verwandlung damit ein, daß zunächst das „Herz" verwandelt und daß das
steinerne mit einem fleischernen Herzen vertauscht wird (Jer 24,7; 31,33;
Hes 11,19,36,26). Dieses gewandelte Herz ist die Keimzelle der Weltverän-
derung.

8. Die politische Affinität der christlichen Botschaft

Wenn man heute die *politische Affinität* der christlichen Botschaft neu zu entdecken beginnt – andere, und auch der Verfasser, haben sich schon lange um die Bewußtmachung dieser
Affinität bemüht [19] –, so ist das ein legitimer und sogar reichlich spät
einsetzender Vorgang. Man bedenke aber, in wessen Namen man
hier denkt und welches Vorzeichen man vor die Klammer seiner
Reflexionen setzt. Es wäre nicht das erstemal in der Kirchengeschichte, daß man im Namen eines christlichen Motivs antritt, im
nächsten Augenblick aber fremden Hörigkeiten unterliegt. (Das
letzte geschichtliche Beispiel dafür waren die „Deutschen Christen"
des Dritten Reiches.) Verfällt man den falschen Göttern einer einsei-
tigen Strukturideologie, so wird der Leib Christi, statt dem Heile
der Welt zu dienen, in sich selbst zerrissen.

[19] Vgl. die Ethik des Politischen, Theol. Ethik II, 2.

Der Fehler der heutigen „Theologie der Revolution" ist nicht, daß sie den individualistischen Aspekt überwindet und die ethische Bedeutung der Strukturen erkannt hat. Sondern ihr Fehler ist, daß sie das Projekt einer Weltänderung bei diesen Strukturen einsetzen läßt, daß sie von der „Bekehrung der Strukturen" spricht und dabei übersieht, daß die Bekehrung des menschlichen Herzens, daß die Entdeckung des Nächsten in der Strategie Gottes den Schlüsselpunkt bildet.

Wenn ich ein Programmierer und Täter großen Stiles wäre, wenn ich gerechte Strukturen erfände und zu realisieren vermöchte, „hätte aber der Liebe nicht, so wäre ich ein tönend Erz und eine klingende Schelle"[20]. Wenn man diesen einfachen Satz einem *Theologen* nicht glauben wollte, so möge man sich vielleicht nachdenklich machen lassen durch den happening- und Schockpropheten Joseph *Beuys,* der äußerte, daß wirkliche Revolutionen nicht mit der Veränderung äußerer Strukturen begännen, sondern mit der Veränderung des Individuums[21]. Und Karl *Jaspers* sagt: „Alle Chancen der Kirchen liegen in der Bibel, wenn sie diese im Bewußtsein der Weltwende ... zum Sprechen zu bringen vermögen." Von was aber spricht dieses ewige Wort, und wo setzt sein Bewirken ein, um dann auch Geschichtssituationen und Strukturen zu ändern? Es setzt ein bei der „Wiedergeburt des Menschen"[22].

Der Mikrokosmos des *Herzens* ist der Quellort, dem alle Erneuerung entströmt. Und das ewige Wort, von dem dieses Herz getroffen wird, ist das Senfkorn, dem die Verheißung gilt.

Diskussionsbemerkung zu dem vorstehenden Kapitel

Ich würde mich mißverstanden fühlen, wenn man den hier vertretenen Primat der Person gegenüber der Struktur so verstände, als solle damit gesagt sein: Erst müßten die Menschen insgesamt eine Bekehrung vollziehen (oder etwas säkularer ausgedrückt: erst müßten sie zu einer neuen Bewußtseinslage durchfinden), ehe die so zustande kommende geistige Situation sich gesellschaftlich, strukturell und institutionell auswirken könne. Dieser Einwand wurde mir gelegentlich entgegengehalten.

Nun stimmt es zwar, daß in der Regel gesellschaftliche und politische Strukturen nur dann eine gewisse geschichtliche Haltbarkeit aufzuweisen pflegen, wenn die Bewußtseinslage der Betroffenen diesen Strukturen einigermaßen entspricht. Im andern Falle müßten sie als Zwangsgesetz

[20] 1 Kor 13, 1.
[21] Vgl. Christ und Welt, Nr. 1, 1969, S. 13.
[22] Die Atombombe u. d. Zukunft des Menschen, 1958, S. 356, 360.

wirken, das von außen übergestülpt, insofern nicht angeeignet und darum bei passender Gelegenheit als „fremdes Gewebe" wieder abgestoßen wird. (Auch im Bereich der Institutionen gibt es so etwas wie eine Immunitätsbarriere!). Trotzdem wird man auch eine gegenläufige Erfahrung konstatieren müssen:

Es ist möglich, daß neue Strukturen ihrerseits die Bewußtseinslage der Menschen und damit diese selbst ändern können. So gefährlich es z.B. auch sein mag, ein demokratisches Herrschaftssystem „vorzeitig" (d.h. ohne Rücksicht auf den Reifegrad und die Mündigkeit der Betroffenen) einzuführen, so kann es in bestimmten Fällen doch möglich sein, daß das demokratische System zur Mündigkeit *erzieht* und reif werden *läßt.* Ebenso kann eine entsprechende Sozialgesetzgebung den Respekt vor dem Humanum erzeugen und insofern eine neue Bewußtseinslage zu *bewirken* helfen. Darum hätte die Feststellung, „daß Strukturen Menschen ändern können", ja, „daß sie Menschen für den bis jetzt noch nicht erkannten Nächsten als Mitmenschen öffnen können", zweifellos recht.

Gleichwohl wäre es ein Fehlschluß, daraufhin zu meinen, die Kausalfolge „erst Person-, dann Struktur-Wandlung" ließe sich einfach umkehren. Wir müssen vielmehr fragen: *Wer* ist es denn eigentlich, der hier auf Strukturänderung drängt und der diese Strukturänderung vielleicht als Erstes – womöglich als revolutionäre Sofort-Tat – möchte und darum nicht bereit ist, zunächst einmal das Bewußtsein zu wandeln und damit die geistige Disposition für jene neuen Strukturen zu bewirken? – Zumindest von diesen *Initiatoren* wird doch zu sagen sein, daß sie die strukturellen Änderungen nur wollen können, weil wenigstens ihr *eigenes* Bewußtsein bereits einen Zustand erreicht hat, der sie zu ihren strukturellen Postulaten befähigt.

Mag man also auch von der Annahme ausgehen, daß veränderte Strukturen durchaus den Menschen ändern können, so gilt doch wenigstens von jenen revolutionären oder reformerischen „Vortrekkern", daß sie ihrerseits bereits personal gewandelt und gewissermaßen – in welcher Richtung auch immer! – „bekehrt" sind, *ehe* sie ihr Programm einer Strukturänderung konzipieren können. Anders ist etwa die Rolle von Karl *Marx* überhaupt nicht zu verstehen.

Dann aber muß sich im Kopf dieser „Elite" auch eine Konzeption des Verhältnisses von Person und Struktur gebildet, oder anders gesagt: sie muß ein bestimmtes Verständnis des Menschen entwickelt haben, das für die Relation Person–Struktur sodann maßgebliche Bedeutung haben wird. Dieses Verständnis wird z.B. *entweder* ein Menschenbild beinhalten, das den Menschen in seiner „Unbedingtheit" respektiert und ihn als Selbstzweck versteht. *Oder* aber es wird den Menschen als bloßen Funktionsträger und insofern pragmatisch werten. Von dieser Alternative wird es abhängen, ob der „Mensch für den Sabbath" (sprich für die Institutionen) oder ob der „Sabbath für den Menschen" da ist (Mark. 2, 27).

Die Lösung der Strukturfragen wird also auch hier vom vorgängigen Verständnis der menschlichen Person abhängen. Selbst die utopische Fern-

Konzeption wird die Gestalt dieser Strukturen dadurch bestimmt sein lassen: Es wird entweder um dienende, funktionale Strukturen gehen oder aber um selbstzweckliche Apparaturen, bei denen der Mensch nur als ohnmächtig-unfreiwilliger Mitspieler fungiert. (Im besonderen Fall der marxistischen Utopien wird hierbei die Frage zu stellen sein, ob man Marx den eschatologischen „Sprung in die Freiheit" glauben darf oder ob sich hier nicht *Orwells* Schockutopien näher legen).

Dann aber haben christliche Verkündigung und christliche Theologie ihren Gesprächspartner bei dieser Frage zu stellen; dann haben sie sich auch ihrerseits hier stellen zu lassen. Es geht um die Frage, wer oder was der Mensch sei, und das heißt genauer: worin er den Grund seiner Existenz habe – im Wort oder in den Strukturen. – Auch hier aktualisiert sich die heimliche Frage nach Gott".

Der Mensch und sein Bild

Über die Grenzen der Photographie

Natürlich kann die Kamera entlarvend wirken. Ob sie dabei Geheimnisse lüftet oder Tabus bricht, mag dahingestellt bleiben. Es genügt, zu wissen, daß wir in einer Zeit leben, die das Indiskrete liebt und einen Hang zur unmittelbaren Vergegenständlichung des Intimen hat. Sicher ist diese Tendenz nicht deshalb wirksam, weil wir heutzutage geiler wären und unter erhöhter Sexualisierung litten. Außerdem bezieht sich die Vergegenständlichung des Intimen gar nicht nur auf die Liebe, sondern auch auf den Tod, ja auf das privatissimum in der ganzen Skala seiner Möglichkeiten.

Nein: ich glaube, daß der Hang zur Entlarvung und zur unmittelbaren Vergegenständlichung des Intimen einen ganz anderen Grund hat: daß wir nämlich durch die Überflutung mit Bildern, durch die ständigen optischen Einfuhren in das Binnenland unserer Psyche allmählich einem Phantasieschwund erliegen. Diese Psyche, die ihren Bildbedarf durch Importe aus dem „Ausland" der Illustrierten und des Fernsehens befriedigen kann, verliert den Spaß an der eigenen Produktion, und schließlich hört die Phantasie nahezu völlig auf zu arbeiten. Ich möchte das, was ich meine, an zwei Vergleichen verdeutlichen:

Wenn man heute Reden oder Leitartikel (etwa aus der alten Frankfurter Zeitung) liest, die einem während des Dritten Reiches ob ihrer Kühnheit schier den Atem stocken ließen, so pflegen wir heutzutage meist ein wenig enttäuscht zu sein und hören in der Regel nur noch einen allgemeinen zeitgenössischen Konformismus heraus. Allenfalls mögen wir noch kümmerliche Spurenelemente eines gewissen und sehr sanften „Ja, aber..." bemerken. Keineswegs aber spüren wir Bekenntnisse, die eine reelle Opposition oder gar ein „Hier stehe ich, ich kann nicht anders" verrieten. Woran liegt diese verschiedene Wirkung von damals und heute? Nun: damals waren unsere inneren Sinne angesichts der elementaren Bedrohung derart geschärft und empfindlich, daß sie auch noch sublimste Andeutungen registrierten. Die indirekte und verschlüsselte Aussage genügte, weil sie sokratisch wirkte: Sie löste geistige und emotionale Reaktionen beim Leser aus und ließ so seine eigenen Seelenkräfte virulent werden. Das aber geht nur so lange, wie diese Kräfte wenigstens noch „da" sind und in Bereitschaft liegen. Wer dagegen heute Wirkungen auf die Psyche erzielen will, kann sich auf jenes psychische Reaktionsvermögen keineswegs mehr verlassen. Darum muß er sich statt sokratischer Andeutungen manchmal des Zuschlaghammers bedienen, um psychische Ein-Drücke zu erzielen.

Dadurch werden wir überlaut, überoptisch und über-unmittelbar. Nur sehr reduzierte Geister, die übrigens durchaus an zerebraler Hypertrophie leiden und mit einem Überhang des Intellekts versehen sein können, greifen hierbei zu der harmlosen Erklärung, diese Massivität und Tabu-Unempfindlichkeit gründe in einem Triumph der Freiheit. Wer sich dabei die dunkle Folie des prüden viktorianischen Zeitalters als Hintergrund wählt, hat es freilich leicht, diesen vermeintlichen Triumph der Freiheit plausibel zu machen. In Wahrheit aber geht es um Mangelerscheinungen, um einen Skorbut der Seele, und man nimmt sich im Grunde nur die Freiheit, optische Vitaminpräparate in Anspruch zu nehmen, um die impotent gewordene Phantasie wieder aufzupulvern.

Das zweite Beispiel zum Vergleich: Als äußerster dichterischer Gegenpol unserer Zeit, insofern sie sich des überdeutlichen Blechtrommelklangs bedient, erscheint mir immer Adalbert *Stifter*. Nun wird mir bei diesen Worten hoffentlich niemand die törichte Meinung unterstellen, als wolle ich der heutigen Dichtergeneration möglichst viele edle Stifter-Gestalten wünschen! Damit würde ich ja auf sehr absurde Weise eine Dichtung verlangen, die nicht dem Boden der Zeit entwüchse. Wir wissen, was bei solchen Wünschen passiert, wenn wir an die neugotischen Stilformen denken, mit deren Hilfe man sein eigenes Unvermögen zu kaschieren trachtete, und unter deren Überfremdung die eigene Kümmerlichkeit dann nur *noch* kümmerlicher wurde. Adalbert *Stifter* soll hier nur repräsentativ stehen für eine Gestalt der Dichtung, die wir verloren haben (und mit deren Verlust wir uns möglicherweise abfinden müssen). In dieser seiner Welt gibt es fast nur gute Menschen und harmonische Maße. Nichts ist ohne Symmetrie. Wenn man an Stifters furchtbares Suizid-Ende denkt, mag einem noch deutlicher werden, was sich bei der Lektüre vielleicht schon andeutete: Konnte man denn im Ernste glauben, daß diese architektonischen Wundergebilde flach auf der Erde errichtet seien, daß sie ohne Keller und tiefe unterirdische Gewölbe wären? Stifter hat um all dies Unterirdische der menschlichen Existenz durchaus gewußt. Das Dunkle ist indirekt in seiner Welt präsent. Auch Schrecken und Geheimnis „wesen an". Der sensible und metaphysisch nicht ganz unmusikalische Leser würde die Anwesenheit des steinernen Gastes schon spüren! Ein Normalleser unserer Tage aber, dessen literarischer Instinkt auf gewisse Bestseller-Produzenten eingestellt ist, sieht hier nur fade, konturenlos verschwimmende Gutheit, er vermißt den Pfeffer des Bösen (nicht etwa deshalb, weil es nicht da wäre, sondern deshalb, weil seine Tränendrüsen und seine Nase nicht mehr fein genug auf den Raum zwischen den Zeilen reagieren). Er ist an die psychoanalytischen Kellerführungen gewöhnt, bei denen das Verborgene umständlich hervorgezogen, das Dunkel mit einer Tausend-Watt-Lampe angestrahlt und das kaum Gedachte wollüstig breitgetreten wird. Bei Stifter scheint es nur die Belétage zu geben (als ob es sie ohne Unterkellerung überhaupt geben *könnte!*). Wenn wir heutzutage die Kellerasseln im unterirdischen Bereich der menschlichen Existenz nicht optisch *sehen,* wenn wir die Wölfe in unserem Keller nicht akustisch heulen *hören,* glauben wir nicht an sie und blödeln dann in der langweiligen Belétage vor uns hin.

„Enthüllt" also die Kamera vielleicht nur, weil wir von alleine nichts mehr merken? Sicher ist auch hier keine Regel ohne Ausnahme. Womöglich hat diese Regel sogar viele und beachtliche Ausnahmen.

Ebenso wichtig wie die Frage, welchem Hintergrund die optische Enthüllungleidenschaft entstammt, ist nun die andere Frage, *was* denn eigentlich enthüllt wird. Genauso wie die Momentaufnahme nur einen winzigen Zeitpartikel erfaßt, so erwischt sie auch die *innere* Dimension ihres Gegenstandes nur partiell (sofern er diese innere Dimension überhaupt hat, so wie Liebe und Tod sie ja zweifellos besitzen). Der eitle, effekthaschende Blick eines Politikers, die Hingerissenheit eines Dirigenten, das aufgewühlte mater-dolorosa-Gesicht einer Frau, die ihren Sohn in der Reihe der tödlich Verunglückten findet: das alles sind doch nur Variationen des jeweiligen Menschenwesens, aber nicht jenes Wesens selbst. Dieses Wesen wird nun in einer seiner *Möglichkeiten* manifest. Die Kamera aber erfaßt jenes Wesen in den meisten Fällen nicht, auf keinen Fall aber, wenn sie sensationsgierig dem Menschen in seinen Grenzsituationen auflauert. Könnten uns denn solche Moment-Impressionen ermessen lassen, wie der zitierte Politiker daheim mit seinen Kindern spielt, wie der Dirigent über seiner Briefmarkensammlung sitzt und wie die leidgeprüfte Mutter in der guten Stube ihren Enkeln vorliest? Sind hier nicht weite Skalenbreiten menschlicher Möglichkeiten einfach eliminiert, nicht nur unterbelichtet (so daß man sie in seiner Phantasie aufbereiten könnte)? Ist es demgegenüber aber nicht das Kennzeichen großer Kunst – der Dichtung sowohl wie der Malerei –, daß sie im Begrenzten eine Totalität gestaltet und daß sie uns gleichsam riechen, fühlen und hören läßt, obwohl sie weder der Nase noch dem Tastsinn noch den Ohren Spezialstoffe darbietet?

Sicher gibt es auch hier wieder die berühmten Ausnahmen, in denen die photographische Aussage tatsächlich so etwas wie das *Ganze* zur Erscheinung bringen kann. Das mag dort der Fall sein, wo jene Variante des Wesens, die die Momentaufnahme erfaßt, einen besonderen symbolischen Rang hat, wo also der Ausschnitt das Ganze und der punktuelle Augenblick die Lebensgerade selbst darstellt. Das kann zum Beispiel so bei einem faltenreichen alten Gesicht sein, dessen Runzeln nach einem schönen Wort die „Stenographie des Schicksals" sind. Dieses Gesicht verkündet nicht einen „Augenblick", sondern es erzählt seine Geschichte in der Gänze ihrer Erstreckung; es ist über alle Zufälle hinaus in seine gültige Gestalt hineingewachsen. Ähnlich konnte es mit Ex-König Faruk stehen, den man in einem Schlemmerlokal knipste – falls Leere, Übersättigung und Trauer über das Nichtige tatsächlich bei ihm jenen fatalen Bund eingegangen sein sollten, den die Reporter zu behaupten pflegten. Wenn ein genialer Schauspieler und ein bedeutender Photograph sich finden, kann jenes Gültige selbst in einem Rollenphoto Gegenwart werden, obwohl hier die Selbstkundgabe doch um einige Ecken herum erfolgt. So erinnere ich mich an ein Bild von Gründgens in der Rolle Heinrich VIII., in dem der darstellende und gleichzeitig dargestellte Mensch Gründgens erschütternd und sein Schicksal proklamierend auf den Betrachter zukam. Doch gehört dies alles wohl selbst bei den *großen* Lichtbildnern zur Ausnahme.

Wenn es aber nur Ausnahme ist, dann heißt das auf der anderen Seite, daß die Kamera auch lügen kann, und zwar mit lauter unretuschierten Richtigkeiten – genau, wie auch ein Zeitungsartikel mit Hilfe seiner Richtigkeiten dann lügt, wenn zwar die Einzelheiten stimmen, aber ein verzerrendes Mosaik aus ihnen zusammengesetzt ist. Ist es etwa keine Lüge, wenn eine Königin nur in der pathetischen Geste eines Staatszeremoniells erscheint? Oder auch von der konträren Situation her: Ist es nicht ebenso eine Lüge, wenn sie beim Gähnen, Niesen oder Tuscheln „geschossen" wird? Ist es keine Lüge, wenn so das Partikuläre für das Ganze und der Takt für die Melodie selbst genommen wird? Erfolgt nicht so eine Festlegung des Augenblicks, wird er nicht zum Verweilen gezwungen, obwohl dieser Augenblick gar nicht so schön ist, daß eine solche Bitte entstehen könnte, oder weil er auch im Gegenteil zu schön ist, um wahr zu sein? Kommt es hier nicht zu dem, was *Sartre* in einem anderen, aber doch nicht ganz und gar anderen Zusammenhang als das „Fixieren", als das Festlegen eines Menschen bezeichnet? Es gibt eine Zeitschrift, an deren Titelporträts man genau erkennen kann, ob der dazugehörige Artikel wohlwollend oder kritisch sein, daß er also auf jeden Fall erhebliche und gewiß auch fragwürdige Subjektivitäten aufweisen wird. Aber jede Pore und jede Warze sitzt genau richtig, die objektiven Details stimmen alle. Doch der Mensch in seiner Gänze ist auf das Bild „fixiert", das man aus polemisch-pragmatischen Gründen oder aus wirklichem Bemühen um Deutung von ihm meinte haben zu sollen. Man konnte und kann also mit Richtigkeiten unter Umständen auch das Unwahre sagen, indem man unter der Fülle der zur Verfügung stehenden Augenblicksvariationen das vermeintlich Passende aussucht (oder herbeiführt!), um jenes Fixieren vorzunehmen.

Ich für meine Person – und ich weiß nicht, ob ich hier einem subjektiven Irrtum erliege – mache immer die Probe auf dieses Exempel der photographischen Fragwürdigkeit. Stelle ich mir das Photo eines sehr geliebten oder verehrten Menschen auf den Schreibtisch, so werde ich es nach einiger Zeit leid, im Unterschied etwa zu einem gemalten Porträt oder dem Photo eines gemalten Porträts, das an der gegenüberliegenden Wand hängen mag. Auch dann, wenn das photographische Bild mich im ersten Augenblick faszinierte, tritt dieser Überdrußeffekt todsicher ein. Warum? Banal ausgedrückt: weil ich manches gar nicht so genau sehen und wissen *will,* wie die Aufnahme es zeigt. Bestimmte Falten, ein bestimmtes Augenzusammenkneifen, eine bestimmte Mundstellung mögen durchaus Augenblicksrichtigkeiten exakt wiedergeben, sie mögen sogar natürlich sein – ebenso natürlich wie das Husten, Niesen oder Lachen im Publikum bei der Grammophonaufnahme eines Konzertes. Bei der Wiederholung aber (die Platte soll sich ja immer aufs neue drehen!) ermüdet dieses Natürlich-Zufällige, weil es immer an derselben Stelle auftaucht und darum illegitim so etwas wie Notwendigkeit und Gesetzescharakter beansprucht. Deshalb haben die Grammophonleute recht, wenn sie einer Platte das nicht erlauben, was selbst bei einem repräsentativen Radiokonzert gestattet sein mag und hier sogar als natürliche Auflockerung begrüßt werden kann. – Manches also will ich gar nicht so genau wissen und will es auch nicht *immer wieder* zur Kenntnis nehmen. Das Dauernde aber, der ontologische Hintergrund der Person sozusagen, der unter anderm auch jene Zufälligkeiten des Augenblicks hervorgebracht hat, verschwindet bei wiederholtem, immerwährendem Ansehen hinter jenem Vordergründigen. So werde ich die Aufnahme schließlich leid. Der dargestellte Augenblick veraltet, weil er über Gebühr verweilen sollte. Mehr und mehr wird der Überschuß meines „Wissens", meines Wesenwissens um den anderen im Verhältnis zu dem photographisch Erfaßten zu kraß.

Wie kommt es, daß eine Zeichnung, ein Porträtgemälde anders auf mich wirkt? Liegt es daran, daß hier das Wesen und nicht nur eine Variation des Wesens erfaßt ist? Vielleicht wäre das zu hochtrabend ausgedrückt. Doch ist es wohl erlaubt, dem Gemälde folgendes Privileg zuzuerkennen (und wer eine Illustration wünscht, mag etwa an das Porträt des Hamburger Altbürgermeisters Max Brauer von Kokoschka denken): Das mit Stift und Pinsel gestaltete Porträt stellt im Grunde ja nicht nur das Modell dar, sondern es stellt ein Stück „Geschichte" dar – eine Geschichte nämlich, die der Künstler mit seinem Modell gemeinsam durchlebt hat. Der Porträtmaler malt ja seine Begegnung mit dem Darzustellenden, er muß gleichsam mit ihm „fertig" werden. Er ist als Beobachter selbst mit „dabei", er fügt das Objekt in seine Perspektive. Und vielleicht ist es nicht allzu abwegig, wenn man hierbei an gewisse Analogien aus der Mikrophysik denkt, in deren Forschungsumkreis der Beobachter mit einer Sonde in den Geschehensvorgang eingreift. Auch er ist „dabei" und steht, wie *Heisenberg* einmal sagt, nicht nur vor seinem Objekt, sondern auch vor sich selbst.

Gewiß ist auch hier das Partikuläre des Aspekts erkennbar. Das dürfte wohl der Grund dafür sein, daß es so viele höchst verschiedene Porträts von ein und demselben Menschen gibt und daß man selbst von manchen weltgeschichtlichen Individuen der Vergangenheit nicht weiß, wie sie nun wirklich und „an sich", das heißt ohne Brechung durch die jeweilige Begegnungs-Perspektive, ausgesehen haben. Und doch ist dieses partikuläre von anderer Art als bei der Photographie:

Indem ein Stück Geschichte abgebildet wird, ist zugleich ein Stück Dauer gestaltet, und zwar eine Dauer von exemplarischer Bedeutung: „So" ist das Wesensbild des anderen, wie es sich in der Begegnung diesem *einen* Begegnenden enthüllt. Einem anderen mag es anders erscheinen, aber mir, dem Maler, erscheint es so – und zwar „auf Dauer". Dies ist die gültige Geschichte, die ich mit ihm habe. Und bei dieser Geschichte mag Liebe oder auch Haß – wie eben bei jeder Geschichte! – mitgestaltend wirksam sein. Beides kann die Begegnung nur intensivieren, denn Liebe läßt verstehen, und Haß kann hellsichtig machen. Könnten sonst die Karikaturisten solche Wesenskünder sein? Und diese ihre Bestimmung möchten sie doch auch erfüllen! Darum drücken sie selbst ihren Haß und ihre Verachtung nicht in zufälliger Situationskomik aus, sondern so, daß sie – übertreibend – das Typische zu erfassen suchen. Weil wir den Menschen selbst so immer nur in der Begegnung, weil wir ihn nur geschichtlich haben, darum kommt es zu gespenstischen und verlogenen Richtigkeiten, wenn dieser Mensch nur in einen zufälligen und punktuellen Augenblick hinein isoliert wird. Darum kann es zu jener oft unwahren Reportage kommen, wie sie von großen Virtuosen des Objektivs oft in den illustrierten Zeitungen niedergelegt wird.

Es ist sicher gewagt, aber wohl doch nicht unfair, wenn ich den äußersten Kontrast des photographischen Porträts zu markieren suche. Ich würde diesen Kontrast in den Bildern gotischer Maler oder in den byzantinischen Ikonen sehen. Wenn es dem Photographen um ein Wesensbildnis geht – und es gibt sicher viele große Künstler unter ihnen, die das erstreben –, dann versucht er das individuell Besondere herauszuarbeiten. Virtuosen der Linse, die deshalb ja noch keine „Künstler" zu sein brauchen, können so mit Hilfe von Position und Beleuchtungseffekten noch aus einem Milchgesicht einen Charakterkopf machen. Jene alten Maler aber lassen, wenn sie das Wesen darstellen wollen, das Individuelle noch aus dem Spiel. Mimik und Faltenwurf sind typisiert und entbehren der Note des Besonderen. Doch diese Gestalten stehen vor einem goldenen Hintergrund, der die Glorie Gottes (den „heaven") symbolisiert. Und ein Widerschein dieser Glorie erscheint auf ihrem Antlitz.

Dieses also ist das „Wesen": in einem letzten Bezuge solcher Art zu existieren, nämlich auf die Glorie Gottes bezogen zu sein. Hier ist gleichsam das Bild, das Gott von uns hat – eine sehr andere Blickweise übrigens als die der Moderne, in der sich der Mensch darum bemüht, ein Bild von Gott zu haben. Hier ist das, was in Ewigkeit bleibt.

Der verlorene Sohn im Gleichnis Jesu muß durch viele Stationen der Fremde und der Selbstentfremdung. Man könnte viele Augenblicke seiner Irrfahrt „knipsen" (und wer weiß, ob nicht ein Filmunternehmen uns auch noch eine biblische Schwarte dieser Art bescheren wird). Doch in keinem dieser Augenblicke wäre jener Verlorene „ganz" da. Er ist „ganz" nur in dem Bilde da, das der trauernde und ihn herbeisehnende Vater in seiner Seele von ihm hat. Und in dieser Seele ist und bleibt er auch inmitten der äußersten Entfremdung immer doch der, hinter dem die goldene Folie aufleuchtet und den dieses „fremde" Licht auch dann noch bescheint, wenn alle Lampen in seinem Leben erloschen sind. Wer dieses Wesensbild hat, kann dann auch die Fremde, kann ihre Stationen und Zufälle darstellen, genau wie der Vater ja auch den Weg des Irrenden durch die Fremde verfolgt. Und es wird dann in allen Varianten dieses Lebens immer etwas sein, das Zufall und Augenblick transzendiert und beide nur als Symbole verbraucht. Man denke an bestimmte Porträts von Albrecht Dürer und wird verstehen, was ich meine.

Hier freilich verläßt uns die Analogie zu jenem Gleichnis Jesu. Wer das darstellen wollte, was Gott vom Menschen weiß, würde der Hybris oder platonischen Träumereien verfallen. Der Mensch sieht das, „was vor Augen ist; Gott aber siehet das Herz an". Wir dürfen auch gar nicht *mehr* sehen wollen, als „vor Augen" ist, sonst spinnen wir unsere Ideologien. Aber indem wir sehen, was vor Augen ist, glauben wir an das, was *nicht* vor Augen ist, was „kein Auge gesehen und kein Ohr gehört hat und in keines Menschen Herz gekommen ist". Dieser Glaube an den Menschen wird immer nach dem Bilde fragen, das Gott von uns hat. Und dieses Bild wird uns immun machen gegen die im tiefsten gottlose Fixierung des Augenblicks.

Darin steckt dann wohl keine Verurteilung der Photographie und dessen, was sie an Porträts wagt. Wohl aber steckt darin eine Frage an die Photographie, oder sagen wir genauer: an den, der sie betreibt und der zu einem Stück Geschichte mit seinem Menschenbruder aufgerufen ist. Er soll ihm „begegnen" und soll ihn nicht nur „schießen". Das gilt jedenfalls dann, wenn er den Anspruch erhebt, zu porträtieren und nicht nur zu reportieren. Ist dem Photographierenden diese Begegnung widerfahren und hat er ihr standgehalten, so mag er seine Apparaturen spielen lassen und mag dem anderen in viele seiner Situationen folgen. Das wäre dann sozusagen eine photographische Abwandlung des Augustin-Wortes: „Liebe – und dann tu, was du willst!"

Oder bedeutet dieser Anspruch, wie ich fast fürchte, eine Überforderung der Photographie? Wenn das so ist, dann muß man sich um so entschlossener ihre Grenzen klarmachen und darf sich der Faszination durch das technisch Mögliche nicht kritiklos überlassen. Auch wenn man auf optische Weise die ganze Welt gewönne und für sich einfinge, könnte man „Schaden nehmen an seiner Seele".

Der Mensch in der Auseinandersetzung mit Macht und Autorität

1. Die vermeintlich „böse" Macht

Das Problem der Macht bietet eine Fülle von Aspekten, die wir im folgenden nicht einmal andeuten können. Zu den uns besonders angehenden Seiten des Machtproblems gehören gewiß jene beiden extremen Ausformungen von Macht-Ausübung und -Ausstrahlung, wie sie einerseits in ideologischen Herrschaftssystemen und andererseits in der Eigengesetzlichkeit von Prozessen vorliegen, die den Aktionsradius für unsere willentlichen Interventionen auf ein Minimum zu reduzieren scheinen. Statt diesen Aktualisierungen des Machtproblems nachzugehen und die sehr reizvolle Differenzierung zwischen der Macht der Menschen, der Institutionen und der „Dinge" (nämlich in Gestalt von Prozessen) vorzunehmen, sollen uns im folgenden nur einige Grundsatzfragen beschäftigen[1].

Es ist bekannt, daß Jacob Burckhardt die Macht als solche für prinzipiell böse gehalten hat[2]. Er kommt zu diesem Urteil, weil er davon überzeugt ist, jedem Machtbesitz wohne der eigengesetzliche Zwang inne, *erstens* die gegebene Macht nicht nur zu halten, sondern prophylaktisch zu sichern. So ergebe sich für den Staat ein „permanentes Gelüste des Arrondierens": Er eignet sich vermeintlich unentbehrliche Küstenstriche an, legt kleinere Gebiete zusammen und sucht sich ein Glacis vorzulagern. Hierin zeigt sich die Tendenz zur Expansion von Macht. *Zweitens* führe Machtbesitz dazu, das Recht auf Macht ideologisch zu legitimieren und damit das Recht den Interessen gefügig zu machen. Wir mögen den extremen Fall dieser Machteigenschaft heute in der ideologischen Tyrannis und im totalen Staat dargestellt finden. *Drittens* dränge Machtbesitz auf gewisse Fernziele von Verwirklichungen hin, die für alles,

---

[1] Über die ideologischen Machtausübungen hat der Verfasser in seiner Ethik des Politischen (Theol. Ethik, Bd. II, 2, 2. Aufl., § 133 ff.); ebendort über die „Zwänge" eigengesetzlicher Prozesse und deren theologische Interpretation (1102 ff., 2906 ff., 727 ff. u. a.; vgl. Gesamtregister III, S. 941) gehandelt.

[2] Weltgeschichtl. Betrachtungen, Ausg. Kröner, Bd. 55, S. 36 f.

was diesen Zwecken als Mittel dient, die „große indirekte Exkuse" der Geschichte in Anspruch nimmt. Diese These vom prinzipiellen Böse-Sein der Macht hat Lord Acton in dem Satze zugespitzt: „Macht korrumpiert, absolute Macht korrumpiert absolut."

Es ist jedoch immer fragwürdig – und das wäre hier kritisch gegenüber Burckhardt geltend zu machen –, wenn ein Gesetz des Geschichtsprozesses oder ein Element geschichtlichen Lebens grundsätzlich als „böse" diffamiert wird und wenn ihm womöglich dämonische Eigenschaften zugesprochen werden. Denn das ethische Werturteil „gut" oder „böse" kann von Haus aus nur die menschliche Person zum Gegenstand haben. Das kann schon deshalb nur so sein, weil einer „moralischen Beurteilung" ausschließlich einzelne Menschen und ihre Handlungen unterliegen können: „Das kommt daher, daß es keine moralische Beurteilung ohne Berücksichtigung der Absicht des Handelnden gibt; die Absichten aber sind Sache der einzelnen Menschen. Daraus wiederum folgt, daß es unmöglich ist, einen anonymen historischen Prozeß, sein Gelingen oder Mißlingen, moralisch zu werten."[3] Tritt dagegen an die Stelle der Person ein „Etwas", so droht die Gefahr, den Menschen von seiner Verantwortung zu entbinden und ihn als bloße Funktion einer mythischen Mächtigkeit zu verstehen.

In der Tat erscheint bei Burckhardt die Macht als eine Größe, die den Rang eines Subjektes der Geschichte gewinnt und die den Menschen zum bloßen Objekt herabzuwürdigen droht. Dieser Hypostasierung eines Macht-Wesens gegenüber ergibt sich deshalb die Aufgabe der Entmythisierung. Ohne daß wir diese Entmythisierung an dieser Stelle explizit entwickeln können, markieren wir ihren Schwerpunkt durch eine Gegen-These: daß nämlich die Macht als solche weder böse noch gut sei. Sie ist es ebensowenig, wie die Libido oder die Technik böse oder gut, dämonisch oder göttlich ist. Es ist der Irrtum des Menschen, der den Horizont seiner selbst – diesen durch Gericht und Gnade, Sündenfall und Erlösung bestimmten Horizont – nicht mehr sieht, daß er gut und böse zu Eigenschaften von Dingen, Lebensräumen und Sachgesetzlichkeiten, also von Bereichen extra hominem macht und daß er von tragischen Prozessen statt von schuldhaften Entscheidungen spricht.

Mit alledem soll nicht geleugnet sein, daß es auch jene tragischen Prozesse gibt. Nur sind sie auf eine bestimmte Art von seiten des Menschen „provoziert" und nicht einfach als Tyche und Moira

[3] Leszek Kolakowski, a. a. O. S. 106 f.

„verhängt" worden. Es ist nämlich nicht so, daß die Prozesse „von Anfang an"[4] tragisch gewesen wären, sondern es ist so, daß der Mensch diese Zwangsläufigkeit ausgelöst hat: Der Sündenfall bildet sozusagen die Initialzündung für eigengesetzliche Prozesse. Es liegt eine schauerliche Notwendigkeit über den Geschicken, die beim Griff nach der verbotenen Frucht einsetzen, dann zu dem Brudermord, zur offenen Abkehr von Gott, zum Turmbau von Babel und zum Untergange Sodoms führen. Nun ist kein Halten mehr. Die Sündenfallgeschichte als Darstellung dieser Initialzündung ist das Urmuster eines Geschehens, das sich prototypisch immer wiederholt. Sie enthält eine „Figuraldeutung" der Geschichte[5], ähnlich wie *Goethe* sie in seinem „Zauberlehrling" bietet, der Kräfte entfesselt, die er nicht mehr zu bändigen vermag, und der nun unter die Herrschaft der „Geister" gerät, die er beschwor. Wir können gleichsam eine Tür öffnen – das ist der Initialakt –, die an der Rückseite keine Klinke hat und die uns darum zum Weitergehen nötigt. Das Vergangene ist nicht revidierbar und wirkt sich darum als Weichenstellung aus, die den weiteren Weg bestimmt, die ihn also einer gewissen Zwangsläufigkeit überantwortet. (Das Pathos der *Sartre*schen Freiheitslehre wird deshalb wesentlich stimuliert durch die Auflehnung gegen die Determination, die meine Vergangenheit und die in ihr gefallenen Entscheidungen an mir ausüben und durch sie mich in funktionale Abhängigkeit drängen, mir also „Existenz" rauben.) In prometheischer Auflehnung dagegen spricht Orest in den „Fliegen" seinen Satz: „Ich bin meine Freiheit", d. h. ich will nicht Objekt meiner Vergangenheit, sondern ich will Subjekt einer von mir zu ergreifenden Zukunft sein. Ich will mich nicht als beschriftete, mit Hypotheken vollgekritzelte Tafel übernehmen, sondern ich will als *taluba rasa* beginnen und mich selber beschriften.

Der Begriff Erbsünde besagt in dem soeben angedeuteten Sinne, daß wir immer von solchen Weichenstellungen, Türöffnungen, Initialzündungen *her*kommen, daß wir sie also im Rücken haben, – ganz gleich, ob sich dieses Determinierende „vor" uns ereignet und wir „Enkel" sind, ob wir uns also in einem schon präformierten geschichtlichen Milieu vorfinden oder ob diese Initialzündungen von uns selbst hervorgerufen wurden. In diesem Prozeß von der Freiheit des Beginns bis zur Zwangsläufigkeit des Prozesses meldet

---

[4] Vgl. Matth 18, 8 b.

[5] So E. Auerbach, Mimesis. Dargestellte Wirklichkeit in der abendländischen Literatur, Bern 1946. Auerbach zeigt diese Art der Deutung besonders eindrucksvoll an der Geschichte von Isaaks Opferung (Gen 22, 1–13; Mimesis, S. 9ff.) sowie von der Narbe des Odysseus.

sich die christlich verstandene Zeit, deren Ablauf die Gestalt einer unumkehrbaren, zwischen Sündenfall und Gericht verlaufenden Zeitlinie besitzt. Jedenfalls: Wer den Sündenfall nicht mehr sieht, erkennt nur noch die Prozesse, aber nicht mehr deren Inaugurator oder Auslöser.

Wir nehmen hier im Vorbeigehen eine wichtige theologische Erkenntnis mit: Außerhalb des Wissens um den Sündenfall gibt es nur den Mythos, in diesem Falle die Mythisierung von Mächten und von Prozessen. Mythisierung heißt: Hier werden „Dinge" als göttliche oder dämonische Potenzen interpretiert, beseelt und zu lebendigen Wesen gemacht. Analog dazu wird menschliche Existenz (im Gogartenschen Sinne) entgeschichtlicht, das heißt: der Mensch wird zum Mitläufer von Prozessen, eben zur Funktion entmündigt.

Theologisch gesehen, ist der Mythos ein Verdrängungsvorgang und ein Ablenkungsmanöver: Der Mensch versteht sich selbst als jemanden, der unschuldig in der Hand ihn entführender Mächte ist, – und zwar deshalb, weil er ein Interesse daran hat, seine eigene Hand mit ihrer schuldhaft auslösenden Initiative zu verstecken, von ihr abzulenken.

Wir halten hier inne, um zu fragen, wie der Mensch seine so gefährliche und von ihm auch (mit mythologischen Kategorien) als gefährlich erkannte Macht zu bändigen versucht. Wir wissen jetzt, daß die Frage genauer zu lauten hätte, wie der Mensch sich selbst in seiner Gefährdung durch die Macht zu binden und zu bändigen versucht. Indem wir diese Nuance der Fragestellung im Auge behalten, können wir die Hoffnung hegen, von anderer Seite her wieder auf die gleiche theologische Problematik zu stoßen.

Es gibt zwei fundamentale Forderungen, in denen eine solche Bindung von Macht verlangt wird. Die eine von ihnen ist *grundsätzlicher,* die andere ist *institutioneller* Art. Die grundsätzliche Forderung lautet: Macht muß durch Autorität ausgezeichnet sein. Die institutionelle lautet: Macht muß geteilt werden. In einem ersten Abschnitt besprechen wir darum das Wesen der Autorität, in einem zweiten Abschnitt deuten wir das Problem der Gewaltenteilung an.

2. Macht und Autorität

Die Macht als Autorität bildet den Gegenpol zur Macht als bloßer Gewalt[6]. Die Macht als Gewalt stützt sich auf ihre bloße dynamische

---

[6] Vgl. E. Gerstenmaier, Wider die Ächtung der Autorität, in: Reden u. Aufsätze, Bd. II. 1962, S. 41 ff.

Überlegenheit. Ihr exemplarischer Fall ist der Terror, der den Menschen weder zu gewinnen noch zu überzeugen sucht, sondern ihn kraft überlegener Machtmittel zwingt. Das Kennzeichen einer Macht, die sich nur als Gewalt versteht, ist es, den von ihr abhängigen Menschen ebenfalls nur als Träger einer Kraft aufzufassen. Der Inhaber der Gewalt ist die stärkere Kraft, und die von ihm Beherrschten – ganz gleich, ob es dabei um einzelne, um Gruppen oder ganze Nationen geht – sind die schwächeren Kräfte.

Indem der Mensch so als Träger einer Kraft verstanden wird, sieht er sich gleichzeitig zum „Objekt" degradiert: er wird zum bloßen Gegenstand von Kraftwirkungen und damit seinerseits ausgenutzte Kraft, etwa in Form von gebrauchter Arbeitskraft. „Subjekt" im personhaften Sinne kann er ja nur sein, wenn er nicht zum Funktionieren gezwungen, sondern wenn er zu partnerschaftlichem Mitmachen „gewonnen" wird. Einen Menschen zu gewinnen heißt aber, ihn zu überzeugen. Und das wiederum bedeutet, ihn als Träger und Vollstrecker von Entscheidungen zu achten, statt ihn zum puren Objekt des eigenen Willens zu machen. Auf diesen Akt des Überzeugens und damit der Gewinnung zur Partnerschaft verzichtet der gewaltsame Machthaber vor allem aus zwei Gründen:

Einmal, weil das Gewinnen eines Menschen Arbeit, Umwege und Verzögerungen mit sich bringt. Wer Überzeugungen in Anspruch zu nehmen und sich nicht über mündige Partnerschaft hinwegzusetzen wünscht, muß sich der Strapaze eines permanenten Berechtigungsnachweises unterziehen. Es ist viel rationeller, „arbeitssparender", nur zu kommandieren. Auch wenn man den Militärdienst – so wie er sein soll – durchaus nicht als einen Bereich blinder Gewalt, sondern als einen Bereich von Autorität verstanden wissen möchte, kann man sich doch das rationale Moment, das in dem Verzicht auf den Berechtigungsnachweis und auf das Gewinnen für etwas liegt, am Militärbefehl verdeutlichen: Im Kriegsfalle, also im Falle der Gefahr, muß alles schnell gehen. Hier ist keine Zeit, den Untergebenen zu gewinnen, die Autorität des Vorgesetzten moralisch zu legitimieren und um Zustimmung zu einem gefährlichen Spähtruppunternehmen zu werben. Das würde heißen, dem Gegner die Initiative zuzuspielen. Darum muß hier kommandiert werden. Aus dem gleichen Grunde ist hier auch der Einbruch von Gewalt, die Degradierung des Nachgeordneten zum puren Objekt, besonders gefährlich.

Ferner führt die Bereitschaft, den anderen als Person gelten und ihn Träger einer eigenen Entscheidungshoheit bleiben zu lassen, zu dem Risiko, daß er nein sagt, daß er also nicht funktioniert und nicht „spurt".

Beiden Erfahrungsmomenten – dem Mehr an Anstrengung und dem Mehr an Risiko – braucht sich der Vertreter eines überlegenen und zynischen Machtgebrauchs nicht zu unterziehen, weil er sich durch sein Übergewicht an Macht in die Rolle dessen versetzen kann, der menschliche Marionetten an seinen Fäden tanzen läßt.

Demgegenüber nimmt der sich als Autorität verstehende Träger von Macht eine völlig andere Position ein.

Das läßt sich an Lessings „Erziehung des Menschengeschlechtes" verdeutlichen: Denn hier wird Gott im strengen Sinne als Träger autoritärer Macht verstanden[7]. Gott nimmt hier zwar gegenüber dem noch jungen Menschengeschlecht Autorität für sich in Anspruch. Er erläßt Gebote und tut Wunder, um seine Autorität zu demonstrieren. Aber er vollzieht damit keine blinden und beliebigen Willenssetzungen, sondern er handelt im Namen einer Vernunft, die dem unmündigen Menschheitskinde wohl noch nicht zugänglich ist, der es aber entgegenreift. Gott benutzt folglich seine Autorität, um Vernunftmitteilungen an die Menschheit gelangen zu lassen, die für das jeweilige Entwicklungsstadium dieser Menschheit noch unerschwinglich wären. Gerade durch diese Mitteilungen beschleunigt er aber die Entwicklung der Menschen auf ein geschichtliches Ziel hin, an dem sie selber über das „ewige reine Evangelium der Vernunft" verfügen können, an dem sie also autonom sein werden.

Die autoritäre Macht Gottes ist so bei Lessing durch zwei Wesenszüge bestimmt:

Einmal dadurch, daß die Autorität sich keines willkürlichen Machtgebrauchs bedient, sondern daß sie sich ihrerseits wieder autorisieren *läßt:* daß sie sich nämlich in den Dienst der Gott und Mensch gemeinsam übergeordneten *Vernunft* stellt[8].

Ferner ist die Autorität Gottes dadurch bestimmt, daß sie zur Autonomie hinleitet und sich damit selber überflüssig zu machen sucht. Sie ist in echt aufklärerischem Sinne als die Autorität eines Lehrers verstanden, die das gleiche Ziel verfolgt, auf das auch die Entwicklung des Zöglings drängt. Darum dankt ein Schüler seinem

---

[7] Vgl. mein Buch: Offenbarung, Vernunft und Existenz. Studien zur Religionsphilosophie Lessings, 5. Aufl. 1967.

[8] Dieses Problem, ob Gott selber den letzten Normen des Guten und Wahren untertan sei oder ob er diese Normen selbst willkürlich setze, hat im Mittelpunkt eines berühmten dogmengeschichtlichen Streites zwischen Thomas von Aquin und Duns Scotus bzw. zwischen Thomisten und Scotisten gestanden.

Lehrer schlecht, wenn er immer nur der Schüler bleibt. Der Lehrer erzog ihn ja auf Selbst-Ständigkeit.

Damit stoßen wir auf eine gegenseitige Zuordnung von Autorität und Autonomie, die wir zunächst vielleicht nicht vermuteten. Denn wir verbinden mit dem Begriff der Autorität zumeist den Eindruck, daß der ihr Nachgeordnete wenigstens einen Teil seiner Souveränität zu opfern und an die Autorität zu delegieren habe. Diese Zuordnung (statt der vermuteten Entgegenordnung) von Autorität und Autonomie läßt sich in zwei Sätzen formulieren, die wir nacheinander durchsprechen wollen: Erster Satz: Autorität wird immer und nur von Autonomie gewährt, d. h. zuerkannt. Zweiter Satz: Autorität beansprucht immer und nur Autonomie.

Zum ersten Satz:

Autorität – im Unterschied zu blinder Gewalt – liegt nur dann vor, wenn der Inhaber von Autorität auf einer im letzten Grunde gleichen Ebene mit demjenigen steht, über den Autorität ausgeübt wird.

Das tritt etwa an der Autorität des Richters im Strafprozeß hervor. Der Richter vertritt ja insofern Autorität, als er den Strafprozeß leitet und als er im Auftrage der Rechtsgemeinschaft handelt. Diese Stellung versetzt aber den Angeklagten nicht in eine reine Abhängigkeit vom richterlichen Willen, sondern macht ihn zu seinem Partner innerhalb der Rechtsgemeinschaft. Beide stehen unter dem sie gemeinsam bindenden Gesetz: der eine als Rechtswahrer dieses Gesetzes, der andere als (wirklicher oder verdächtiger) Rechtsbrecher.

Diese Partnerschaft von Richter und Angeklagtem im Namen eines sie beide umgreifenden und höheren „tertium" ist von jeher Gegenstand juristischer Grundsatzbetrachtungen gewesen, die auch zur Entscheidung konkreter Einzelfragen führen können.

Das letztere ist z. B. bei der Behandlung der Frage der Fall, ob es im Strafprozeß so etwas wie den „Lügendetektor" oder die „Narkoanalyse" geben dürfe. Diese Frage wird von dem Strafrechtler Eberhardt Schmidt (und auch von anderen) mit dem Argumente verneint, daß dadurch die partnerschaftliche Stellung des Angeklagten untergraben und er in eine Objektrolle im Rechtsverfahren abgedrängt werde[9].

Auch daß der Richter sein Urteil begründen muß, ist nur von da her zu erklären. Diese Urteilsbegründung hat ja nicht nur den Sinn,

[9] Vgl. Theol. Ethik II, 1 § 1067–1071.

den technischen Vorgang der Urteilsfindung und also die Subsumtion der Tat unter die zuständigen Gesetze vor der Rechtsgemeinschaft zu rechtfertigen, sondern sie hat vor allem die Bedeutung, den Angeklagten *selbst* anzusprechen, ihn nämlich von der Rechtmäßigkeit des Urteils zu überzeugen und ihn insofern in die zur Rechenschaftsforderung ermächtigte Rechtsgemeinschaft einzubeziehen.

Die Frage, ob diese Überzeugung des Angeklagten gelingt, ist unerheblich gegenüber der grundsätzlichen Position, die hier gegenüber dem Angeklagten eingenommen wird: daß man nämlich an seinen consensus appelliert und daß der Angeklagte folglich als ein potentieller Richter seiner eigenen Tat angesprochen wird. Damit respektiert das Gericht die Autonomie des Rechtsbrechers und stellt ihn mit der Autorität des Richters zusammen als grundsätzlich gleichrangig unter das autorisierende Gesetz. Daran wird die Korrelation von Autorität und Autonomie deutlich.

Das gleiche Phänomen läßt sich auch an anderen Gestalten oder Institutionen zeigen, die eine anerkannte Autorität repräsentieren:

Wenn *Luther* für die evangelische Kirche so etwas wie eine Autorität ist, dann nicht „um seiner blauen Augen und schönen gelben Haare willen", sondern deshalb, weil er im Namen der heiligen Schrift als der ihn autorisierenden Instanz spricht. In dem Maße aber, wie diese Autorisierung ernst genommen wird, wie er also Autorität nur insoweit ist, als er mit allen evangelischen Christen gemeinsam unter der Instanz der Heiligen Schrift steht, ist diese Autorität nachkontrollierbar. Luther muß an der Heiligen Schrift geprüft werden – genauso wie das Urteil des Richters am Gesetze nachzuprüfen und gegebenenfalls zu revidieren ist.

Auch hierin zeigt sich ein wesentliches Kennzeichen der Autorität: Sie ist nicht nur an die Korrelation mit der Autonomie bzw. der Mündigkeit der ihr Nachgeordneten gebunden, sondern sie ist um dieser Korrelation willen auch niemals permanente Autorität, sondern immer „Autorität auf Zeit": sie gilt nur „bis auf weiteres", nämlich gerade so lange, wie ihre Kontrolle an der übergeordneten Instanz positiv ausfällt.

Daß Luther seine eigene Autorität ebenfalls so verstanden hat, daß er geprüft sein wollte und es ablehnte, die Rolle eines Kirchenvaters zu spielen, hat K. Holl in seinem Aufsatz „Luthers Urteile über sich selbst" gezeigt [10]: „Als Melanchthon einmal harmlos die Wendung gebrauchte, sie seien in einer bestimmten Frage ‚seiner

---

[10] In: Ges. Aufsätze zur Kirchengeschichte, Bd. I, 1932, S. 381ff., bes. S. 396ff.

Autorität gefolgt', stieß er ihm das Wort sofort in den Mund zurück. Melanchthon habe es ja vielleicht nicht so schlimm gemeint, aber er wolle den Ausdruck nicht hören [11]. Und in der Öffentlichkeit sagte er sich erst recht von solchen Anhängern los, die nur um seinetwillen glauben. ,Yhne sind alleyn die rechtschaffen, die daryn (d. h. in dem Wort) bleyben, ob sie auch höreten, das ich es selbs (da gott fur sey) verleucknett und abtrette' [12]. So fühlte er sich immer erleichtert, wenn er wahrzunehmen glaubte, daß sein persönliches Ansehen sänke [13], und war er auf der Wartburg befriedigt, weil jetzt, wie er meinte, sich zeige, daß die Sache auch ohne ihn vorwärts ginge." [14] Ebenso verstehen sich die lutherischen Bekenntnisschriften betont als normae normatae und fordern ihre Prüfung an der norma normans der Heiligen Schrift heraus.

Aber auch die Heilige Schrift selbst beansprucht nicht Autorität in dem Sinne, daß sie sich positivistisch als letzte Instanz deklarierte. Wir glauben nicht an Christus um der Heiligen Schrift, sondern wir glauben an die Heilige Schrift um Christi willen. Mit diesem Satz wäre das reformatorische, insbesondere das lutherische Schriftverständnis zu umschreiben.

Die so festgestellte Korrelation zwischen Autorität und Autonomie (also die Partnerschaft zwischen beiden), die sich aus dem sie überragenden tertium ergibt, führt nun sofort auf ein neues Problem: Diese Korrelation scheint nämlich eine *Gleichordnung* zu bewirken zwischen dem, der Autorität innehat, und dem, über den er Autorität hat. Andererseits besteht das Wesen der Autorität doch zweifellos in einem *Überlegenheitsverhältnis*. Der Autorität wird Prestige zuerkannt. Wie reimt sich beides zusammen?

Der scheinbare Widerspruch erklärt sich daraus, daß hier zwei Dimensionen menschlicher Wirklichkeit ineinander hineinragen: einmal die Dimension des Grundsätzlichen mit ihren A-priori- und ferner die Dimension der Erfahrung mit ihren A-posteriori-Geltungen.

Das aus der Dimension des Grundsätzlichen stammende Postulat lautet: Da Autonomie und Personhaftigkeit nie zerstört und da also Menschen oder auch Gruppen von Menschen nie zu bloßen Objekten bloßer Gewalteinwirkung werden dürfen, ergibt sich eine letzte *Gleichordnung* zwischen dem Träger von Autorität und dem ihr Nachgeordneten.

[11] Enders, Briefe, VII, 43, 58.
[12] WA 10, 2, 58, 26ff.
[13] Enders I, 102, 32; II, 457, 11.
[14] Enders III, 198, 95; 199, 12; 214, 154; 230, 60. – Holl. a.a.O. S. 398.

Die aus der Dimension der Erfahrung stammende These dagegen besagt: Es hat sich „bisher" bewährt, daß der Träger von Autorität recht hatte, daß er also „bisher" in einem Verhältnis größerer Unmittelbarkeit und Vertrautheit zu der uns beide bindenden Instanz stand als ich. Darum vertraue ich „zunächst" auf die Gültigkeit dessen, was die Autorität verkündet oder befiehlt. Insofern erkenne ich ihre Überordnung an.

Autorität ist folglich ein Phänomen, das sich innerhalb der Erfahrung, also im Horizont der Zeitlichkeit, auftut. Darum ist es nur durch den temporalen Begriff des „Zunächst" zu umschreiben. Das „Zunächst" bedeutet: Ich vertraue ihr bis zum Erweis des Gegenteils, d. h. bis mein mündig-autonomes Verhältnis zu dem autorisierenden tertium mich möglicherweise zu einer Kritik der Autorität zwingt.

Die Überlegenheit der Autorität beruht somit nicht auf einer Entmündigung des ihr Nachgeordneten, auf einem Raub seiner Autonomie; sondern sie beruht auf einem Vorschuß-Kredit, den der Mündige der Autorität einräumt, weil sie sich im Umkreis seiner Erfahrung bewährt hat. Darum wäre es ungenau, im Hinblick auf ganz kleine Kinder oder auch auf Tiere von einer Autorität der Eltern oder auch des „Herrchens" und des „Frauchens" zu sprechen. Denn hier liegt keine Erfahrung vor, die überhaupt Kritik einräumen könnte, und ebenso gibt es keine Mündigkeit, die imstande wäre, Autorität zuzuerkennen. Hier geht es vielmehr nur um Überlegenheit des Einflusses, um die ausstrahlende Kraft der Liebe, um elterliche Gewalt oder auch die Befähigung des Überlegenen zur Dressur.

Der Vorschußkredit der Erfahrung wird in ähnlicher Weise, wie man ihn der Autorität einräumt, auch der *Tradition* gewährt. Beide Begriffe sind verwandt. Denn in der Tradition ist der Erfahrungsschatz der Generationen enthalten. Darum wird jener Vorschußkredit, den die eigene Erfahrung der ihr überlegenen Kollektiv-Erfahrung einräumt, so lange zur Verfügung gestellt, bis der Erfahrungsschatz der Tradition möglicherweise in der eigenen Erfahrung ein ausreichendes Äquivalent hat oder durch die eigene Begegnung mit dem Leben widerlegt oder eingeschränkt wird – es sei denn, daß ihr ein prinzipiell unüberholbares Moment innewohnt, wie das etwa bei der dogmatischen Tradition der Kirche der Fall ist. Darum steckt in jeder geschichtlichen Existenz ein konservatives Element, so gewiß Geschichte immer in überlieferte Erfahrungen hineinstellt. Der Konservatis*mus* dagegen als Verabsolutierung der Tradition lebt aus der eigenen Entmündigung und entspricht damit genau derselben Position, die sich ergibt, wenn Autorität verabsolutiert, wenn sie also zur Gewalt herabgewürdigt wird und wenn der Mensch zur bloßen Funktion der Gewalt herabsinkt.

Nur unter diesem Doppelgesichtspunkt, daß Autorität grundsätzlich gleichgeordnet und zugleich empirisch übergeordnet ist, ist es sinnvoll, Autorität mit Macht auszustatten. Es geht dann um eine bewährte und durch das, worin sie bewährt ist, gebundene Macht. Man kann der Autorität Macht „anvertrauen". Und man tut das auch, um ihr auf Grund von Bewährung und auf Kredit hin freie Entfaltungsmöglichkeit zu bieten.

Für das beim Zustandekommen von Autorität wirksame Moment der Erfahrung liefert *Nehru* ein eindrückliches Beispiel. Er sagt über *Gandhi* als einen Mann von höchstem autoritärem Range: „Anfangs widersprachen ihm viele von uns, aber bald erkannte jeder, daß Gandhi das einzig Richtige getan hatte. So verließen wir uns mehr und mehr auf sein Urteil – so wie wir schon gelernt hatten, uns auf seine Grundsätze zu verlassen." [15] Im übrigen ist Nehru das beste Beispiel dafür, daß Autorität mit Mündigkeit rechnet und zu ihrem Wachstum erzieht. Denn er ging einen Weg, der auch gegenüber Gandhi selbständig war.

Diese Mündigkeit gegenüber der Autorität zeigt sich besonders an einem Grenzfall, der an *Luther* zu veranschaulichen ist: Angesichts von Textstellen der Schrift, die unverständlich oder gar anstößig erscheinen, sagt er: man solle seinen Hut ziehen und vorübergehen. Die Mündigkeit dokumentiert sich hier in dem Entschluß, vorüberzugehen; die gleichwohl bleibende Autorität der Schrift dagegen darin, daß er seinen Hut zieht, daß er also ihr Wissen um Gott nach wie vor für größer hält als sein eigenes und es darum dahingestellt sein läßt, ob er nicht später einmal an jene im Augenblick übergangene Stelle zurückkehren müsse. Der Gegenstand des Glaubens ist immer größer als der Glaube selbst.

Darum ist jener Vorschußkredit gegenüber der Heiligen Schrift grundsätzlich unüberholbar. Das gibt ihr eine einsame Autorität. Denn die Heilige Schrift ist von einem einzelnen nicht auszuschöpfen, „er hätte denn hundert Jahre mit den Propheten zusammen die Kirche regiert" [16].

---

[15] T. Mende, Gespräche mit Nehru, 1956, S. 22.
[16] Zwei Tage vor seinem Tode schrieb Luther das berühmte Wort: „*Virgilium in Bucolicis et Georgicis nemo potest intelligere, nisi fuerit quinque annis pastor aut agricola. Ciceronem in epistolis … nemo intelligit, nisi 20 annis sit versatus in re publica aliqua insigni. Scripturas sacras sciat se nemo gustasse satis, nisi centum annis cum Prophetis*

Wir halten abschließend fest:

Daß Autorität nur von Autonomie zuerkannt werden kann, bedeutet, daß ihr auf Grund von selbständiger Einsicht in die autorisierende Größe und auf Grund einer selbständigen Diagnose der Erfahrung ein Vorsprung, ein zeitliches Prae, eingeräumt wird. Sie erhält eine Überlegenheit mit Bewährungsfrist:

Sie ist nämlich *erstens* grundsätzlich kritisierbar (d. h. ihre Aussagen oder ihre Maßnahmen unterstehen einer nachträglichen Kontrolle). Und sie ist *zweitens* ebenso grundsätzlich revidierbar (d. h., sie ist auf ein nachträgliches Placet, auf eine nachträgliche Kündigung oder auf einen nachträglichen Dispens oder Suspens von Teilansprüchen angewiesen).

Von dieser Unterscheidung fällt auch ein Licht auf die beiden Spielarten der Autorität als „äußerer" und als „innerer" Autorität. Es gibt eine Amtsautorität, die sich im Idealfalle mit der inneren, d. h. der persönlichen Autorität deckt. Beide Autoritätsformen sind entsprechend unserem Ergebnis sowohl grundsätzlich wie empirisch zu bestimmen:

Unter dem grundsätzlichen Aspekt steht sowohl der Träger von Amts- wie von persönlicher Autorität zusammen mit den ihm Nachgeordneten unter der für beide verbindlichen Norm. Empirisch gesehen, bringt die Amtspotestas einen Vorschußkredit für den Amtsträger ein, der ihm auch persönlich gilt, der also seiner inneren Autorität eingeräumt wird: Im allgemeinen sind Richter, Lehrer oder gar Parlamentspräsidenten seriöse Leute, und die gesellschaftliche Ordnung gründet darauf, daß die Lehrer den Schülern, die Meister den Lehrlingen und die Väter den Söhnen überlegen sind. Auch das Vierte Gebot *konstituiert* ja nicht erst diese Über-Unterordnungsverhältnisse, sondern es *bestätigt* nur Seinsrelationen, die aus der Erfahrung bereits vertraut sind. Es läßt das autorisierende Wort Gottes hinzukommen, so wie es zum Taufwasser „hinzukommt".

Das gewährt auch der Person des Potestas-Trägers einen Vorschußkredit – bis zum etwaigen Erweis der Autorität-Unwürdigkeit. Dann kann der Richter in ein Disziplinarverfahren verwickelt, der Lehrer abgesetzt und der Vater seiner Erziehungsrechte durch das Vormundschaftsgericht entledigt werden. Damit wird sichtbar, daß „äußere" und „innere" Autorität nur zwei Abwandlungen des be-

---

ecclesias gubernarit." (Enders Briefe, XVII 60, 1 ff.; vgl. dazu: K. Holl, Luthers Bedeutung für den Fortschritt der Auslegungskunst, a. a. O. S. 544 ff.; bes. S. 577.)

schriebenen Autoritätsbegriffes überhaupt und darum von unseren bisherigen Charakterisierungen mitbetroffen sind.

Zum zweiten Satz (Autorität beansprucht immer und nur Autonomie):

Autorität unterscheidet sich also von Tyrannei dadurch, daß Autorität als Korrelat den freien Partner, die Tyrannei aber als Korrelat den Sklaven hat. Schon aus dem, was wir über die grundsätzliche Kritisierbarkeit und Revidierbarkeit der Autorität sagten, geht ja hervor, daß es ihr gegenüber immer nur um eine relative Abhängigkeit gehen kann. Der relativ Abhängige ist es nicht nur sich selbst, sondern er ist es auch der Autorität schuldig, daß er sich in seiner Freiheit erhält. In diesem Sinne ist *Sokrates* das Urbild der Autorität, weil er seine Schüler zum Selbst-Sein erzieht und sie „abnabelt".

Diese Erhaltung der Freiheit beim Abhängigen hat zur Voraussetzung eine *Selbstbeschränkung* der Autorität. Wenn wir nun bedenken, daß der Mächtige sich in ein Gefälle der Machtexpansion und Machtvermehrung hineingezogen sieht, und daß andererseits die Autorität eine bestimmte Weise dieses Mächtigseins ist, so scheinen wir vor ein ernstes Problem gestellt zu werden: vor die Frage nämlich, wie jene Selbstbeschränkung der Autorität, die der Eigengesetzlichkeit der Macht entgegensteht, denn überhaupt möglich werden könne, wie also inmitten von Zwangsläufigkeiten die ethische Chance, Autorität zu sein, überhaupt zu ergreifen sei.

Die Antwort darauf wird sicher nicht lauten können, daß diese Selbstbeschränkung durch die subjektive Tugend der Bescheidenheit möglich werde. Der objektive Charakter der Zwangsläufigkeit, wie sie jenen Expansionen innewohnt (Burckhardt hat ja trotz seiner mythisierenden Vernebelung etwas Richtiges gesehen!), ist nur durch eine andere Form von Objektivität zu bändigen: nur dadurch nämlich, daß Autorität selber in übergreifende Seinszusammenhänge eingebettet ist und also nicht auf sich selbst, nicht auf bloße Gesinnung und asketische Bereitschaft gestellt ist. In der Tat besteht in diesem Eingebettetsein, in diesem Sich-umgriffen-Wissen das Wesen der Autorität.

Was dieses die Autorität Übersteigende ist, erfahren wir, wenn wir die Frage genauer so stellen: Wie ist es möglich, daß der Wunsch der Autorität, die Freiheit der ihr Nachgeordneten zu erhalten, Erfüllung findet?

Die in diesem Wunsche erstrebte Partnerschaft ist nur unter einer Bedingung möglich: daß die Autorität und ihr Partner gemeinsam auf ein übergeordnetes tertium bezogen sind. Anders: Die Autorität kann nur dann die Freiheit des Nachgeordneten erhalten, wenn sie sich von einer Richtschnur normieren und legitimieren läßt, zu der sich auch der Nachgeordnete unmittelbar verhält.

Wir sind auf dieses *tertium* schon im vorigen Abschnitt gestoßen, als wir die Frage der Gleichrangigkeit erörterten. Wir müssen diese die Autorität begründende Relation nun noch genauer durchdenken. Wir bedienen uns dabei der Hilfe einiger Modelle von Autorität.

Paulus spielt wiederholt auf die Begrenzung seiner apostolischen Autorität an und sieht sich zu ihr veranlaßt durch die Forderung, daß die Gemeindeglieder mündig („autonom") genug sein müßten, um durch ein unmittelbares Verhältnis zu dem hier in Frage stehenden tertium, nämlich zum Evangelium, seiner eigenen apostolischen Autorität gegenüber selbständig zu werden. Dieses Verständnis der Autorität vertritt er gerade dort, wo er das Postulat der Mündigkeit nicht erfüllt sieht:

So hat es Paulus ganz offensichtlich als eine Diskreditierung seiner apostolischen Autorität empfunden, wenn die von ihm belehrten Korinther sich als so suggestibel erweisen, daß sie jedem neuen Lehrer und jeder neuen Botschaft blindlings, d. h. kritiklos, anheimfallen, wenn sie also „hörig" werden. Denn das beweist nur, daß sie eben nicht „mündig" sind. Dann aber kann es keine Freude sein, wenn die Korinther sich vorübergehend auch einmal an ihn und seine Botschaft klammern: „Denn so, der da zu euch kommt, einen andern Jesus predigte, den wir nicht gepredigt haben, oder ihr einen andern Geist empfinget, den ihr nicht empfangen habt, oder ein anderes Evangelium, das ihr nicht angenommen habt, so vertrüget ihr's billig"[17].

In dieser Anklage ist deutlich der Ton einer Verstimmung darüber hörbar, daß die Korinther nicht nur unmündig sind, sondern daß sie damit auch die apostolische Autorität kompromittieren: Sie wird zum Träger von Einflüssen, die nur im Augenblick ihrer Ausstrahlung wirksam werden, dann aber anderen Einflüssen weichen. Autorität setzt Mündigkeit bzw. Autonomie voraus, sonst hört sie auf oder beginnt gar nicht erst, Autorität zu sein.

Darum bezeugt Paulus seine apostolische Autorität paradoxerweise gerade dort am stärksten, wo er diese Mündigkeit seiner Hörer beansprucht und sich der Möglichkeit einer Infragestellung ausliefert. Je mehr er auf die ihn autorisierende Instanz verweist (und damit die Möglichkeit seiner eigenen Infragestellung schafft),

[17] 2 Kor 11, 24.

um so stärker ist auch der Anspruch seiner Autorität. Denn er ist gewiß, daß er vor jener Instanz besteht und daß er das Evangelium auf seiner Seite hat: So fordert er etwa die Galater auf, nicht an seiner Autorität zu hängen, falls er oder eine noch größere Respektsperson als er, nämlich „ein Engel vom Himmel", ihnen ein anderes Evangelium predigen sollte [18]. Indem er im Hinblick auf diese Möglichkeit sich selbst oder jenen Engel verflucht, fordert er die Galater auf, nicht auf autoritäre Personen zu vertrauen, sondern sich an die autorisierende Größe selbst, nämlich an das Evangelium, zu halten. Darin und nur darin besteht seine Autorität, daß er dieser Infragestellung durch die Mündigen gewachsen ist.

Zum Wesen der Autorität gehört es folglich, daß sie sich im Unterschied zur Tyrannei als *norma normata* versteht. Genauer würden wir freilich sagen müssen, daß sie sich zugleich als norma normanda zu verstehen habe, da ihr Autorisiert-sein niemals in einem Perfektum abgeschlossen ist, da sie nie einen *character indelebilis* gewinnt und da sie bei allem Vertrauen auf ihre erfahrene Bewährung *(normata)* ständig auf neue Bestätigung durch die Mündigen angewiesen bleibt, so daß Autorität über eine permanent neue Konstituierung nie hinausgelangt *(normanda)*. Eben damit aber räumt sie den Nachgeordneten die Freiheit ein, sich aus eigener Unmittelbarkeit gegenüber der *norma normans* kritisch oder bejahend zur Autorität zu stellen.

3. Macht und Gewaltenteilung

Die Autorität ist ebenso wie die von ihr vorausgesetzte Freiheit und das von ihr geforderte Vertrauen eine moralische Größe und deshalb nicht erzwingbar. Deshalb ist mit der Möglichkeit zu rechnen, daß ohne sie regiert wird, z. B. in Form von Terror und also im Ausleben einer nicht kontrollierten Macht, die Monopolcharakter gewonnen hat. Da somit Autorität und Vertrauen möglicherweise nicht gegeben sind und folglich als Garantien für eine Machtkontrolle entfallen, da andererseits aber die Macht in ihrer Gefährlichkeit sowie die Menschennatur in ihrer Anfälligkeit gegenüber dem Machtmißbrauch bekannt sind, so muß man auf institutionelle Sicherungen bedacht sein, um diesen Mißbrauch zu verhüten.

Der methodische Kunstgriff, dessen sich die Staatstheoretiker und die Verfassungen zu diesem Zwecke bedienen, ist unter dem

[18] Gal 1, 8.

Stichwort „Gewaltenteilung" bekannt. Unter theologischem Aspekt könnte man sagen: Gewaltenteilung ist der institutionelle Ausdruck für ein permanentes Mißtrauen gegenüber der Macht, oder genauer (und etwas weniger burckhardtisch!): gegenüber „dem Mächtigen". Im Ruf nach Gewaltenteilung ist ein wissend-unwissendes Rechnen mit der Wirklichkeit des Sündenfalles, mit der Fragwürdigkeit des gefallenen Menschen wirksam.

Selbst und gerade dort, wo infolge der Souveränität des Staates eine grundsätzliche Einheit der obersten Gewalt gegeben sein muß – sofern der Staat nicht zu einer seinem Wesen entfremdeten Dachorganisation auseinanderstrebender Einzelgewalten degenerieren soll –, wird die Wirkungsweise dieser summa potestas doch in einer Weise geregelt, daß so etwas wie ein Gleichgewicht der auf gegenseitige Hemmung und Kontrolle, zugleich aber auf ein sinnvolles Miteinanderwirken abgestimmten Teilkräfte zustandekommt. Man mag an das von Großbritannien durch Jahrhunderte hin angestrebte Gleichgewicht der kontinentalen Führungsmächte denken, um ein freilich überstaatliches Beispiel für diese Form einer durch Teilung und Gleichgewicht gewonnenen Machtbändigung vor Augen zu haben. Es geht hier um einen künstlich geschaffenen, institutionell wirksamen „Hemmungsmechanismus", von dem K. Lorenz vielleicht sagen würde, daß er beim Menschen an die Stelle einer ausgefallenen tierischen Instinkthemmung getreten sei und auch treten müsse. Das in unserem Bewußtsein lebende Modellbild staatlicher Gewaltenteilung stammt von dem französischen Verfassungstheoretiker und Politiker *Montesquieu*[19]. Er sieht die bekannte Dreiteilung zwischen gesetzgebender Gewalt (Legislative), vollziehender Gewalt (Exekutive) und richterlicher Gewalt (Justiz) vor.

Die Staatsgewalt ist zwar als solche unteilbar. Sie ist aber auf verschiedene Träger zu verteilen, und zwar aus folgenden Gründen:

Erstens um eine Akkumulation von Macht an *einer* Stelle (sei es bei einem Mann, einer Institution oder dem Volke selbst) zu verhüten und also Sicherungen gegen eine Monopolisierung der Macht zu treffen. Die Notwendigkeit der Machtbegrenzung ergibt sich aus der Anfälligkeit des Menschen gegenüber ihrem Mißbrauch. Der gefallene Mensch ist der Versuchung durch Macht nicht gewachsen.

Zweitens und damit zusammenhängend muß es eine Teilung der Macht geben, um die einzelnen Träger von Macht (Regierung und Parlament; Regierungspartei und Opposition; offizielle Machtträ-

[19] *Esprit des Lois,* 1748.

ger und Inhaber inoffizieller Macht, wie etwa Presse, Rundfunk usw.) in ein System gegenseitiger Kontrollen einzubeziehen und damit wiederum den Mißbrauch zu verhüten und den Machttrieb in ein System von Hemmungsmechanismen einzubeziehen. Alle diese Teilungen dürfen aber nicht zu der Meinung verführen, als sei der Staat nun im Sinne einer Dachorganisation ein Sammelbegriff für verschiedene, in sich souveräne und also voneinander unabhängige Gewalten, die ihren Auftrag von woanders empfingen und nur zu einer gewissen politischen Koordinierung geführt werden müßten.

Vielmehr ist es entscheidend, daß die staatliche Gewalt als solche unteilbar ist. Diese eine unteilbare Gewalt ist lediglich an verschiedene Organe delegiert, die in ihrem Namen und Auftrag zusammenwirken. Die staatliche Gewalt ist nicht das Endstadium einer Koordination von selbständigen Gewalten, sondern sie ist der Ausgangspunkt von Delegierungen. *Der Staat ist ursprünglicher Delegator und nicht nachträglicher Koordinator.*

4. Zusammenfassung

Die wesentlichen Ergebnisse unserer kurzen Reflexion lassen sich so zusammenfassen:

1. Der Mythos von einer angeblich eigengesetzlichen Macht muß entmythisiert werden. Das Thema, um das es theologisch geht, ist nicht „die Macht", sondern „der Mächtige". Entsprechend geht es auch nicht um die Unersättlichkeit „der Macht", sondern um die Unersättlichkeit und den Expansionsdrang „des Mächtigen".

2. Die Fragwürdigkeit des Menschen, der nicht mehr „heil", sondern „gefallen" ist und der entsprechend nicht nur von der Schöpfung, sondern auch vom Sündenfall aus interpretiert werden muß, weist darauf hin, daß die in seiner Hand befindliche Macht gefährlich ist und zu einer Verführungsmacht werden kann. Machtbesitz bedeutet eine Potenzierung nicht nur von positiven Gaben, sondern auch von negativen Belastungen. Insofern ist der Mensch des technischen (oder gar des Atom-)Zeitalters besonders gefährdet, da Technik seine Möglichkeiten nach beiden Seiten hin erhöht.

3. Entsprechend muß „der Mächtige" gebändigt und unter Kontrolle gehalten werden. Von den vielerlei Aufgaben, die sich von diesem Ziel her stellen, nannten wir nur zwei: die innere Bändigung der Macht durch ihre Bestimmung, Autorität zu sein; und die äußere Bändigung der Macht durch das institutionelle Mittel der Gewal-

tenteilung. Beide Formen der Bändigung müssen in ihren anthropologischen Hintergründen gesehen werden: Sie gewinnen ihren Sinn erst durch die Einsicht, daß „dem Mächtigen" Mißtrauen gebührt, weil sich die Fragwürdigkeit des Menschen durch Machtbesitz intensiviert und auf zerstörerische Konsequenzen drängt.

Ein letztes und sogar entscheidendes Kapitel einer Theologie der Macht konnte hier nicht mehr behandelt werden. Es sei aber thematisch wenigstens angesprochen:

Machtbesitz distanziert. Die bekannteste Signatur dieser Distanz ist die Einsamkeit der Mächtigen dieser Welt. Dadurch droht Machtbesitz, insofern er zur eifersüchtigen und mißtrauischen Wahrung von Interessen treibt, mitmenschliche Kommunikationen zu sprengen und zur Gegenmacht der Liebe – als der Urbindung jeder Kommunikation – zu werden. Aus dieser Polarität von Macht und Liebe ragt die Gestalt Christi heraus, weil in ihm Macht und Liebe zur Einheit werden. Der, „dem alle Gewalt gegeben ist im Himmel und auf Erden", ist zugleich liebend und interesselos auch für den Ärmsten und Machtlosesten offen. In dieser Feststellung kommt eine ethische Spielart der Inkarnationslehre zum Ausdruck.

IV
Die Frage nach Gott

Was meint das Wort „Gott"?[1]

Was heißt es, von Gott zu reden? Diese Frage wird heute weithin mit einer Fehlanzeige beantwortet. Im Bereich christlicher Theologie ist der Begriff „Theismus" vielfach zu einem Schimpfwort geworden. Gleichwohl bestehen keine Hemmungen, von einer „Offenbarung" zu sprechen, vor allem dann nicht, wenn man deren *inhaltliche* Aussagen im Auge hat. Gegenüber Aussage-Inhalten kann man ja unbefangen sein. Hier kommt es nur darauf an, ob sie einen berühren, ob sie etwas besagen und also relevant sind. Hier gibt es auch ganz bestimmte Kriterien – z. B. existenziale oder ethische –, um sie auf diese ihre Relevanz hin abzuhorchen.

Wenn ich mich nun damit begnüge, eine angebliche Offenbarung oder ein „Kerygma" bloß auf die Evidenz ihrer Aussagen hin zu befragen, dann erübrigt sich die Frage nach dem „Autor". Auch für die Geltung des pythagoreischen Lehrsatzes ist ja Pythagoras, der ihn zuerst aussprach und sein Autor war, uninteressant. Die Konzentration auf die Frage, was für mich relevant sei, was mich unbedingt angehe oder sich in seiner Evidenz selbst bezeuge, scheint in der Tat von der Frage nach dem Subjekt dieses Relevanten und Evidenten zu entbinden. Ja noch mehr: Die Frage nach diesem Subjekt könnte auf eine Rückversicherungsabsicht deuten; man scheint dann die eigenen Kriterien, das eigene Urteilsvermögen gegenüber jenem Relevanten und Evidenten für nicht tragfähig genug zu halten, so daß man sich „autoritärer" Bestätigungen zu versichern wünscht: Gott selbst oder „ein" Gott muß bemüht werden, damit das „Deus dixit" das Fragwürdige zur Gewißheit erhebt. Die Inanspruchnahme solcher metaphysischen Eselsbrücken wäre dann nur ein Zeichen der Unmündigkeit.

[1] Die Gedanken des nachfolgenden Kapitels finden sich in ausführlicherer Form auch in dem 2. Bande meiner Dogmatik (Evangelischer Glaube II. – Gotteslehre und Christologie. Bei J. C. B. Mohr, Tübingen).

So kann es dahin kommen, daß selbst eine christlich sich nennende Theologie vom „Tode Gottes" spricht, ohne dabei das Gefühl einer Bankerott-Erklärung zu haben[2]. Im Gegenteil: Man fühlt sich zur mündigen Konfrontation mit der „Sache" befreit, um die es bei diesem angeblichen Deus-dixit geht. Man glaubt zu sehen, daß diese „Sache" kraft eigener Geltungsmacht und der durch sie gewirkten Einsicht Bestand hat. Der zusätzlichen Legitimation durch ein „Deus dixit" bedarf es dann nicht mehr.

Diese Infragestellung Gottes erschöpft sich aber nicht in dem Argument, daß das Kerygma kraft seiner Evidenz keiner Rückfrage nach einem Subjekt und einer göttlichen Garantie mehr bedürfe. Dieses Argument trifft vielmehr außerdem noch mit gewissen Tendenzen des allgemeinen Lebensgefühls zusammen, wie es sowohl in wissenschaftlichen wie in allgemein weltanschaulichen Regionen erkennbar ist:

Die Wissenschaft rechnet ja ebensowenig wie die übrigen von immanenten Eigengesetzlichkeiten durchwalteten Lebensbereiche (Politik, Wirtschaft usw.) mit der Hypothese „Gott" (Laplace). Sie sieht von transzendenten Interventionen und damit auch vom Urheber solcher Interventionen grundsätzlich ab. Aber auch im religiösen und allgemeinen weltanschaulichen Umkreis selbst verliert der Gottesbegriff die Selbstverständlichkeit, die ihm in früheren Epochen eignete: Der „Gott der Allmacht", der „alles so herrlich regieret" und dem Leiden der Unschuldigen „tatenlos zusieht"[3] wird in Frage gestellt. In diesem Sinne drückt *Camus* mit seiner Idee des Absurden das entsprechende Lebensgefühl präzise aus.

So ergibt sich eine eigentümliche Umkehrung bisheriger Infragestellungen:

Wurde vorher die Existenz Gottes als fraglose Selbstverständlichkeit hingenommen, während sich der Zweifel auf Geltung und „Funktion" der Gestalt Christi bezogen, so ist es heute nicht selten umgekehrt: Christus als Paradigma der in Endlichkeit und Fraglichkeit eingeschlossenen Menschenexistenz gilt als das fraglos Evidente, während Gott in das fragwürdige Licht einer theistischen „Vorgabe" rückt (H. Braun)[4]. Darum erhebt sich mit gesteigerter Dringlichkeit die Frage, was es bedeuten könne, von Gott und speziell von Gott als dem Subjekt der *Offenbarung* zu reden.

Die so zu beobachtende weltliche und theologische Infragestellung Gottes braucht freilich nicht in einen radikalen Atheismus zu

[2] Vgl. EvGl I, 305–452.   [3] EvGl I, 314.   [4] EvGl I, 211ff.

münden. Sie kann sich auch, wie die Kirchengeschichte vielfach bezeugt, in *der* Weise äußern, daß der Begriff „Gott" zwar erhalten bleibt, daß sich aber unter der begrifflichen Decke ein Bedeutungswandel vollzieht: Gott wird als Chiffre für etwas anderes verstanden. Dieses Andere, das er zunächst vermittelt, löst ihn schließlich ab und ersetzt ihn völlig. So wird Gott etwa bei Kant zu einer Umschreibung der unbedingten Geltung sittlicher Gebote.

Es hätte geradezu den Rang einer These, wenn man in diesem Sinne sagen würde: *Überall dort, wo Gott Chiffre ist und wo er etwas anderes repräsentiert als sich selbst, wird er nach dem Akt des Durchschauens überflüssig und durch jenes Andere abgelöst.* Wo das Wort „Gott" nichts anderes besagt, als was die Welt sich im Prinzip selbst zu sagen vermag, und wo es dieses eigene Wort nur propädeutisch umschreibt, sagt es im Grunde gar nichts mehr.

Daraus ergeben sich zwei Fragen, die nun zu bedenken sind:

Erstens: Worin wäre jenes Proprium Gottes zu sehen, das in keine Identität mit einer anderen Größe – nicht einmal mit dem Tillichschen Sein-selbst – eingeht und sich deshalb gegen jede Austauschbarkeit des Gottesbegriffs mit irgendeinem anderen Wort sperrt?

Zweitens: Welcher Weg läßt sich zwischen der Charybdis gehen, in der Gott zwar etwas „bedeutet", aber eben *nur* bedeutet (und deshalb als Chiffre von diesem Bedeutenden abgelöst werden muß), *und* der Skylla, wo er in Form einer Vorgabe und insofern einer doktrinären Prämisse einfach als „existierend" dekretiert wird? – Das sind die Probleme, um die es uns nunmehr geht.

1. Die neuzeitliche Krise des Gottesgedankens[5]

Der erwähnte wissenschaftliche „Atheismus", der transzendente Steuerungen oder gar Interventionen prinzipiell außer Betracht läßt und statt dessen die geschlossene Weltimmanenz als Prämisse verwendet, ist von *Bonhoeffer* auf eine berühmt gewordene Formel gebracht worden: Man dürfe Gott nicht, so meint er – in dieser Hinsicht ganz wie Laplace –, als „Lückenbüßer unserer unvollkommenen Erkenntnis figurieren lassen". Versuche man dennoch im Stil einer solchen Apologetik zu verfahren, setze man den Gottesglauben auf den Aussterbe-Etat. Denn da die Grenzen der Erkenntnis immer

---

[5] Vgl. den 2. Teil von EvGl, Bd. I „Die Theologie inmitten der in sich selbst gegründeten Weltlichkeit".

weiter ausgedehnt würden, müsse auch „Gott immer weiter weggeschoben" werden, so daß er sich dann in „einem fortgesetzten Rückzug" befinde. Deshalb gelte: „In dem, was wir erkennen, sollen wir Gott finden, nicht aber in dem, was wir nicht erkennen; nicht in den ungelösten, sondern in den gelösten Fragen will Gott von uns begriffen sein."[6] Deshalb müsse der Gottesglaube unter der Voraussetzung des mündig gewordenen, autonomen Menschen neu durchdacht und zu dieser neuzeitlichen Position in Beziehung gebracht werden. Insofern sei es absurd, „der mündig gewordenen Welt zu beweisen, daß sie ohne den Vormund ‚Gott' nicht leben könne"[7]. Sie habe längst bewiesen, daß sie das sehr wohl könne, so daß der Versuch, ihr das Gegenteil anzudemonstrieren, reaktionär sei und dem abwegigen Versuche gleiche, „einen zum Mann gewordenen Menschen in seine Pubertätszeit zurückzuversetzen"[8].

So einleuchtend die Bonhoeffersche Polemik in ihrem *negativen* Passus ist – wenn sie sich nämlich dagegen wehrt, den Gottesglauben im asylum ignorantiae oder ausschließlich in Grenzerfahrungen anzusiedeln –, so unklar bleiben gleichwohl die *positiven* Konsequenzen, und so gefügig ist diese Unklarheit dann den Interpreten für allerhand Eskapaden: Was heißt denn nun, Gott in dem zu finden, „was wir erkennen"? Was heißt es, auch die biblischen Stoffe von der Basis des mündig gewordenen Menschen aus anzugehen und sie einer säkularen Interpretation" zu unterwerfen? Anders ausgedrückt: Wie – im *positiven* Sinne! – wird Gott in der veränderten neuzeitlichen Situation nun aufs neue erfahrbar? – So werden wir auf unsere ursprünglich gestellte Frage noch einmal zurückgeworfen, was es denn überhaupt heißen könne, von Gott zu reden, welcher Bedeutungsgehalt diesem Wort innewohne.

Während die Apologetik des 19. Jahrhunderts der modernen Naturwissenschaft die These vom geschlossenen Kräftehaushalt der Natur nicht abzunehmen bereit war und deshalb Diskontinuitäten und Lücken aufzuweisen strebte, in denen sie Gott und göttliches Wirken meinte „ansiedeln" zu können, hat sich die Situation inzwischen grundlegend gewandelt. Was Bonhoeffer in diesem Sinne gesagt hat, bedeutet nur die zugespitzte Formulierung von Thesen, die das vor und nach ihm kundwerdende theologische Weltverständnis beschreiben und denen man den Rang einer opinio communis zuschreiben kann.

Im Gegensatz zur Apologetik des 19. Jahrhunderts bildet heute

---

[6] Widerstand und Ergebung, S. 210f.   [7] A. a. O., S. 216.
[8] A. a. O., S. 216.

die „in sich ruhende Endlichkeit" (Tillich) den Ausgangspunkt nahezu aller theologischen Reflexionen, nicht nur in den biblischen Bereichen, sondern auch in der Dogmatik und Ethik[9]. Dann aber kann es kein theologisches Ziel mehr sein, das jeder Wissenschaft zugrunde liegende heuristische Prinzip zu bestreiten und die Geschlossenheit des Weltgefüges aufzubrechen, um „Platz für Gott zu schaffen". *Gogarten* hat diesen Neuansatz des theologischen Denkens mit der speziellen Nuance versehen, daß das Christentum selbst die Säkularisation und damit jene These von der Immanenz-Geschlossenheit erzeugt habe[10].

In der gleichen Frontstellung gegen den apologetischen Versuch, sich um Indizien und Ortungen Gottes innerhalb der Immanenz zu bemühen, lehnt K. *Barth* jeden aufweisbaren „Anknüpfungspunkt des Gottesglaubens beim natürlichen Menschen in der Wirklichkeit" überhaupt ab[11]. Schon in seinem „Römerbrief" wird die These verfochten, daß alles Reden von Gott außerhalb der christlichen Verkündigung eine dubiose Form von „Religion", sprich: von Selbstvergottung des Menschen sei. Wo christlich verkündigt wird, ist deshalb der seiner Immanenz einbeschlossene, im gefüllten Sinne des Wortes „gott-lose" Mensch Adressat dieser Botschaft. So kann es hier kein apologetisches Vorfeld mehr geben, auf dem in einem ersten Akt diese Immanenzgebundenheit des Hörers mit argumentierenden Mitteln aufgelöst würde, um damit erst die Voraussetzung für sein Hören-können zu schaffen.

Für *Bultmanns* Hermeneutik bildet die Immanenz-Voraussetzung der modernen Naturwissenschaft und Historie geradezu die entscheidend-theologische Prämisse. Sie stellt das Kriterium zur Verfügung für seine Unterscheidung zwischen dem kerygmatisch mich Angehenden einerseits und den zeitgeschichtlich bedingten Aussagen über transzendente Interventionen, Mirakel und Mythologeme andererseits. Die Ablehnung jedes Versuches, die Präsenz Gottes und seiner Offenbarung *in* der historischen Immanenz aufzuweisen, führt bei Bultmann zu der Konsequenz, daß die historische Faktizität des Geschehenen nicht nur vergleichgültigt wird (so daß kritische Eliminierungen von Evangelienberichten das Verhältnis Kerygma-Glaube nicht tangieren), sondern daß das Insistieren auf dem historischen Wahrheitsgehalt der Berichte geradezu als illegitime Stütze des Glaubens erscheint.

---

[9] Zum letzteren vgl. die Untersuchungen des Verfassers über die „Eigengesetzlichkeit", ThE, Gesamt-Reg. Bd. III, S. 941.

[10] Vgl. I, S. 477.

[11] Vgl. sein „Nein" gegenüber E. Brunner, Theol. Ex. Nr. 14, 1934.

In einem ähnlichen Sinne sieht G. *Ebeling* die Bedeutung der historischen (d. h. auf jenes Immanenzprinzip gegründeten) Forschung in der „Zerschlagung aller vermeintlichen, die Glaubensentscheidung entbehrlich machenden historischen Sicherungen" und setzt sie so in unmittelbare Beziehung zur reformatorischen Rechtfertigungslehre [12]: „Wie auf der ganzen Linie der reformatorischen Theologie, so ist auch hier im Hinblick auf das Verhältnis zur Geschichte das Ja zur Ungesichertheit nur die Kehrseite der Heilsgewißheit sola fide." [13] Es ist höchst paradox, daß hier geforscht wird, um unsicher zu werden und damit das genaue Gegenteil dessen anzustreben, was sonst der Sinn aller Forschung ist [14].

Selbst wenn der Glaube sich in so extremer Weise verunsichert, daß er sogar eine geschichtliche Eruierung seines „Woran" als illegitime Stützungsaktion und insofern als Nicht-Glaube versteht, so zeigt diese Tendenz des Denkens jedenfalls, in wie radikaler Weise man sich von der früheren Apologetik losgemacht hat: Hier wird Gott nicht mehr in mühsam eröffnete Ritzen, Zwischenräume und Diskontinuitäten der erforschbaren Immanenz „eingeklemmt", hier werden keine anvisierbaren Aufenthalte und „Orte" für Gott in der Welt gesucht – weder in der Natur noch in der Geschichte –, sondern hier wird das geschlossene Welt-Continuum im Sinne der wissenschaftlichen Arbeitshypothese und des modernen Lebensgefühls übernommen und zum Ausgangspunkt des Theologisierens gemacht. Die so modifizierte Frage nach Gott zielt dann darauf, ob und inwiefern das biblisch von ihm Bezeugte den so in seine Immanenz eingeschlossenen Menschen „unbedingt angehe", sein Selbstverständnis wandle, ihn zur Entscheidung herausfordere und seine Existenz neu qualifiziere [15].

Kann aber, so fragen wir, das absolute Paradox dieser „Nichtausweisbarkeit" wirklich zum Glaubensgrund werden? Wird der Glaube hier nicht zu einem Sprung ins Leere aufgrund eines „Affiziertseins-von-irgendwo-her"? Und wenn ich aus dem geschichtlichen ·Niemandslande wirklich eine zeitlich und räumlich nicht

---

[12] Die Bedeutung der historisch-kritischen Methode für die protestantische Theologie und Kirche, in: Wort und Glaube, 1960, S. 1 ff., speziell S. 43 ff.

[13] A.a.O., S. 45.

[14] Vgl. dazu E. Reisner, Hermeneutik und historische Vernunft, in: ZThK, 1952, S. 253. – H. Diem, Dogmatik II, 1952, S. 83 f.

[15] „... an was glaubt dieser Glaube, nachdem ihm jeder historische Boden entzogen worden ist? Er glaubt an das ihm im Evangelium begegnende Kerygma, oder genauer gesagt: *er entscheidet sich in der Begegnung mit dem Kerygma und angesichts dessen absoluter Nichtausweisbarkeit gegen das Ärgernis (und) für den Glauben*, der seine Existenz neu qualifiziert." Diem, a.a.O., S. 84.

identifizierbare Stimme vernehme, die mir etwas zuruft, was mich „unbedingt angeht": läßt sich das also Vernommene nicht auch anders, läßt es sich nicht als weltliche Existenzphilosophie oder als sokratischer Appell aussprechen, so daß es zum Moment der Immanenz selbst und also in sie integrierbar wird? Dann aber könnte (oder müßte?) es vollends gleichgültig werden, *welche* Stimme denn hier gesprochen und ob sie *überhaupt* gesprochen habe. Das, was diese vermeintliche Stimme gesagt hat, könnte zum eigenen Sagen des Menschen werden [16]. Sollte der Glaube tatsächlich in der Weise „begründet", d. h. mit einem „Grund" versehen werden können (im Sinne von fundamentum, nicht von causa), daß er sich für ein Skandalon entscheidet, das beziehungslos außerhalb alles dessen steht, was den Menschen in seiner Immanenz angeht? Denn auch hier gibt es doch eine Fülle von Momenten, die ihn „angehen": das Verhältnis der Generationen, die Liebe der Geschlechter, Hunger und Angst, Hoffnung und Sehnsucht, Bedrohung und Beschenkung durch die Natur, menschliche Kommunikation und menschliche Feindschaft, Gerechtigkeit und Ungerechtigkeit geschichtlicher Strukturen und vieles andere. Sollte deshalb das, was mich „unbedingt angeht", ohne Relation zu dem sein, was mich so *auch*, wenngleich nur *bedingt* angeht? Müßte es nicht ohne eine solche Relation zu einem neuen *Doketismus* kommen, zu einer gespenstischen Scheinleiblichkeit dessen, was mich angeblich kerygmatisch anspricht und doch von allem immanenten Wirklichkeitsbezug wegruft? Ist das nicht eine Ungeschichtlichkeit schlechthin, die den Menschen auf seine individuelle, ja solipsistische Existenz reduziert und so die Gottesfrage irrelevant macht gegenüber allen Daseinsverflechtungen in den natürlichen Bios und in die geschichtlichen Strukturen? [17]

Eines dürfte doch feststehen: Die Relevanz der Gottesfrage kann nur so aufgewiesen werden, daß Gott als der „unbedingt-mich-Angehende" in einer wie immer zu definierenden Beziehung zu dem „bedingt-mich-Angehenden" gesehen wird. Es kann vorerst noch offenbleiben, ob beide Formen des „Michangehens" im Sinne einer

---

[16] Vgl. unsere Auseinandersetzung mit Bultmann, EvGl I, S. 52–67 ff., 135 ff. – K. Jaspers vertrat ganz in diesem Sinne in Gesprächen mit dem Verfasser die These, daß das Christliche bei Kierkegaard – ähnlich wie bei Lessings Verständnis der Offenbarung – nicht auf einen Grund im extra-me und extra-mundum deute, sondern nur als eine Chiffre für ein allgemeines Daseinsverständnis zu interpretieren sei und insofern existenz-„philosophischen" Charakter habe.

[17] Vgl. Bollnow: „Vor dem unbedingten Glanz eigentlicher Existenz versinkt alle Welt zum sinnentleerten Hintergrund." Existenzphilosophie, in: System. Philos. 1942, S. 349.

Analogie zu verstehen sind, ob das Unbedingte etwa als quantitative Steigerung des Bedingten oder aber als qualitativ von ihm verschieden, vielleicht sogar als *totaliter* aliter aufgefaßt werden müsse. Wichtig ist für uns in diesem Stadium des Gedankengangs nur das Postulat, *daß* eine Verbindung zwischen beiden Gestalten des „Mich-angehens" bestehen müsse, wenn Gott nicht zu doketischer Irrelevanz vergleichgültigt werden soll. Der Vorwurf gegen einen gewissen Theismus, der Gott in die Transzendenz abschiebt und ihn beziehungslos zu allem Diesseitigen sein läßt, so daß Gott nicht als Grund einer „Überzeugung", sondern nur als doktrinäres Oktroi (als „Vorgabe") erscheint: dieser Vorwurf hat in seinem negativen Teil recht, wenn er die absolute Diskontinuität kritisiert, in der der Gott des Theismus zu den Erscheinungen der Immanenz steht. Die Konsequenz, daraufhin vom Tode Gottes, d.h. von seiner völligen Irrelevanz zu sprechen, schießt freilich über das Ziel hinaus: Nur der Gott dieser Art von Theismus ist tot, nur ein fragwürdiges Gottes*bild* stirbt [18].

Der Gedanke, daß so eine Relation zwischen dem bedingt und dem unbedingt mich Angehenden bestehen müsse, sofern die Relevanz Gottes glaubwürdig bezeugt werden soll, bildet bei *Tillich* die Grundlage seines Korrelationsprinzips [19]. Allerdings wird jene Relation hier nicht in der von uns angedeuteten Weite gesehen, sondern sie bleibt auf die in der Tillichschen Ontologie angelegten Bezüge beschränkt: So erscheint Gott etwa als die „unendliche Macht des Seins", wenn er in seiner Korrelation „mit der in der Existenz liegenden Bedrohung durch das Nichtsein" gesehen wird. Er erscheint als der „Grund des Mutes", wenn er in Beziehung gesetzt wird zur Angst als dem Gewahrwerden der Endlichkeit". So ist Tillich bemüht, die Art und Weise sichtbar zu machen, in der sich der Gottesgedanke für uns aktualisiert, so daß er mich angeht und seine fatale Rolle als bloß doktrinäre Behauptung überwindet. Genügt es aber, diese aktualisierenden Relationen nur auf „Existenzialien" (Angst; Bedrohung durch das Nicht-sein; Absurditätserlebnis usw.) zu beschränken? Müssen diese Bezüge zur Gottesfrage nicht auch auf die geschichtlichen Strukturen (Politik, Wirtschaft, Gesellschaft usw.) ausgedehnt werden, wenn Gott bzw. der Gottesgedanke den Menschen in der komplexen Konkretheit seiner Existenz und nicht nur in seiner Innerlichkeit angehen soll?

In diesem Sinne muß es möglich sein, das Problem der Organ-

[18] Vgl. das Tod-Gottes-Kapitel EvGl I.
[19] System. Theol. I, 76; vgl. EvGl I, S. 39f.

transplantation und der künstlichen Lebensverlängerung, das politische Widerstandsrecht, die Todesstrafe, die Mitbestimmung in den Betrieben sowie das Problem gesellschaftlicher Systeme und vieles andere „theo"-logisch zu bedenken, also die Kompetenz der Gottesfrage in diesen Bereichen zu verdeutlichen. Wenn es sich etwa nicht verständlich machen ließe, daß die geschichtlichen Strukturen auf das humanum hin zentriert sind und daß dies so strukturierte menschliche Dasein in allen seinen Dimensionen die Relevanz Gottes erfährt, dann würden wir immer noch im Bannkreis des theistischen Doketismus bleiben.

Wie aber ist diese Art von Relevanz Gottes aufzuzeigen, wenn man nicht so etwas wie eine Theologisierung der Wissenschaften und der geschichtlichen Strukturen verlangt und also so toll wäre, das universelle säkulare Axiom wieder rückgängig zu machen: jenes Axiom, gemäß dem die Welterkenntnis sowohl wie die Weltbewältigung nur unter *der* Voraussetzung zu betätigen sind, daß man von der in sich geschlossenen Immanenz ausgeht?[20] Was bedeutet aber, sofern man das nicht will, dann noch die „Aktualität" des Gottesgedankens?

So erhebt sich von einer abermals neuen Seite aus die wiederholt gestellte Frage, was es unter den genannten Bedingungen heißen könne, von Gott zu reden.

Die grundsätzliche, gleichsam „theoretische" Anerkennung des soeben vertretenen Gedankens, daß der Gottesgedanke sich nur in seinem Bezug zu den *sonstigen* Aktualitäten des Daseins aktualisiere, ist kaum irgendwo bestritten worden, auch wenn diese Anerkennung meist nur generell proklamiert oder einer existenzialen Engführung überantwortet wird. Bei Emil *Brunner* findet sich diese Konzeption im Rahmen seines bekannten „Anknüpfungsgedankens", bei P. *Althaus* in seiner Idee der „Uroffenbarung", bei R. *Bultmann* in seinem Gedanken des „Vorverständnisses", kraft dessen auch die Philosophie um die Fraglichkeit des Daseins und seine Nicht-Eigentlichkeit weiß. (Letzteres etwa in dem Aufsatz „Das Problem der ‚natürl. Theol.'", in: Glauben und Verstehen I [1933], S. 297 f., 311 und sonst.) Selbst der *Barth* des „Römerbriefs", bei dem man es am wenigsten vermuten möchte, weist auf diese Zusammenhänge hin (vgl. W. Pannenberg, Grundfragen system. Theol., 1967, S. 366 f.).

[20] Der Verf. hat in seiner Theol. Ethik den Versuch unternommen, in dem genannten Sinne eine Weltinterpretation zu vollziehen. Wir durchdenken *hier* die Möglichkeit dieses Versuches unter dem speziellen Gesichtspunkt des Gottesgedankens. Vgl. Vorwort zu Bd. III, S. VIII ff.

2. Negative und positive Aussichten auf den Gottesgedanken

Es empfiehlt sich, nach dieser Problemübersicht einmal tabellarisch zusammenzustellen, was also die Frage nach Gott *nicht* bedeuten kann (negativer Aspekt) und was sie allein bedeuten darf (positiver Aspekt).

Der negative Aspekt:

1. Die Frage nach Gott ist *falsch* gestellt, wenn ich im Sinne eines nur überlieferten, gleichsam rezeptiven Theismus nach ihm frage. In diesem Falle wird die Tatsache „Gott" als Vorgabe verstanden. Die Frage nach ihm kann dann nur bedeuten, was „man" im Sinne des common sense von ihm zu halten bzw. zu glauben habe. Da die Gottesfrage sich so nicht in eigener Begegnung, da sie sich nicht im eigenen Hören und Erfahren der Selbstkundgabe Gottes aktualisiert, ist eine Antwort auf die so „theistisch" gestellte Gottesfrage nur in der Weise möglich, daß man – genau wie die Idee Gottes selbst – auch die nähere Umschreibung des Wesens Gottes *übernimmt*. Die Quellen dieser Rezeption sind Tradition und christliches Milieu. So entsteht das christliche Mitläufertum, das Heer der Namenchristen und formellen Taufscheinbesitzer, der Angepaßten. Das Motiv dieses Mitläufertums kann dabei entweder ein Konformismus sein, der nach dem Gesetz des geringsten Widerstandes einem Überlieferungstrend einfach nachgibt, um ihn dann ebenso schnell, wenn der Wind anders weht, wieder aufzugeben. Oder jenes Motiv kann in einem *Pragmatismus* gründen, der ohne den geringsten eigenen Bezug zur Gottesfrage die Respektierung religiöser Glaubensformen und Bräuche für zweckmäßig hält: Mit ihrer Hilfe – so kalkuliert man – läßt sich Herrschaft ausüben; sie begründen Autorität und machen die Menschen „regierbar". In diesem Sinne kann man sich zu dem Postulat bekennen, daß „dem Volke die Religion erhalten werden müsse."

Das pragmatische und das konformistische Mißverständnis der Gottesfrage hat so zur Voraussetzung, daß einen jene Frage nicht existenziell angeht und daß sie das um so weniger tut, je mehr man ihren Zweck durchschaut hat [21]. Entsprechend wird sie pragmatisch manipulierbar, erzeugt immer neues Mitläufertum und wird so immer unglaubwürdiger. Die volkskirchliche Situation in der säkularisierten Gesellschaft stellt dafür makabre Modelle zur Verfügung.

---

[21] Die (in sich sehr verschiedene) Interpretation der Religion als einer Zweckerfindung bei Feuerbach, Nietzsche und Marx zeigt, in welchem Maße sich dieses Desinteresse mit dem Grade des „Durchschauens" steigert, ja in polemische Distanzierung übergeht.

2. Die Frage nach Gott ist *falsch* gestellt, wenn sie nicht diejenigen Fragen impliziert, die unsere uns umtreibenden Fragen sind, wenn sie z. B. im Sinne der Frage „Wie kriege ich einen gnädigen Gott?" gestellt wird oder sich aus Wirklichkeitserfahrungen ergibt, die nicht mehr die unseren sind.

Das ist etwa bei der orthodoxen Lehre von der natürlichen Offenbarung (revelatio generalis) der Fall. Das neuzeitliche Wirklichkeitserlebnis, wie es sich in Philosophie und Dichtung kundgibt, ist viel zu ambivalent, ist viel zu drastisch durch die Absurditätserfahrung gekennzeichnet, als daß es bereit und in der Lage wäre, „die Fußspuren Gottes" im Rahmen des natürlich-geschichtlichen Erfahrungshorizontes aufzuspüren oder anzuerkennen. So läßt *Camus* den Arzt Rieux sagen, er könne es Gott nicht verzeihen, daß er unschuldige Kinder leiden lasse. Auch der Satz der Tod-Gottes-Theologie, nach Auschwitz könne man nicht mehr singen: „... der alles so herrlich regieret", gründet, so abwegig er auch sein mag, in der Erfahrung dieser Spurenlosigkeit, dieser Abwesenheit Gottes. Wo der Gottesglaube sich wider diese Wirklichkeitserfahrung behauptet und dann rückblickend (im Sinne einer analogia fidei) auch wieder seine Spuren entdeckt, gründet er stets in eigenen originalen Gottesbegegnungen und hat sich gerade nicht aus einer vorangehenden Wirklichkeitserfahrung gebildet – jedenfalls nicht in der Weise, daß diese Erfahrung „Fußspuren" und evidente Hinweise auf Gott enthielte. Grenzerfahrungen solcher Art mögen allenfalls das *Thema* der Gottesfrage aktualisieren. Es bleibt aber um ihrer Ambivalenz willen völlig offen, ob sie in Annahme oder Verweigerung, in Beten oder Fluchen oder auch in die pure Indifferenz ausmünden [22].

Wenn wir oben die Forderung aufstellten, es müsse eine Korrespondenz zwischen dem „bedingt" und dem „unbedingt" uns Angehenden bestehen, sofern die Relevanz Gottes offensichtlich sein solle, dann kann diese Korrespondenz jedenfalls nicht so beschaffen sein, daß es so etwas wie „natürliche Theologie" gibt und Gott in Gestalt eines Rückschlußverfahrens aus unserem Wirklichkeitsbezug zu gewinnen ist. Der Glaube ist vielmehr, wie wir im vorigen Kapitel feststellten, nicht nur Glaube „an", sondern auch Glaube „wider"... Er trotzt dem, was die natürliche Erfahrung an Stoffen zu enthalten scheint, die eine Widerlegung Gottes nahelegen. Insofern steht das in Ps 73, 2–14 und 77, 20 geäußerte Theodizee-Problem der heutigen Relation von Gottesbewegung und

---

[22] Vgl. EvGl I, S. 318.

Wirklichkeitserfahrung näher als die natürliche Theologie der Orthodoxie.

3. Die Frage nach Gott ist *falsch* gestellt, wenn Gott mit einer Seinsdimension als deren Grund identifiziert wird. Das geschieht etwa dann, wenn man ihn als „Urheber göttlicher Gebote" (Kant) oder als Chiffre für die Unbedingtheit der sittlichen Pflicht interpretiert. In diesem Falle würde er nur interimistische Geltung beanspruchen können – was der majestas Dei gerade zuwiderliefe –; er würde durch das erwachte Autonomiebewußtsein überfällig werden. Die gleiche Identifizierung mit einer Seinsdimension kann sich so vollziehen, daß Gott als die Begründung utopischer Hoffnung (Bloch) oder als „Erfüllung und Einheit der Geschichte" (Tillich) verstanden wird.

Überall, wo das Unbedingte mit einem noch so hochqualifizierten Bedingten in eins gesetzt wird, emanzipiert sich dieses Bedingte als eine Idee, die auch *aus sich selbst* gedacht und deshalb „atheistisch", d. h. ohne Zuhilfenahme der Hypothese Gott interpretiert werden kann. Es bleibt dann der „Hohlraum, den die Erledigung der Gott-Hypostase hinterläßt"[23]. Gott (ein Unterschied zur bloßen Gott-„Hypostase") transzendiert offenbar die Möglichkeiten einer Religion, die sich aus der sakralnuminosen Verklärung partieller Lebensbereiche ergibt. Wo ein Geschöpfliches mit dem Schöpfer identifiziert wird, zielt man nicht auf Gott, sondern auf den Götzen als die Repräsentation vergotteter Wirklichkeit. Der Götze aber wird der Götterdämmerung überantwortet, wenn jene vergottete Wirklichkeitsdimension sich als Größe von eigenem spezifischen Gewicht erweist, wenn sie sich also als etwas erweist, das allein und aus seiner immanenten Mächtigkeit heraus zu sein vermag und jener numinosen Überhöhung nicht bedarf. Apollo muß gehen, wenn Wissen und Weisheit, die er zu spenden schien, autark geworden sind. Das Delphische Orakel erübrigt sich, wenn die Zukunft sich auf rationale Berechenbarkeit hin öffnet.

4. Die Frage nach Gott wird endlich dann *falsch* gestellt, wenn die in der menschlichen Existenz beschlossene *Frage* nach Gott im Sinne von Röm 1, 18 ff. zu einer *Antwort* umgelogen wird. Die in der menschlichen Existenz beschlossene Frage nach Gott bedeutet, daß der Mensch sich selbst zu einer offenen Frage wird. Er sieht sich ja ständig vor das Problem gestellt, wozu er entworfen sei, was aus ihm werden und was er aus sich machen solle. Im Unterschied zum Tier ist der Mensch kein Wesen, dessen Entelechie sich auto-

[23] Bloch, Das Prinzip Hoffnung, S. 1529.

matisch aus sich selbst entfaltet[24], sondern das nach seiner Bestimmung fragen muß, das sich also selbst zur Frage wird und die Antwort gewinnen, „wagen" muß, sie aber auch verfehlen kann[25]. Insofern ist der Mensch immer offene Möglichkeit. Die Erfüllung dieser Möglichkeit liegt niemals in einer gegebenen Gestalt perfekt vor. Seine Identität ist nie einfach „vorhanden", so daß sie in einer gegebenen Daseinsgestalt ablesbar wäre[26].

Das Gleiche gilt von der Menschheit im allgemeinen: Das Hoffnungsziel, in dem sie die Identität mit ihrer Bestimmung erreicht, fällt weder mit einem gegenwärtig Erreichten noch mit einer futurisch vorgestellten Realutopie einfach zusammen: Das real Erreichte oder Erreichbare bleibt ebenso wie jede Sozialutopie prinzipiell überholbar. Das gilt selbst von einer etwa „erlangten klassenlosen Gesellschaft"[27]. So bleibt der Mensch ein Wesen, das prinzipiell über sein Gewordensein und seine Vorfindlichkeit hinausgreift, dessen Identität „Hoffnung" bleibt und das sich in einem dauernden „Überstieg" zu ihr als einer „nicht gegebenen" in ihrer Erfüllung stets „ausstehenden" befindet[28]. In diesem prinzipiellen „Nochnicht" des Menschen ist der Hinweis darauf enthalten, daß er sich wesensmäßig transzendiert.

Wenn man Gott als den Statthalter dieser Transzendenz versteht – die christliche Verkündigung sieht ihn, wie man in aller Vorläufigkeit und rein formell sagen darf, in diesem Rahmen –, dann bedeutet dies, daß er uns innerhalb unseres „natürlichen" Bewußtseins als Gegenstand jener Frage nach uns selbst, als Grund der Infragestellung unseres So-seins überhaupt begegnet. Daher kommt es, daß Gott dann, wenn er uns realiter in seiner Selbstkundgabe begegnet, diese Fraglichkeit des menschlichen Daseins „aufdeckt"[29], sie im Gesetz radikalisiert und sich als Antwort auf diese Fraglichkeit aussagt. Da Gott aber nicht einfach eine Chiffre für die Antwort auf jene Frage ist, die wir selber sind, da er nicht als bloßes „Postulat" einer Antwort auftaucht – ein solches Postulat wäre ja immer durch

[24] Vgl. Schiller, Über Anmut und Würde, 1793: „Bei dem Tier und der Pflanze gibt die Natur nicht bloß die Bestimmung an, sondern führt sie auch allein aus. Beim Menschen aber gibt die Natur bloß die Bestimmung an und überläßt ihm selbst die Erfüllung derselben."
[25] Vgl. Heideggers Bestimmung des menschlichen Daseins als eines Seienden, das nach sich selbst fragt, in: „Sein und Zeit".
[26] Dieses Identitätsproblem umkreist Max Frisch in seinen Tagebüchern und Dichtungen fortgesetzt.
[27] Bloch, Prinzip Hoffnung, S. 1410–1413.
[28] Sartre, Sein und Nichts, S. 144.
[29] So der junge Barth in der Christl. Dogmatik, 1927, S. 74.

die Konstellation der Fragestellung präformiert –, da Gott vielmehr jene Frage, die wir selber sind, in einer Weise aufdeckt und radikalisiert, wie sie außerhalb unseres eigenen Vermögens liegt, so bleibt die Frage, die wir selber sind, im Rahmen unseres natürlichen Horizontes immer eine *offene* Frage. Sie bleibt sogar eine Frage, die wir selber nicht durchschauen, die uns also ihren Grund verweigert. Erst die Antwort, die Gott ist, begründet die Frage, gibt ihr also ihren „Grund".

In diesem Sinne vollzieht sich die *falsche* Frage nach Gott so, daß sie sich selbst einer Antwort fähig dünkt und daß sie mit dieser Antwort ihrer eigenen Radikalisierung zuvorkommt, daß sie sich also als bloß vorläufige und nur bedingte Frage aufhebt. Unter diesem Gesichtspunkt interpretiert Paulus in Röm 1, 18 ff den Götzendienst:

Gott ist dem Bewußtsein der Heiden „offenbar", und zwar als Gegenstand der Frage, wie sie in den Werken (20) der Schöpfung – einschließlich des Menschen selbst – enthalten ist. Diese Frage aber bleibt nicht „offen", sondern wird vorzeitig beantwortet. So ist sie außerstande, die in ihr angelegte Tiefe zu erreichen. Sie wird nämlich in der Weise beantwortet, daß das Geschöpf „Mensch" demjenigen nicht standhält, was es transzendiert und es gerade zu jener Frage kommen läßt. Das Geschöpf Mensch verweigert sich dem Schöpfer, es verneint Gott. Und zwar tut es das in der Weise, daß es nicht bereit ist, sich in seiner Geschöpflichkeit zu verstehen: es versagt Gott Rühmung und Dank (21); es versagt dem die Anerkennung, von dem her es doch seine Identität empfängt, der ihm seine Bestimmung gibt, von dem her und auf den hin es ist. Statt dessen will der Mensch bei sich selber bleiben und verkrümmt sich so in sich selbst (incurvatus esse in se). Er gibt sich auf die ihm angelegte Frage, die er selber „ist", also diejenige Antwort, die auf der Linie und im Rahmen dieser von ihm bemerkten Frage liegt. Diese Antwort ist nicht Gott, sondern der Götze; sie ist das Gleichnis (homoioma, 23) und die Überhöhung des Kreatürlichen in Gestalt von „fliegenden, vierfüßigen und kriechenden Tieren". Er erwartet also keine Antwort, die seine Fragestellung und seine Fraglichkeit transzendierte, die ihn überraschen könnte als etwas Unerwartetes, als das „ganz Andere", das er sich selber gerade *nicht* sagen könnte, und ihn sich selbst in neuem Lichte sehen ließe. Vielmehr gibt er sich selbst die Antwort, und zwar eine solche Antwort, die ihn im Bisherigen seiner Existenz – seiner „alten Existenz" – festhält und ihn darin sichert. Gott erreicht ihn nicht als die Gegenfrage „Adam, wo bist du?", die damit seine Fraglichkeit radikalisierte und von der

Antwort her in ihrem Grund (fundamentum) erkennen ließe, sondern er erreicht ihn maskiert und entstellt als der „Götze", als ein Stück seiner eigenen geschöpflichen Wirklichkeit, die ihn bei sich selber festhält, ihn bestätigt und sichert.

Gott selbst aber bleibt hier *außerhalb* dieser Geschöpf-Götze-Relation. Er geht nicht in sie ein. Die so zustandekommende Religion ist die Anamnesis an eine vom wahren Gott der menschlichen Existenz eingestiftete, aber von dieser veruntreute Frage. Sie ist veruntreut, weil der Mensch die ihm selbst erwünschte Antwort auf seine Fraglichkeit gab und weil er damit die *Pointe* dieser Fraglichkeit verfehlte: daß sie ihn nämlich offen machen wollte für die Einsicht in ihren Grund und für die Antwort, die in diesem Grunde schon präsent war und die ihm zuteil werden sollte. Statt dessen hat sich der Mensch in sich selbst verschlossen. Er wollte mit sich und der Schöpfung allein bleiben. Er wollte seine Fraglichkeit nicht zu einer möglichen Infragestellung seiner selbst werden lassen, wenn ihm der lebendige Gott gegenübertrat, der ihn als Schöpfer in seine Existenz entlassen hatte und deshalb einen totalen Anspruch auf ihn besaß. Die vergotteten Kreaturen aber stellen ihn ja nicht in Frage. Sie sind Fleisch von seinem Fleisch und Geist von seinem Geist. Eine in sich identische Größe kann sich nicht selbst in Frage stellen. Dieses Heischende und Richtende kann nur vom Extra, kann nur vom Transzendierenden her erfolgen. Diesem aber verweigert der Mensch „Rühmung und Dank", und damit negiert er es als das, was ihn und alles Geschöpfliche überstieg.

Gott selbst bleibt auch insofern außerhalb der Geschöpf-Götze-Relation, als er den so seine Fraglichkeit veruntreuenden Menschen nun an die erwählte Entscheidung für sich selbst „dahingibt" (parédoken, 24.26). Er überläßt ihn den Konsequenzen der veruntreuten Frage; er überantwortet ihn der verhängnisvollen Antwort, durch die er die Offenheit dieser Frage verdarb (24 ff.). Die Pervertierung des *vertikalen* Bezuges, die ihn Schöpfer und Geschöpf vertauschen ließ, führt auch zur Pervertierung der *Horizontale:* Die Ordnungen der Welt werden chaotisch verwirrt, wenn sie in sich selber ruhen und sich von dem sie transzendierenden und tragenden Grunde lösen.

So bleibt Gott die Antwort auf die veruntreute Frage auch dann, wenn er „dahingibt", gewähren läßt und sich zurückzieht [30]. Er bleibt diese Antwort dann in Gestalt der ira Dei [31]. Er behält die Souveränität dessen bei, der auch im schweigenden Gewähren-las-

---

[30] Vgl. Léon Bloys Wort; „Dieu se retire"; EvGl I, 323, 464.
[31] orgé theoû, Röm 1, 18.

sen über das verfügt, was er so zuläßt, und ihm dann *seinen* Sinn, *seine* Antwort gibt: den Sinn und die Antwort des *Gerichtes*. Gott bleibt außerhalb der Geschöpf-Götze-Relation, indem er auch sie als Herr und Richter geschehen läßt und sie insofern transzendiert.

So ist Gott als Antwort auf die „in der menschlichen Existenz beschlossene Frage" grundsätzlich und niemals identisch mit der selbst gegebenen und noch so frommen, noch so religiösen Antwort des Menschen. Im Gegenteil: Da diese „eigene" Antwort seine Fraglichkeit gerade verhüllt und die ihm bestimmte Offenheit verschließt, intensiviert sich gleichsam – wenn man so sagen darf – die Transzendenz Gottes: Sie wird eine sich entziehende und ist nicht mehr eine dem Menschen erschlossene, ihm hingehaltene[31a] Transzendenz.

Insofern ist also die Frage nach Gott hier falsch gestellt, als die in der menschlichen Existenz beschlossene Frage nach Gott in eine Antwort umgelogen und damit als bloße „Frage" unterschlagen wird.

Darum wird man es vielleicht als die „theologische" Würde von *Camus* ansehen dürfen, daß er sich in dieser antwortlosen Offenheit zu erhalten wünschte und eher die Absurdität in Kauf nahm, als sich zu einer vermeintlich sinnlösenden Antwort durchzustehlen. Ob Camus freilich damit als der „Einzige" aus der Solidarität des menschlichen Gemächtes herausfällt und sich dem Verdikt von Röm 1, 18 ff. entzieht? Könnte es nicht vielmehr so sein, daß die ursprünglich als „Not" auftauchende Absurdität sich unter der Hand in eine „Tugend", in eine neue Sinn-Erdichtung im negativen Modus verwandelt und er in höchst dialektischer Weise doch wieder bei einer Antwort ankommt? Bleibt die Absurdität bei ihm wirklich nur „offene Frage"? Diese Überlegung mag als Ausdruck der Ungewißheit wohl erlaubt sein.

Der *positive* Aspekt:

Dieser Aspekt und damit die *legitime* Frage nach Gott ist dann gegeben, wenn das Verständnis dessen, was ich mit dem Wort „Gott" meine, zwar auf die Gegebenheiten oder auch auf die defizienten Momente des menschlichen Daseins bezogen ist, aber nicht in diesen Bezügen aufgeht, sondern sie transzendiert. Dieses Nicht-aufgehen der mit „Gott" gemeinten Wirklichkeit in irgendeinem innerweltlichen Bezuge wird selbst durch den Analogie-Gedanken der römisch-katholischen Theologie angesprochen, wenn etwa das

[31a] to gnoston tou theou phaneron, 1, 19.

Lateran-Konzil darauf hinweist, daß in der Beziehung zwischen Schöpfer und Geschöpf die Unähnlichkeit, d.h. das transzendierende Anderssein, immer die Ähnlichkeit überwiege[32].

Weil so keine durchgängige Analogie zwischen der in der menschlichen Existenz beschlossenen Frage nach dem Unbedingten und der Antwort bestehen kann, die mit dem Worte „Gott" zu umschreiben wäre, ist es unmöglich, Gott mit Antworten zu identifizieren, deren Material in kreatürlichen Bezügen besteht[33]. Damit würde man den similitudo-Bezug verabsolutieren und Gott zur Chiffre dessen werden lassen, was die creatura dem Immanenzbezug auch von sich aus zu entnehmen weiß.

Daß und warum so die Wirklichkeit, die wir „Gott" nennen, alle innerweltlichen Bezüge transzendiert, daß und warum sie nie mit ihnen identisch wird und darum im Unterschied zu ihnen auch nie objektivierbar sein kann, soll nunmehr an einigen exemplarischen Bezügen demonstriert werden:

Erstens: Gott und der Sinn

Wenn man nach Gott in der Erwartung fragt, in ihm den Punkt zu finden, an dem sich die Rätsel, Widersprüche und Sinnlosigkeiten der Geschichte (und damit auch unserer eigenen Existenz) auflösen, dann wäre es falsch[34], in Gott lediglich die Repräsentation dieses gesuchten Sinnes und im Reich Gottes nur die Repräsentation der gleichfalls gesuchten Einheit und Koinzidenz der geschichtlichen Prozesse zu sehen, jenes Sein also, das alles divergierend Seiende umgreift. Diese Einheit vermag ich ja auch als *Idee* zu denken; man sieht das etwa an Hegels Gedanken von der „Vernunft in der Geschichte". Ich kann diese Idee der Einheit sogar zum heuristischen Gesichtspunkt meiner Geschichtsbetrachtung machen und mit ihrer Hilfe die Empirie zu bewältigen suchen[35]. Daß diese Ideen selbst nicht empirisch aufweisbar, sondern als kategoriale Funktionen unseres Geistes wirksam sind oder aber – wie Kants Idee des

[32] Lateran. IV (Denz. 432): Inter creatorem et creaturam non potest tanta similitudo notari, quin inter eos major sit dissimilitudo notanda. Vgl. dazu G. Söhngen, Die Einheit i.d. Theologie, 1952, S. 237; E. Przywara, Rel.-Philos. kathol. Theol., 1927, S. 23.
[33] Etwa ein Bezug der Mitmenschlichkeit oder bestimmte Geschichtsgesetze, wie sie z. B. durch den Schillerschen Satz „Die Weltgeschichte ist das Weltgericht" oder die Hegelsche Geschichtsdialektik umschrieben werden.
[34] Damit widersprechen wir Tillich mit seinem Satze: „Wenn der Begriff ‚Reich Gottes' in Korrelation mit dem Rätsel unserer geschichtlichen Existenz erscheint, muß ‚Reich Gottes' der Sinn, die Erfüllung und die Einheit der Geschichte genannt werden" (System. Theol. I, S. 79).
[35] Unter „Ideen" verstehen wir im Sinne Kants transzendentale wegweisende regulative Richtgedanken, die in der Einheit unseres Geistes enthalten sind.

„höchsten Gutes" – den Gegenstand eschatologischer Hoffnung bilden, kann nicht hindern, daß sie – und damit auch die Idee der Einheit der Geschichte – der Autarkie der Vernunft zugeordnet sind und deshalb der Hypothese „Gott" nicht bedürfen. Wenn das Wort „Gott" etwas Eigenständiges besagen und also kein bloßes Synonym für Einheit und Sinngrund der Geschichte sein soll, dann kann dies nur bedeuten, daß er zwar dieses beides „auch" ist, daß er zugleich aber noch mehr und anderes besagt, kurz: daß er eben nicht darin „aufgeht".

Worin aber liegt dann dieses überschießende Moment, und worin könnte es seine Relevanz erweisen? Inwiefern kann es mir verstehbar werden, daß dieses Überschießende eben nicht bloß die ablösbare mythische Schale ist, welche die verschlossene Idee (z. B. die der Einheit) als das Eigentliche erst freigibt und dann als Vernunfteigentum erklärt? Was *ist* dieses Überschießende an jener Wirklichkeit, die wir „Gott" nennen?

Die Idee einer Einheit und eines Sinngrundes der Geschichte – sei es nun, daß wir sie als regulative Idee der Vernunft oder als Sozialutopie, etwa als klassenlose Gesellschaft, bestimmten – nimmt dem Menschen das, was wir als seine Nicht-Definierbarkeit bezeichneten. Indem ich jene Einheit der Geschichte bestimme, leugne ich ja die Offenheit seiner geschichtlichen Möglichkeit und gliedere ihn als Träger einer notwendigen, definierbaren Funktion dem Prozeß der Geschichte ein. Der Mensch ist dann nicht mehr der sich Ergreifende, sondern der vom Ziel der Geschichte Ergriffene. Statt daß er sich entscheidet und in der Entscheidung wägend er selbst wird, wird über ihn entschieden. Er weiß, wer er ist und sein wird. Und seine Freiheit ist – um es am Hegel-Marx-Modell zu illustrieren – nur noch die Einsicht in diese Notwendigkeit. Man könnte auch sagen, es gehe hier um Entpersönlichung. Das wäre insofern berechtigt, als der Begriff der Person ja repräsentativ steht für die Offenheit der menschlichen Möglichkeit, für die Bestimmung des Menschen also, sich in Freiheit zu ergreifen.

Damit sind wir in eine Zwickmühle des Denkens versetzt:

Einerseits müssen wir, um geschichtlich existieren zu können, nach Einheit und Sinn der Geschichte fragen, wenn wir uns in ihr orientieren und sie gestalten, also nicht einem chaotisch-gestaltlosen Gewoge überantwortet sehen wollen, in dem wir als hilflose Objekte treiben[36]. Andererseits versetzt uns eine Antwort auf die so gestellte

---

[36] Theodor Lessing hat dieses „chaotische" Geschichtsbild in seinem Buch „Die Geschichte als Sinngebung des Sinnlosen" (4. Aufl. 1927) entworfen.

Frage in einem Zustand, der uns gerade die Voraussetzungen raubt, von denen her wir jene Frage nach Einheit und Sinn stellten: Sie raubt uns die Möglichkeit, menschliche Existenz als ein offenes, „personhaftes", in die Entscheidung gestelltes Dasein zu verstehen.

Gerade dasjenige nun, was in dem Worte „Gott" über Einheit und Sinn der Geschichte hinausgeht und sich *nicht* in diesen Begriffen einfangen läßt, eröffnet den Blick auf einen Sinn der Geschichte, der uns nicht zur personlosen Funktion werden läßt, sondern uns in unserer Unbedingtheit und in der Offenheit unserer Existenz bewahrt:

Wir sind nicht „definierbar", insofern „die Welt uns nicht kennt, weil sie ihn (Gott) nicht kennt" (1 Joh 3, 1). Wir existieren als Relation zu Gott. Deshalb sind wir in der gleichen Weise wie Gott der Definierbarkeit entzogen. Nur Gott selbst „definiert" uns: in ihm sind wir „erkannt" (1 Kor 13, 12). Deshalb – deshalb! – „ist noch nicht erschienen, was wir sein werden" (1 Joh 3, 2). Jetzt ist „unser Leben verborgen mit Christus in Gott. Wenn Christus als unser Leben entborgen sein wird, dann werdet auch ihr (in dem, was ihr eigentlich seid) mit ihm in Herrlichkeit offenkundig werden" (Kol 3, 4; vgl. Phil 3, 21). Daß so noch nicht erschienen ist, was wir sein werden, daß deshalb auch unser Jetzt in seinem Woraufhin noch verborgen ist: gerade das bezeugt, daß wir noch vor unserer offenen Möglichkeit stehen und nicht durch die Notwendigkeit eines Prozesses, in dem wir als Elemente und Funktionen wesen, definiert und unserer Offenheit beraubt sind. Die Relation, die uns bestimmt, ist ja nicht der Bezug zu einem innerweltlich Seienden: weder zur Natur, über die wir uns erheben, noch zur Gesellschaft, deren nützliche Glieder wir sein sollen, noch zu einer Idee, für deren Realisierung wir uns verzehren. Alle *derartigen* Relationen machen uns zur Funktion, lassen uns Mittel zu ihren Zwecken sein und berauben uns unserer Unbedingtheit [37]. Die Unbedingtheit des Menschen wird nur bewahrt, wenn er selber auf ein Unbedingtes bezogen ist, das in keinem Immanenzzusammenhange aufgeht, auch wenn es in jedem dieser Bezüge präsent ist, ja sie trägt. Erst in der Relation zu diesem Unbedingten, das wir Gott nennen, gewinnt menschliche Existenz jene „unendliche Realität", von der Kierkegaard spricht.

[37] Vgl. zu diesem Verständnis menschlicher Existenz als einer Relation die Lehre von der Gottebenbildlichkeit, in: ThE I, § 690 ff. Ferner ThE II, 1, § 1168 ff.; 1251 ff. – Dazu das Kierkegaard-Zitat aus der „Krankheit zum Tode", Jena 1924, 2. Aufl., S. 74, zit. und kommentiert in: ThE I, § 460.

Hier ist freilich Vorsicht geboten. Denn der Begriff des Unbedingten, den wir nun eingeführt haben und der das Wort „Gott" allen Immanenzzusammenhängen entziehen soll (obwohl es *zu* allen diesen Zusammenhängen in Korrelation steht), könnte ja nun seinerseits wieder zum Synonym für das Wort „Gott" werden, dieses Wort also in sich aufnehmen und insofern auswechselbar und ersetzbar machen. Dann würde der so gemeinte Gott doch wieder (im Pascalschen Sinne) zum „Gott der Philosophen", zur Logos-Struktur des Weltgefüges, die alles Geschehen als dessen Einheitsgrund trägt und bedingt, aber selber unbedingt ist. Auf diese Weise stünden wir dann aufs neue vor der gleichen Kalamität, die wir vorher beobachteten: die Idee „Gott" ginge dann in einer anderen Größe – hier im Unbedingten – auf und könnte entsprechend durch sie abgelöst werden.

Der Satz „Es ist noch nicht erschienen, was wir sein werden" enthält aber ein entscheidendes Antitoxin gegen diese Identifizierung Gottes mit der philosophischen Idee des Welt-Logos oder des Unbedingten; und zwar in doppelter Hinsicht:

Einmal: „Der" Unbedingte (nicht „das" Unbedingte) *weiß,* wer wir sind. Er ist nicht das von uns Gewußte oder als Postulat Gedachte, sondern er ist der, der um *uns* weiß und unserer gedenkt. Er weiß um uns in Liebe und ist in Freiheit auf uns hin erschlossen. Daß Gott nicht bloß – wie der auswechselbare Gott der Philosophen – unbedingter Welt-Logos ist (der das Weltgefüge trägt, es zusammenschließt und als coincidentia oppositorum darin fungiert), sondern daß er Verstehen, Liebe und Freiheit ist und uns insofern als „Person" gegenübersteht[38], das bedeutet, daß mit dem Worte „Gott" etwas ausgesagt wird, das nicht im Begriff des Unbedingten aufgehen kann. Es besagt nämlich, daß „der" Unbedingte – im Unterschied zu dem, was wir „das" Unbedingte nennen – die geschöpfliche Existenz nicht zum bloß Bedingten degradiert, sondern ihm die Würde der Partnerschaft verleiht: Der Liebende schafft sich sein „Ebenbild" (Gen 1, 26 f.), sein Gegenüber. Im Unterschied zu Gestirnen, Pflanzen und Tieren, die nur „Objekte" seines „Eswerde" sind, wird der Mensch in die Freiheit der *Partnerschaft* berufen. Er wird mit „Du" angesprochen, er wird mit Geboten und Bestimmungszielen belegt (Gen 1, 28 f.; 3, 3.9), er wird zum Subjekt bestimmt, das sich zwischen Gehorsam und Ungehorsam entscheiden, das im Bunde mit Gott bleiben oder ihn verlassen, das seine Bestimmung erfüllen oder an ihr scheitern kann.

---

[38] Über den Begriff der Person in Verbindung mit Gott handeln wir später.

Wenn Gott Verstehen, Liebe und Freiheit ist, dann ist der Welthintergrund nicht ein abstraktes Unbedingtes, sondern *Person,* die ihrerseits Personhaftigkeit gewährt, die nicht bloß bedingt, sondern die Unbedingtheit will, die den Menschen nicht als bloßes Element in das kosmische Gefüge einbaut und ihn durch dieses Gefüge vermittelt sein läßt, sondern die ihn „herausruft" und ihm das Privileg jener Unmittelbarkeit zu sich verleiht, die der Gott der Philosophen versagt und durch die Mittelbarkeit einer zu definierenden Funktion ersetzt.

Gerade *das* also an dem Worte „Gott", das wir als sein transzendierendes Moment bezeichneten (und worin sich dieses Wort der bloßen Synonymität mit dem Unbedingten entzieht), bringt es mit sich, daß wir in dem Worte „Gott" die Koinzidenz von Gegensätzen ausgesprochen sehen können, die einem sich selbst überlassenen Denken als exklusiv erscheinen müssen: Denn wir drücken damit aus, daß wir Gott *einmal* als den Sinn und die Einheit der Weltprozesse, *zugleich* aber auch als den verstehen, der menschliche Existenz in ihrer Offenheit bewahrt: „Es ist noch nicht erschienen, was wir sein werden", wir werden es aber erkennen, „gleichwie wir von ihm erkannt sind"[39].

Ferner: Wenn das Wort „Gott" meint, daß der Welthintergrund Verstehen, Liebe und Freiheit sei, dann bedeutet dies zugleich, daß Sinn und Einheit der Weltprozesse zwar in Gott gegeben sind (so daß er tatsächlich der Koinzidenzpunkt des Divergierenden und insofern unbedingt ist), daß sie aber nicht in einer *Weltformel* zu objektivieren sind und daß deshalb auch das Seiende und Geschehende, wie es mir konkret begegnet, nicht auf eine solche uns unverfügbare Weltformel hin interpretiert werden kann. Genau *das* ist auch – wie wir sahen – die Signatur der biblischen Gottes- und Welterfahrung: Dem leidenden Hiob zerbricht der Versuch, eine solche Weltformel zu bilden und im Namen der Prämisse zu leben und zu denken, daß es einen gerechten Weltlauf gebe und demgemäß das Tun des Gerechten sich auszahle (Hiob 1, 8 ff.). Auch dem Dichter von Ps 73 gelingt es nicht, jene Widersprüche des Weltgeschehens zu begreifen, die darin liegen, daß die Gottlosen triumphieren dürfen, während die Frommen unterliegen. Die Unverfügbarkeit der Weltformel (und die Abwesenheit oder Widerlegung Gottes, wenn man ihn mit dieser Weltformel in eins setzt) läßt für menschliches

---

[39] Vgl. hierzu auch das Kapitel: „Der Gott des Glaubens und der Gott der Philosophen" in Ratzingers „Einführung in das Christentum", S. 103 ff., bes. S. 122.

Erkennen den Weltverlauf sinnlos und absurd erscheinen; zumindest ist er undurchsichtig und unerkennbar. Trotz dieses „Scheinens" und trotz dieser Resignation unseres Erkennens wird aber die Sinnhaftigkeit des Weltgrundes doch nicht bestritten. Der „noetische" Verzicht auf Sinnerkenntnis geht Hand in Hand mit dem Bekenntnis des Glaubens, daß „ontisch" der Welt gleichwohl Sinn innewohne. Der Unmöglichkeit, das Weltgeschehen durch die Subsumption unter eine Weltformel verstehbar zu machen und mit dem Satz: „Deshalb, weil .... ist es so und geschieht so" zu begründen, –: dieser Unmöglichkeit korrespondiert auf der anderen Seite das Bekenntnis des Frommen: „Dennoch bleibe ich stets an dir" (Ps 73, 23).

Wie löst sich dieser Hiatus auf?

Wenn jener Welthintergrund, den wir „Gott" nennen, Verstehen, Liebe und Freiheit ist, dann ist hier und in ihm das Wissen um den Sinn geborgen. Nicht nur *wir* sind erkannt, auch der *Sinn* ist es. *Wir selber wissen nicht um den Sinn;* (wer ihn zu wissen meint, so sahen wir, löst das Personhafte in die Notwendigkeit von Prozessen auf und macht es zu deren Element); *aber wir glauben an den, der den Sinn weiß.*

Das kann nicht einfach bedeuten, daß wir an die Stelle des *Wissens* um den Sinn den (bloßen!) *Glauben* an einen Sinn setzten. Wäre es so, dann würde der Glaube die überwindbare Vorstufe des Wissens sein. Er wäre dann nicht als Vertrauen, sondern als Vermuten und damit als defizientes Wissen verstanden. Vielmehr gilt: Wir meinen mit „Gott", daß wir zu ihm als dem Verstehenden und Liebenden in der Beziehung des *Vertrauens* stünden und daß eben dieses Vertrauen auch die Gewißheit impliziere, in diesem Gotte sei das Wissen um den uns unbekannten Sinn *verborgen* – und *geborgen.* Der Verstehende und Liebende ist ja zugleich der, der das „Nicht-seiende ins Sein" ruft (Röm 4, 17) und so seine Gedanken in ihm Gestalt werden läßt. Und eben weil diese Gedanken *seine* und nicht *unsere* Gedanken sind, weil sie insofern „höher" und anders sind als unsere Gedanken (Jes 55, 8), darum vertrauen wir, daß es „Gedanken" und nicht Sinnlosigkeiten sind, die die Welt durchwalten – aber eben nicht *unsere* Gedanken. (Insofern gibt es auch keine „Vernunft in der Geschichte", wenn damit gemeint sein soll, daß unsere Vernunft an ihr partizipiere und daß im Hegelschen Sinne „der endliche Geist sein Wissen als der absolute Geist weiß"[40]. Gerade weil hier ein anderer weiß und denkt, haben wir

---

[40] Philos. d. Rel. Werke, 1832, Bd. 11, S. 122.

Zugang zu diesem Wissen und Denken nur auf dem Umweg über das *Vertrauen* zu deren Subjekt, über das Vertrauen zu eben diesem *Andern*.

Man könnte nun den Verdacht hegen, es gehe bei dieser Interpretation des Wortes „Gott" um den Versuch, mit Hilfe einer mehr oder weniger raffinierten Spekulation eine bestimmte Aporie unseres Denkens zu überwinden. Wir meinen jene Schwierigkeit, die darin besteht, daß wir einerseits die Frage nach Einheit und Sinn der Welt um unserer Personalität willen stellen *müssen,* daß wir aber andererseits dann, wenn wir in Gestalt einer Weltformel Antwort auf diese Frage gefunden zu haben meinen (eine materialistische, idealistische oder wie immer beschaffene Antwort) jene Personalität zugleich *aufheben*. Könnte es nun nicht so sein, daß der Gottesgedanke ein spekulativer Versuch wäre, das so unvereinbar Scheinende dennoch zu vereinen?

Dieser Verdacht würde sich sicher bestätigen, wenn der Gottesgedanke beim Versuch der Weltinterpretation oder auch der Interpretation menschlicher Existenz als denkerische Hilfskonstruktion zustande käme. Was sich bei interpretatorischen Bemühungen dieser Art ergibt, ist jedoch stets der zitierte „Gott der Philosophen", jener Gott also, der gerade nicht die definierte Idee des Weltgrundes transzendiert, sondern in dieser Idee aufgeht. *Unser* Versuch dagegen, das Wort „Gott" sub specie von Sinn und Einheit des Weltgeschehens zu interpretieren, wurde im Hinblick auf den Gott der Bibel vollzogen, der sich von jener Idee grundlegend unterscheidet:

Wenn wir ihn mit den Begriffen Verstehen, Liebe und Freiheit umschreiben, um damit dasjenige hervorzuheben, was ihn gerade vom Gott der Philosophen abhebt, dann legt schon dies die Vermutung nahe, daß der so verstandene Gott sich *nicht* als regulative Idee im Zuge einer Weltinterpretation ergeben habe. Wie aber kommt es denn *dann* zum Glauben an diesen Gott?

Wir antworten auf diese Frage vorläufig so – das Genauere wird sich bei Überlegungen zum „Namen" und zur „Person" Gottes ergeben –, daß wir sagen:

Dieser Glaube ergibt sich durch die Unmittelbarkeit und Evidenz jener Selbsterschließung, die wir „Offenbarung" nennen: Gott gibt sich in seiner Doxa kund (Ex 33,12 ff.); er stellt sich mit seinem Namen vor wie im brennenden Dornbusch (Ex 3,13 ff.); er erscheint in der Gestalt Christi und läßt sie seinen „Spiegel" sein (Luther). Daß dieser Gott, wo immer von ihm biblisch die Rede ist, sich als der erschließt, der dem Menschen und dem Kosmos in allen seinen

Dimensionen zugewandt ist, ergibt sich erst von dieser vorgängigen Begegnung aus. Entsprechend sind auch alle Reflexionen, mit deren Hilfe nun das Weltgeschehen und die eigene Existenz in dem so erschienenen Licht interpretiert werden[41], von jener vorgängigen Begegnung ausgelöst und ihr deshalb betont nachgeordnet. So versteht Israel seine Geschichte als eine Abfolge von Gotteserfahrungen, so gedenkt es in den Rätseln des Augenblicks der „größeren Wunder" (Ps 77, 13) und tröstet sich in der Undurchsichtigkeit der Gegenwart mit dem Rückblick auf erfahrene Führung. Was so im Moment des Erlebens undurchschaubar ist, kann im Rückblick sich öffnen (Joh 12, 16), wird ab gewiß im „Hernach" erfahren werden (Joh 13, 7).

So leitet der Glaube ins Verstehen, so erschließt er auch Weltverständnis, obwohl das Höher-sein der Gedanken Gottes ständig die Schranke für den Versuch bleibt, eine durchgängige theologische Weltdeutung zu vollziehen und Gottes Gedanken so doch wieder in eigene Gedanken ein- und in ihnen aufgehen zu lassen. Dort, wo sich Verstehen von Welt und Geschichte in diesem Licht ergibt, ist es nicht ein „Erraten" oder eine Aufschlüsselung mit Hilfe des als Weltformel mißbrauchten Gottesgedankens. Nein: wo sich jenes Verstehen ereignet, geht es um Zeichen und Signale, die uns „gegeben" werden. Erst im Heiligtum geht dem Psalmisten etwas davon auf, daß die Verteilung von Lohn und Strafe in der Welt nicht völlig undurchschaubar ist, sondern daß uns Vorschattungen der göttlichen Gerichte vor Augen gehalten werden (Ps 73, 17 ff.; Jer 2, 19) oder daß ein göttliches Vorhaben signalisiert wird (Joh 9,2).

Wenn man einmal – allerdings in äußerst zugespitzter Form – die Frage stellt, in welcher Weise denn hier ein „Rückschlußverfahren" getätigt werde, dann kann man nur antworten: Sicher nicht im Stile der natürlichen Theologie, nämlich nicht so, daß aus der Beobachtung von Natur und Geschichte auf Gott zurückgeschlossen würde, sondern so (*wenn* man denn den dubiosen Begriff „Rückschlußverfahren" vorübergehend einmal in Kauf nimmt), daß von einer Begegnung mit dem sich erschließenden Gott und im Lichte dieser Begegnung nun rückgeschlossen wird auf die Weise, wie die von Gott geschaffene und geführte Welt nun zu verstehen sei, was man von ihren Ordnungen und Unordnungen, von Schuld- und Schicksalsverkettungen, von Cyrus und Nebukadnezar und andern Wundermännern zu halten habe. Erst im Rahmen *dieses* „Rückschlus-

---

[41] „In deinem Lichte sehen wir das Licht" (Ps 36, 10).

ses" wird nun auch die Frage akut, warum jene Wirklichkeit, die wir mit „Gott" meinen, nie identisch sein könne mit einer Idee oder einer innerweltlichen Größe und warum gerade *das* an Gott, was so alles Seiende und Geltende überschreite, es möglich mache, jene Denkschwierigkeit zu überwinden, von der wir sprachen: nämlich Einheit und Sinnhaftigkeit der Weltprozesse zu denken, ohne daß Personhaftigkeit, Unbedingtheit und Subjekthaftigkeit menschlicher Existenz dabei aufgegeben würden. Wir fanden dafür die Formel: Wir wissen nicht den Sinn, aber wir glauben an den, der den Sinn weiß. Und wir glauben an ihn nicht, weil wir von der *Weltinterpretation* her auf diese spekulative Auflösungsmöglichkeit gestoßen wären, sondern wir glauben an ihn um seiner Selbstkundgabe willen und sehen im Licht dieser Kundgabe die Welt neu.

Zweitens: Gott und das Gute

Auch bei der Frage nach dem Guten kann sich keine Antwort ergeben, die Gott als eine bloß synonyme Umschreibung des Guten erscheinen ließe. Auch hier bleibt ein transzendierendes Moment, das im Begriff des Guten nicht aufgeht.

In der Matthäus-Version stellt der reiche Jüngling an Jesus diese Frage nach diesem Guten: „Welches Gute soll ich tun, um ewiges Leben zu haben?" [42] Die Antwort lautet: „Was fragst du mich nach dem Guten? Einer ist allein der Gute" (19, 17). [43] Ist also Gott hier einfach die Antwort auf die Frage nach dem Guten, so daß er nichts anderes wäre als eben dies Gute, und der reiche Jüngling genau *ihn* mit seiner Frage nach dem Guten gemeint hätte? Wäre Gott also die Personifizierung – um nicht zu sagen: die Mythisierung – der Norm des Guten?

Sollte es so sein, dann müßte Gott auch hier wieder durch diese Norm ablösbar sein, sobald sie der autonomen Einsicht des Menschen verfügbar geworden wäre. In dieser Perikope ist Gott aber schon dem Wortlaut nach mehr und anders als die bloße Norm des Guten. In zwei wesentlichen Nuancen weist der Text auf diese Differenz hin:

Einmal wird Gott nicht als „das" Gute (im Sinne der Umschreibung einer neutrischen Norm), sondern als „der" Gute (im Sinne eines personalen Charakters) bezeichnet. Das Gute erscheint hier als eigenschaftliches Akzidenz seiner Person, und zwar so, daß es nur und allein *hier*, nun an und in *ihm* gegeben ist (nur „Einer" ist der

[42] ti agathon, Mt 19,16.
[43] Vgl. Mk 10, 18 (oudeis agathos ei me heis ho theos) u. Lk 18, 19.

Gute). Das bedeutet, daß das Gute nicht abgesehen von ihm existiert und auch nicht abgesehen von ihm zu erkennen ist, daß es also nicht im Sinne einer allgemein geltenden und jedermann zugänglichen Norm, sondern nur in Verbindung mit dieser Person „Gott" definiert werden kann. So gewiß Gott aber nicht allgemein zugänglich ist, sondern sich entbergen und offenbar machen muß [44], wenn uns seine Gegenwart zuteil werden soll, so ist uns auch das in ihm definierte Gute von Haus aus – d. h. von unserm „natürlichen" Haus aus – entzogen und wird uns nur in der Selbsterschließung Gottes mit erschlossen.

Damit hängt die *zweite* Nuance in jener Text-Aussage zusammen: Wenn das so gemeinte Gute nur vom Wesen dieser Person her, an die es so konstitutiv gebunden ist, bestimmt werden kann, dann ist es nicht mehr möglich zu sagen: Gott ist gut, weil er einer ihm vorgegebenen (und darum auch unabhängig von ihm einsehbaren) Norm des Guten entspräche. Vielmehr muß man jetzt sagen: Das, was gut ist, wird in seinem Wesen durch Gott selbst bestimmt; es wird nicht als „das" Gute, sondern es wird – im personalen Sinn – als „der" Gute charakterisiert [45]. Zur Illustration dessen, was mit dem Begriff „der" Gute gemeint ist, mag man an die Selbstentäußerung Gottes [46], an seine Liebe, an sein Für-den-Menschen-da-sein denken [47].

Diese Umkehrung der Definitionsrichtung entspricht genau der Wendung, die im Verhältnis der altchristlichen Apologeten zum Johannes-Evangelium zutage tritt [48]:

Die Apologeten (Justinus Martyr, Tatian) begreifen den Logos als eine Größe, die alles Seiende durchwaltet und entsprechend dem Noûs der Philosophen zugänglich ist. Christus wird dann als die Repräsentation dieses Weltlogos beschrieben. Er legitimiert sich geradezu durch diese seine Repräsentation, er wird durch sie zum „Gottessohn der Philosophen" und wird dem spekulativen Zugriff der Vernunft im gleichen Sinne zugänglich, wie es auch der kosmische Logos ist. – Während also hier Christus durch den Logos definiert wird, verfährt das Johannes-Evangelium genau umgekehrt: Der Logos ist das von Gott gesprochene und in Christus inkarnierte

[44] Jes 29, 14; Mt 11, 25 ff.; Lk 10, 21; Joh 17, 25; 18, 37.
[45] Diese Unterscheidung erinnert an die Problematik des Guten, wie sie im thomistisch-skotistischen Streit ausgetragen wurde. Vgl. dazu ThE I, § 1869 ff.
[46] Joh 3, 16; Röm 5, 8; 8, 32; 1 Joh 4, 9.
[47] Erst in zweiter Linie käme das in Betracht, was in den loci der Lehre von den „Eigenschaften Gottes" aufzutauchen pflegt.
[48] EvGl I, S. 161 f.

Wort (Joh 1, 1 ff.) und „ein für allemal" (eph` hapax) daran gebunden, nur *hier* gegeben und durch seine Selbsterschließung nur *hier* der Einsicht offen. Wer (nicht „was"!) der Logos ist, wird durch Christus definiert, genauer: durch den inkarnierten Logos, durch eine Person, in der sich Gott erschließt und präsent wird. Was hier vom Logos in seinem Verhältnis zu Christus gilt, das ist genauso vom Guten in seinem Verhältnis zu Gott zu sagen.

Die Art und Weise nun, in der sich Gott jeder Identifizierung mit einer allgemeinen und vorgegebenen Norm des Guten entzieht, muß nun noch näher verdeutlicht werden. Ein bloßer Hinweis auf das „Daß" kann ja nicht genügen. Denn jenes Überschießende, das in dem Wort „Gott" *mehr* besagen möchte, als die bloße Norm des Guten auszusprechen vermag, könnte ja immer noch ein nichts besagender mythologischer Rand sein. Dann aber wäre es doch wünschenswert, diesen Rand zu beseitigen, so daß die Norm als schlakkenlose, nur ethische Größe in Erscheinung treten könnte. Deshalb ergibt sich die Frage, welchen *Sinn* dasjenige habe, worin das Wort „Gott" die Norm des Guten transzendiert und womit es sich jeder Ineinssetzung mit dieser Norm widersetzt[49].

Zwei Gesichtspunkte sind hier beachtlich:

(I.) *Einmal:* Das Gute begegnet uns im ethischen Bereich nur innerhalb der Polarität Gut-Böse. Das Gute zu wollen (ja es auch nur zu denken), muß immer auch heißen, das Böse nicht zu wollen und so das Gute als Gegensatz zum Bösen zu denken. Diese Integration des Guten in die Gut-Böse-Polarität wird bereits daran erkennbar, daß wir alles ethische Sollen nur als einen *Protest* verstehen können: Der Mensch soll *nicht* so sein, wie er ist. Das Sein-sollen ist stets auch als ein *Nicht*-sein-sollen zu denken, als Auseinandersetzung des Menschen mit seinem So-sein. Die Gesetze des Dekalogs enthüllen diesen Protest-Charakter des Sollens geradezu rigoros, da sie im Wesentlichen negativ formuliert sind: „Du sollst *nicht*…" Sie beziehen sich auf den Menschen, insofern er den Sündenfall im Rücken hat und nun vernehmen muß: Du sollst *nicht* so sein, wie du bist[50]. Aber auch in Kants Kategorischem Imperativ ist diese negative Tendenz des Sollens deutlich genug akzentuiert: Die Personhaftigkeit des Menschen erweist sich gerade darin, daß er sich *nicht* so annimmt, wie er ist, daß er gegen Triebhaftigkeit, Eudämonismus und laisser-faire seiner Natur aufbegehrt. Ja, die Signatur seiner Huma-

---

49 Vgl. zum Folgenden auch EvGl I, S. 179 ff.
50 Zur negativen Struktur des Dekalogs: ThE I, § 2163 ff.

nität besteht gerade darin, daß er in diesen Kampf mit sich selbst verwickelt ist, und er ist um so menschlicher, je höher die Intensität dieser Auseinandersetzung mit sich selbst ist.

Wie aber sollte sich nun Gott im Rahmen der so vorausgesetzten Gut-Böse-Polarität denken lassen?

Hier zeigt sich dasselbe, was wir bei früheren Anlässen bereits fanden: Überall, wo Gott in ein ihm vorgegebenes Schema einbezogen wird, da weist man diesem Extra-Deum die Rolle des eigentlichen ens realissimum zu, während Gott zur bloß mythischen Umschreibung dieses ens herabsinkt und dann früher oder später überfällig wird [51].

Entweder nämlich wird Gott als Repräsentation dieses polar bestimmten *Guten* verstanden. Dann ist das Böse die selbständig neben ihm existierende Gegenmacht. Er wird im Sinne *Marcions* zur kosmischen Partei, hört aber auf, der alles umgreifende Pantokrator zu sein. Er ist dann – ähnlich wie Odin gegenüber Loki – dem polaren Strukturgesetz des Seins eingefügt und bildet ein Moment innerhalb seiner Dialektik. Er ist allenfalls der Gott *Platos*, der als technítes die ihm vorgegebene Materie gestaltet, aber an die ihm verfügbare Eigenwilligkeit, an das Widerspenstige und gleichsam „Böse" dieser Materie gebunden bleibt. Jedenfalls wäre Gott nicht mehr im Sinne des biblischen Schöpfers zu denken, der aus dem Nichts schafft [51a] und insofern keine Gegebenheit des extra-se oder ante-se kennt, mit dem er rechnen müßte und von dem das Gesetz seines Handelns mit bestimmt werden dürfte.

Oder aber – das wäre die zweite Möglichkeit – Gott würde als Repräsentant der Gut-Böse-Polarität selbst gedacht, sozusagen als der Indifferenzpunkt beider polarer Größen. Dann wäre er die Personifikation des Prinzips der Teleologie, die jener Polarität innewohnt. Das Böse würde dabei als produktiver „Durchgang" (Hegel) zum Guten hin verstanden, als das Stimulanz gleichsam, das zur Entscheidung herausfordert und das Gute erst ermöglicht. Ist Goethes Mephistopheles nicht in diesem Sinne Teil von jener Kraft, „die stets das Böse will und stets das Gute schafft?" Wurde er Faust nicht beigegeben, weil des Menschen Tätigkeit allzuleicht erschlafft, so daß er jenes Gesellen bedarf, der „reizt und wirkt und muß als Teufel schaffen" –? War aus dem gleichen Grunde nicht der Sündenfall für Schiller die „glücklichste Tat der Weltgeschichte", weil sie den

[51] Außer im vorliegenden Kapitel wird dieser Vorgang genauer dargestellt bei unserer Kant- und Heine-Interpretation, EvGl I, S. 387–397.
[51a] ThE I, § 712–762; 1330–1353.

Menschen der tierhaften Dämmerung des Paradieses entnahm und ihm Entscheidung ermöglichte, also die conditio sine qua non seiner Menschlichkeit zur Verfügung stellte? Bedurfte der verlorene Sohn – in der Version André *Gides* – nicht geradezu der Fremde, um die produktive Gut-Böse-Polarität zu durchschreiten und durch alle Entfremdung hindurch das Gute seiner Identität zu gewinnen?

Indem Gott so wieder mit einer allgemeinen Idee – hier mit der Teleologie von Gut und Böse – identifiziert wird, ist er einem ens realissimum unterstellt, das stärker ist als er und ihn im Gefüge des Seins bloß ein dilatorisch Seiendes oder auch nur die Chiffre dieses Gefüges bilden läßt. Und wiederum ist zu sagen: Der Gott der Bibel fügt sich dieser Schematisierung, fügt sich dieser Subsumption *nicht*. Statt der Indifferenzpunkt zwischen Gut und Böse zu sein, entbrennt die ira Dei wider das Böse. Und dieses Böse wird nicht dadurch überwunden, daß es – wie bei Gides „Verlorenem Sohn" – in seiner schöpferischen Finalität enthüllt würde, sondern so, daß es als eben dieses Böse unbeschönigt stehen bleibt, aber vergeben und in Liebe überwunden wird (Lk 15,20f.).

Wie auch immer man so die Identifizierung des Wortes „Gott" im Zusammenhang der Gut-Böse-Polarität vollziehen mag, ob man Gott mit dem Guten als dem positiven Kontrast oder aber mit der Polarität selbst ineins setzt: die Rechnung geht nicht auf, der Gott der Bibel ist mit keinem von beidem zur Kongruenz zu bringen. Die Momente, in denen sein Bild „*über*steht", sind allzu offenkundig.

Aber wieso steht er über, und was bedeuten diese Momente des *Über*stehens?

Der Gott der Bibel *relativiert* die Gut-Böse-Polarität, besser: er „richtet" sie, statt sich ihr einzuschließen. Was mit diesem Satze gesagt sein soll, ist dies:

Wenn Gott aus dem Nichts erschafft, dann gehört der also Erschaffene ihm ganz, dann hat er sich ihm so zurückzugeben, wie er sich von ihm empfangen hat. Hat er sich entfremdet und veruntreut, kann er nicht mehr entschuldigend auf Realitäten verweisen, die dem Schöpfungsakt Gottes entzogen waren und also ohne menschliche Schuld zum Zuge gekommen sind. Er kann z. B. nicht auf die „Materie" verweisen, die ihn herabzieht und die ohne seine Schuld als Mitgift seiner Existenz wirksam ist. Er kann auch nicht schicksalhafte Fluchmächte vorbringen, die der Welt von Anbeginn innewohnen (so wie das der Germane konnte, wenn er darauf hinwies, daß die Welt aus der Leiche des ermordeten Riesen Ymir gemacht sei [52]. Vielmehr steht der Mensch unbedingt und sich total schuldend Gott gegenüber.

Indem er sich aber so zwischen Gut und Böse gestellt sieht, entdeckt er das Böse in sich als etwas, das Gott zweifellos nicht aus dem nihil herausgerufen hat. Mephistopheles ist *nicht* sein Geschöpf. Denn Gott *will* das Böse nicht. Der Mensch mag sein Sollen wider das Böse entbieten, wie *Kant* das tut, aber es ist ja *in* ihm. Er ist konstitutionell an es gebunden. Sein Handeln mag sich als lückenloser Protest dagegen vollziehen. Aber das, wogegen er protestiert, ist eben *auch* ein Stück seiner selbst, er muß auch zu ihm sagen: „Ich" bin es.

Paulus kann einen Augenblick lang, gleichsam im Experiment, sagen: Hier bin ich, und da ist das Böse in mir, da ist „die Sünde in meinen Gebeinen". Für einen kurzen Moment läßt er die Sünde fast als eine mythische Macht erscheinen, mit der er sich konfrontiert sieht und die er nicht selber ist [53]. Sein eigentliches Selbst scheint sich in dem zu erschöpfen, was in ihm die Sünde *nicht* will, was sich gegen sie auflehnt. Tut er dann aber dieses Nicht-gewollte doch, (Röm 7,15 ff.), so scheint sich eine Macht außerhalb seiner, über die er nicht verfügt und für die er nicht verantwortlich sein kann, seiner zu bemächtigen. Er findet dieses Böse zwar in sich vor, doch erscheint es einen Augenblick lang wie der Partisan einer andern und fremden Macht, der hinter die Front seines Selbst gelangt ist. Aber eben nur einen „Augenblick"! Denn der Abschnitt schließt mit dem Wort: Ich unglücklicher Mensch, wer wird mich erlösen vom Leibe dieses Todes (7,24). Hier sagt er wieder „Ich" zu sich und bezeichnet das Gefäß, in dem das Böse enthalten ist, als „seinen" Leib. Die vorübergehende Distanzierung zwischen sich selbst und dem in sich bemerkten Bösen wird feierlich rückgängig gemacht. Er ist nun genötigt, sich mit diesem Bösen zu identifizieren – genauer: er wäre es, wenn ihm nicht der Sieg durch Christus gegeben, wenn er dadurch nicht eine neue Kreatur geworden wäre und entsprechend auch eine neue Identität erlangt hätte [54].

Daß ich so „ich" sagen muß zu dem potentiell und auf der Lauer liegenden Bösen in mir, zeigen die Radikalisierungen des mosaischen Nomos in der Bergpredigt: Wer seinem Bruder zürnt, selbst wenn er handelnd dann anders und versöhnlich verfährt, entzieht Gott ein Stück seiner selbst, oder vielmehr: er *ist* ihm in diesem Stück

[52] ThE I, § 1339 ff.
[53] Röm 7, 17.20–23.
[54] Röm 7,24 b; Gal 2,20; 2 Kor 5,17.

entzogen (Mt 5,21 ff.). „Wer ein Weib ansiehet, ihrer zu begehren", hat sich aus der Ordnung Gottes emanzipiert, selbst wenn er handelnd darüber hinwegkommt und keinen physischen Ehebruch begeht (5,27 ff.).

So ist es mir nicht möglich, nur zu meinem ethischen und gleichsam höheren Selbst „ich" zu sagen, zu jenem Selbst also, das in Gesinnung und Handeln sein Ja zum Guten spricht. Auch das, wogegen ich in Gesinnung und Handeln protestiere und was als „Gedanken des Herzens" unterhalb dieser Zone willentlicher Selbstverfügung ist [55], gehört zu mir. Ich kann es angesichts dessen, der die Welt aus dem Nichts rief, nicht auf ein Schicksal außerhalb meiner oder gar auf Gott als prima causa zurückführen [56]. Auch das potentiell Böse ist – weit entfernt, nur „Material der Pflichterfüllung" und damit produktiv zu sein – Teil meiner selbst. Es läßt mich nicht mehr ganz dem gehören, dem ich mich ganz schulde. Es kann keine Rede mehr davon sein, daß ich ihm von „ganzen Herzen, ganzer Seele und ganzem Gemüt" zugeeignet wäre (Mt 22,27; Dt 6,4).

Deshalb wird die Gut-Böse-Polarität hier in einem letzten Sinne in Frage gestellt: Wo die Konfrontation von Gut und Böse statt hat, da ist schon die völlige Zuneigung an Gott, da *ist* schon die Eindeutigkeit des Geschöpf-seins zerbrochen. Sehe ich mich im Lichte Gottes, erschrecke ich über die dunklen Möglichkeiten, die ich in mir angelegt sehe. Denn in diesem Lichte erfahre ich meine eigentliche Identität; und die Selbstidentifizierung, zu der ich mich hier genötigt sehe, ist im ersten Akt ein vernichtendes Werk des Gesetzes, sie ist Gericht: Ich muß auch zu dem in mir, was Gott *nicht* will und worin ich ihm entzogen bin, „ich" sagen.

Wo dagegen die Gut-Böse-Polarität als ens realissimum an die *Stelle* Gottes tritt, wird jene Selbstidentifizierung in ihrer Radikalität aufgehoben: Da identifiziere ich mich nur mit mir als sittlichem Subjekt meiner Gesinnung. Die Folge davon ist, daß ich das potential Böse in mir in die Distanz des Nicht-mir-zugehörigen verweisen muß: Es ist Erbgut, über das ich nicht verfüge, es sind Milieuschäden oder andere Schicksalshypotheken, es sind – kantisch gesprochen – „Anlagen", die ich mir nicht zu imputieren und zu denen ich nicht „ich" zu sagen brauche [57]. Die Herrschaft der Gut-Böse-Polarität bringt es mit sich, daß bestimmte Dimensionen des Ich als ethisch

---

[55] Mt 15,19; Mk 7,21; Lk 9,47; vgl. auch Röm 2,15.
[56] Adalbert Stifter hat in Bunten Steinen (Novelle „Zuversicht") dichterisch gestaltet, in welcher Art auch die unterbewußten Tendenzen des Ich zu mir gehören.
[57] Zum Begriff der „Anlagen" bei Kant vgl. ThE I, § 1612 ff.; Gesch. u. Existenz, 2. Aufl. 1964, S. 68 ff.

nicht zur Person gehörig ausgegliedert werden. In diesem Sinne wird das, was wir als radikale Selbstidentifizierung bezeichneten, zerbrochen.

Die Sündenfall-Geschichte der Bibel enthält hintergründige Hinweise darauf: Hier ist es nämlich die *Schlange,* die das Wissen um Gut und Böse einführt und mit deren Sieg jene Polarität in Kraft gesetzt wird (Gen 3, 5). Im Urstande ist der aus den Schöpferhänden Gottes entlassene Mensch noch „ganz" auf ihn hingeordnet. Er „lebt, webt und ist" in ursprünglicher Eindeutigkeit in ihm. Die Stunde, in der sein Eigen-sein erwacht und sich aus der Umfangenheit durch Gott emanzipiert, ist noch nicht angebrochen. Noch ist er gleichsam in ewiger Liturgie auf Gott hingewandt. Das Wissen um Gut und Böse ist noch nicht relevant, weil das Böse noch keine Aktualität hat. Erst indem der Mensch den Baum des Wissens um Gut und Böse berührt und sich wider ein Verbot Gottes auflehnt, *gibt* es das Wissen um Gut und Böse und tritt die Polarität in Kraft. Das heißt: dieses Wissen entsteht in dem gleichen Augenblick, wo das Böse sich aktualisiert und der Mensch sich dem Schöpfer entzieht. Das Wissen um Gut und Böse ist nicht „theoretisch", sondern nur „in actu", im Vollzug, und das heißt: es ist so zu haben, daß der Mensch seine geschöpfliche Eindeutigkeit preisgibt und sich dem Zwiespalt überantwortet.

Hier ist also in „rückwärts gewandter Prophetie" die Geschichtlichkeit des Menschen interpretiert: Diese seine Geschichtlichkeit vollzieht sich „jetzt" im Rahmen der Gut-Böse-Polarität. Hier aber wird dieses sein So-sein in toto in Frage gestellt: Trägt nicht das, was wir als Polarität und „Fruchtbarkeit des Gegensatzes" aufzufassen wagen, zugleich dunkle Schatten an sich: Zeigt der Mensch sich nicht in seiner Gebundenheit, in seiner Fesselung an diese Polarität? Kann er sich also je selbst überwinden und ein anderer werden? Kann er das Böse in sich je loswerden, auch wenn er im Namen sittlicher Imperative dagegen angeht? Wird dieses „dunkle Zeichen einer fernen Macht" ihm nicht immerdar anhaften und das Werden eines utopisch-neuen Menschen verhindern? Bleibt es beispielsweise nicht ein dunkles Zeichen, daß man den Krieg als den Vater aller Dinge bezeichnen konnte, um damit anzudeuten, daß der Mensch nur in der Frustration sein Äußerstes leiste und so der Gegensätze (einschließlich des Bösen und Fragwürdigen) bedürfe? Und ist es nicht im gleichen Sinne jenes dunkle Zeichen, wenn der Egoismus die elementarste Triebkraft der Geschichte und insofern auch des Fortschritts (aber nicht *nur* des Fortschritts) ist?

Hier wird es evident, daß und inwiefern das Wort „Gott" mehr und anderes besagt als die bloße Idee des Guten. Gott stellt das vom Menschen gemeinte Gute in Frage, weil er den Rahmen, innerhalb dessen dieses Gute auftaucht, in seiner Fragwürdigkeit sichtbar werden läßt und ihn jener Idealisierung entzieht, die die Gut-Böse-Polarität zum schöpferischen Lebensimpuls des Seins verklärt und zum teleologischen Prinzip hochspielt.

Aber es geht nicht nur um das „Gesetz", durch das Gott das Gute samt seinem Rahmen in Frage stellt, sondern es geht auch um das „Evangelium", in dem er die *neue* Gestalt des Guten auf den Plan ruft. Diese neue Gestalt ist die Wiedererweckung der verlorenen Eindeutigkeit. Sie ist in der Liebe als „der Erfüllung des Gesetzes" gegeben [58].

Wer liebt, ist ja ganz *im* Akte seines Liebens. Es gibt dann keine Dimension seines Ich, die protestierend niedergerungen werden müßte. Insofern eignet dem Akt der Liebe, um mit Luther zu reden, promptitudo und Spontaneität. Auch wenn von dieser Liebe gelten muß: „Nicht daß ich's schon ergriffen habe... ich jage ihm aber nach, ob ich's wohl ergreifen möchte, nachdem ich von Jesus Christus ergriffen bin" (Phil 3, 12), so ist die neue Eindeutigkeit der Liebe doch als Verheißung gegeben, und die Erfüllungsgeschichte dieser Verheißung hat schon zu laufen begonnen: Ich *bin* von Christus bereits ergriffen, darum kann ich auch meinerseits ergreifen; ich *bin* geliebt, darum kann ich wiederlieben (1 Joh 4, 19). Der Hinweis, daß ich so ergriffen sei, zeigt auf den *Grund* dieses Vermögens zur Liebe und damit der neuen Eindeutigkeit: Diese Liebe entstammt nicht einer ethischen Tat, durch die ich sie mir abränge. Denn täte ich das, würde ich sie gerade dort angesiedelt sehen, wohin sie notorisch *nicht* gehört: nämlich in der Gut-Böse-Relation und damit im Kampf des Menschen mit sich selbst, also in jenem Zwiespalt, den die neue Eindeutigkeit doch gerade aufhebt. Sondern diese Liebe entsteht als Antwort und Reaktion des Menschen auf eine Liebe, die *ihn* ergreift (1 Joh 4, 10). Sie ist, wenn man so will, der subjektive Reflex dessen, daß Gott uns in Christus ein objectum amabile, ein „liebenswerter Gegenstand" geworden ist [59].

Das Wort „Gott" gibt hier also gerade in dem, was die Idee des polar gebundenen Guten transzendiert, den Blick auf die Eigentlichkeit des Menschen, auf seine überwundene Entfremdung, auf die neue Eindeutigkeit frei. Das geschieht in der Botschaft von einem Gotte, der sich mir als Liebe erschließt und darum mein „Wiederlie-

[58] Röm 13, 10; ferner: Mt 19,19; 22, 34–40; Mk 12,31; Gal 5,14; Jak 2,8.

[59] Conf. Aug., Apol., Art. III: De dilectione et impletione legis, Nr. 8.

ben" ermöglicht. So tritt an die Stelle der totalen Infragestellung das neue totale Ja, das wir auch als Rechtfertigung bezeichnen. Das, was in diesem Verständnis des Wortes „Gott" das Gute transzendiert, weist so auf die Ganzheit meines Selbst hin, die ohne ihn, wie die Gut-Böse-Polarität zeigt, in eine „Not" des Zwiespaltes abgleitet, die man dann zur „Tugend" idealisiert und zum Surrogat der verlorenen Ganzheit macht.

Noch in einer letzten Hinsicht tritt das Transzendierende des Wortes „Gott" gegenüber dem Guten hervor: Die mir abgewonnene Liebe, die in die neue Eindeutigkeit geleitet, führt zugleich auf den Mitmenschen zu. Gottes- und Nächstenliebe sind unlösbar miteinander verbunden. „Christus bekennen heißt …: den Menschen, der meiner bedarf, als den Christus anzuerkennen, wie er mir hier und heute entgegentritt; den Anruf der Liebe als Anspruch des Glaubens verstehen."[60] Damit ist gesagt, daß das Gute dieser Hinwendung zum Mitmenschen niemals zu einer eigenständigen, vom Glauben an Gott gelösten Unternehmung werden kann (jedenfalls solange nicht, wie man sein Handeln als „christlich" bestimmt verstanden wissen möchte). Denn als Glaubender sehe ich in meinem Mitmenschen „Christus", ich sehe in ihm den (gerade wenn er mir fremd und unsympathisch ist), den Gott in gleicher Liebe sucht wie mich, dem er genauso vergibt wie mir (Mt 18,21 ff.) und der ebenso „teuer erkauft" ist wie ich (Röm 14,15; 1 Kor 8,11).

Damit ist der Mitmensch für mich verwandelt, er wird Träger einer „fremden Würde", die ihm von Gott her zukommt und die ihn aller bloßen (auch ethischen) Verwertbarkeit entzieht: sei es einer Verwertbarkeit in dem Sinne, daß ich für ihn da bin, damit er für mich da ist (Mt 5,46f.), oder sei es in dem Sinne, daß ich ihm in der Absicht meiner Selbstverwirklichung und Selbstbestätigung gewandt bin[61].

Gott als der Herr der Nächstenliebe transzendiert also auch in dieser Hinsicht bleibend das ethische Motiv und das in ihm gemeinte Gute. Er tut das, weil er durch sein „Zuerst-lieben" dem Mitmenschen als meinem Nächsten einen Sinn verleiht, der mein natürliches Lieben neu qualifiziert und es unmöglich macht, daß Gott in irgendeinem, vielleicht späteren Stadium dieses Liebens aus dem Spiel bleiben könnte. Das will sagen: Es ist unmöglich, daß der Glaube an Gott mich zwar in diese Gestalt der Humanität *hinein*geleitete, dann

[60] Ratzinger, Einführung, S. 167.
[61] Das Letztere tritt im Neuhumanismus von Wilhelm von Humboldt immer wieder etwas penetrant in Erscheinung: Alle ethische Motivation ist auf Verwirklichung der eigenen Entelechie gerichtet. Vgl. seine Briefe.

aber zurückbliebe und durch einen atheistischen Humanismus abgelöst würde – durch einen Humanismus, der von einer allgemeinen Proklamation der Menschenwürde bestimmt wäre. Man könnte auch sagen: Dogmatik und Ethik sind unablösbar ineinander verflochten. *Der Glaube kann nicht durch Mitmenschlichkeit abgelöst werden, weil der Sinn des Mitmenschen in eben diesem Glauben gründet und weil das Wort „Gott" das Wort „Mitmensch" bleibend in seinem Sinn bestimmt.*

Das also ist es, was an dem Worte „Gott" alles wie immer gemeinte Gute, einschließlich der Zuwendung zum Mitmenschen, transzendiert.

(II.) *Ferner:* Das transzendierende Moment gegenüber dem Guten, das dem Worte „Gott" eignet, zeigt sich nicht nur daran, daß Gott sich der ethischen Gut-Böse-Relation entzieht, sondern es wird noch in anderer Weise kenntlich: Ich kann Gott nie „treffen", wenn ich im Namen des Guten nach ihm frage. Um das zu verstehen, müssen wir noch einmal auf die Perikope vom Reichen Jüngling zurückkommen:

Wir haben schon gesehen, daß es Gott ist, nach dem er fragt, wenn er nach dem „ewigen Leben" – also nach einem Leben in der Gemeinschaft mit Gott – fragt. Und er meint diese Frage beantwortet zu bekommen, wenn er das Gute erfährt, dessen Tun diese Verbindung mit Gott bewirkt (Mt 19, 16ff.). Es ist nun sehr bezeichnend, in welcher Weise Jesus hier sichtbar macht, daß die so gestellte Frage an Gott vorbeizielt, oder besser: daß Gott sich dieser Fragestellung entzieht, daß er sie eben „transzendiert".

Zunächst freilich scheint Jesus sich auf die *Ebene* dieser Fragestellung zu begeben, wenn er die Frage nach dem Guten mit dem Hinweis auf die Gebote beantwortet: „Willst du zum Leben eingehen, so halte die Gebote" (19, 17). Die dann erfolgende Replik seines Partners, das habe er doch alles schon getan, was denn nun noch fehle (20) [62], macht sichtbar, daß er diesen „ethischen" Weg vergeblich beschritten und das angestrebte Ziel nicht gefunden hat. Daß Jesus diese Fehlanzeige förmlich provozierte, weist darauf hin, daß seine Anspielung auf den Weg der Gebote „sokratisch" gemeint war. Sie machte das Wissen um die Vergeblichkeit dieses Weges gleichsam virulent.

Warum ist dieser Weg vergeblich? Warum führt er an Gott vorbei?

---

[62] In der Mk-Version heißt es, daß Jesus nach dieser Antwort den Jüngling „ansah und ihn liebte" (10,21).

Die Antwort darauf ergibt sich aus der Aufforderung Jesu: Willst du vollkommen sein, so verkaufe alles, was du hast, gib den Erlös den Armen und erwirb dir so einen Schatz im Himmel. Danach (oder auf diese Weise) möge er ihm nachfolgen (21). Der junge Mann aber „ging betrübt von dannen, denn er hatte viele Güter".

Mit seiner Aufforderung, alles zu verkaufen, macht Jesus den Weg der Gebote, den „ethischen Weg" sozusagen, zunichte, und zwar wieder in „sokratischer Manier": Er zwingt sein Gegenüber zu einer Art Gedankenexperiment. Jesu Aufforderung nötigt nämlich den jungen Mann zu der Frage, in welchem Grade von *Unbedingtheit* es ihm überhaupt um das ewige Leben und damit um Gott gehe. Handelt es sich nur um eine Art philosophischen Interesses, mit dessen Nichtbefriedigung man sich auch abfinden könnte? Oder um die Erfahrung einer bisher nicht ausgefüllten Lebensleere, die zwar bedrängend ist, aber immerhin getragen werden kann? Oder aber geht es dem jungen Mann bei seiner Suche nach Gott um eine Schicksals- und Existenzfrage par excellence, um ein Unternehmen also, mit dessen Erfolg oder Nichterfolg er steht und fällt? Nur wenn die Frage in dieser *Radikalität* gemeint sein sollte, hätte er wirklich nach Gott gefragt. Dann hätte er ihn und den Gewinn des ewigen Lebens wirklich als das Eine verstanden, „was not ist" (Lk 10, 42) und dessen Ausfall für ihn nichts Geringeres als eine Lebenskatastrophe bedeuten würde. Andernfalls wäre Gott für ihn nur Gegenstand *einer* Frage unter *andern* Fragen gewesen – also ähnlich „beiläufig" verstanden wie ein etwaiges elftes Gebot neben den bekannten zehn Geboten. Ein derartiges Zusatzgebot hatte er offenbar im Auge, wenn er nach weiteren Formen des Guten suchte, die über seinen bisherigen Pflichtenkatalog hinausgingen.

Die Entscheidung des jungen Mannes, in welcher dieser *Weisen* er Gott gemeint habe – als radikale oder nur beiläufige Lebensfrage, also möglicherweise *gar nicht* –: diese Entscheidung muß jetzt gefällt und offenkundig gemacht werden, sobald Jesu Aufforderung an ihn ergeht, alles zu verkaufen, was er hat. Das Gedankenexperiment, zu dem er ihn nötigt und das dann Auskunft über die „Qualität" seiner Gottesfrage geben muß, sieht so aus:

Der junge Mann muß nun mit der Sprache heraus, was ihm wichtiger ist: sein Besitz, sein gesellschaftliches Prestige, seine Kultur, sein Lebensstil – *oder* die Frage nach dem ewigen Leben und damit die Gottesfrage selbst. Ist ihm sein Besitz lieber, oder anders ausgedrückt: ist er sich selbst lieber, dann hat er de facto die Gottesfrage gar nicht gestellt, und dann kann er auf dem so eingeschlagenen Weg auch keine Antwort auf diese nicht gestellte Frage finden. Dann hatte er aber auch das „Gute" gar nicht gemeint, nach dem er zu fragen schien. Er hatte es nur im Sinn einer ethischen Quantität gemeint, die durch höhere Anstrengungen gesteigert werden müsse. Aber er hatte das Gute nicht in seiner Eigentlichkeit gemeint, nicht so nämlich, wie es in seiner Definition durch Gott aussieht: als Selbstaufgabe, als unbedingtes und vorbehaltloses „Für-den-andern-da-sein".

Der Mann, mit dem Jesus hier spricht, ist zu dieser Selbstaufgabe nicht bereit: Er ging betrübt von dannen, denn er hatte viele Güter. Er versuchte nach dem Guten und damit nach Gott so zu fragen, daß er dabei von jeder Bereitschaft zur Selbstaufgabe absah. Und darum stellte er diese Frage in Wirklichkeit überhaupt nicht. Er wurde nicht nur daran zuschanden, daß ihm die Antwort versagt blieb, sondern er wurde schon an seiner Frage zuschanden.

Nach Gott und nach dem, was das Wort „Gott" meint, kann ich so offensichtlich nur unter einer doppelten Bedingung fragen: *einmal* nämlich nur so, daß ich nicht dasjenige Gute meine, das mir natürlicherweise „vorschwebt", wenn ich es als eine Art ethischen Quantums im Sinne des Leistungsprinzips verstehe, sondern so, daß ich das Gute meine als das, was es in und durch Gott ist: „Gut ist nur Einer". *Ferner* kann ich die Frage nach dem Guten – nach *diesem* Guten und damit nach Gott – nur radikal stellen, das heißt so, daß ich meine Frage nicht in unverbindlicher, wenngleich durchaus ernsthafter Neugier stelle, sondern in jener *unbedingten* Bereitschaft und Zuwendung, die Gott als das Ein-und-Alles versteht: „So ihr mich von ganzem Herzen suchen werdet, so will ich mich von euch finden lassen" (Jer 29, 13; Dt 4, 29). Wenn Gott Liebe ist, dann kann nach ihm angemessen nur in der gleichen Situation des Liebens und der Hingabe gefragt werden. Dies aber ist bei geteiltem Herzen (dimidium cordis) und gespaltenem Willen nicht möglich: Ich kann nicht Gott lieben *und* den Mammon (Lk 16, 13); ich kann nicht Gott lieben *und* mich selbst. Aus genau diesem Grunde haben die Heiden von Röm 1, 18 ff. die Frage nach Gott verfehlt: also keineswegs deshalb, weil sie nicht genügend spekulativen Aufwand getrieben und nicht auf ihre Weise auch ein Ethos gehabt hätten, sondern ausschließlich deshalb, weil sie auf sich selbst fixiert waren und deshalb Gott „nicht gepriesen und ihm nicht gedankt haben". Theologie, in der es wirklich um den Theos geht, kann nur in einer bestimmten Ausrichtung meiner Existenz getrieben werden. Nur wer aus der Wahrheit „ist", und das heißt hier: wer Gott in Eindeutigkeit will, hört diese Stimme.

1. Die Frage nach Gott endet dann im Leeren, wenn sie von der Annahme ausgeht, Gott sei mit dem von mir gemeinten Guten identisch, er sei nur eine Chiffre für dieses Gute.

2. Andererseits ist mir jenes wahrhaft Gute, das Gott selbst „ist" und das alles von *mir* gemeinte Gute transzendiert, nicht verfügbar. Wenn Gott selbst das Gute ist, dann erfahre ich es nur, wenn er sich mir erschließt. Selbsterschließung Gottes aber kann niemals nur bedeuten, daß mir eine „Lehre" über das Da- und So-sein Gottes zuteil würde, sondern sie vollzieht sich zugleich so, daß meine Existenz „in die Wahrheit" gebracht wird und eine Wandlung zur Selbstaufgabe und zur Offenheit auf Gott hin erfährt. Dies Wunder der Wandlung wird biblisch als das Werk des *Geistes* Gottes umschrieben. Denn dieser Geist erschließt nicht nur das, was „Fleisch und Blut" sich nie selbst sagen können (Mt 16,17), sondern er verleiht auch jene Disposition, die mich meinerseits dem so Erschlossenen öffnet: er vollbringt das Wunder der Neugeburt (Joh 3,3.5), er bewirkt die „neue Kreatur" (2 Kor 5,17) und versetzt in die neue Zoé (Röm 7,8). Er vollzieht also nicht nur eine kognitive, sondern eine ontische Wandlung des Lebens[63]. Diese mir unverfügbare „neue" Existenz ist dadurch charakterisiert, daß es mir allein um Gott geht, daß ich ihn unbedingt wollen und insofern dann auch ihn „meinen", ihn mit meiner Frage anzielen kann, während ich sonst an ihm vorbeiziele und ihn als Chiffre einer Norm, eines Wertes oder eines Telos meiner alten Existenz verstehe.

3. Die Unverfügbarkeit dieser Neudisposition besagt, daß die Frage nach dem ewigen Leben und insofern nach Gott selbst als bloße „Frage des natürlichen Menschen" und als Ausdruck seines „religiösen Interesses" problematisch bleibt. Das zeigte uns der Befund in der Perikope vom Reichen Jüngling: Weil er letztlich aus einer Existenzhaltung nach Gott fragte, die es verhinderte, ihn wirklich zu *meinen*, zielte er an ihm vorbei. Daß er es tat, *konnte* nicht anders sein, weil die natürliche Verfaßtheit unserer Existenz uns nicht erlaubt, dem Bannkreis unseres Selbst und der Selbst-„Liebe" zu entrinnen und deshalb nur nach einem Gotte fragen läßt, der mit dieser Selbstliebe vereinbar ist, sie nicht in Frage stellt und mich als der Nicht-unbedingte auch nicht aus den Bedingungen meiner bisherigen Existenz herausruft. Insofern „ist's bei den Menschen tatsächlich unmöglich" (Mt 19,26), Gott selbst ist die Möglichkeit,

---

[63] Daher ist der Odem Gottes (ruach) als schöpferisch und lebenswirkend verstanden, vgl. Gen 2,7; Sap 15,11; Ps 104,29f.; 146,5; Pred 12,7 u. a.

die diesen Zwang durchbricht. Weil der Mensch von Haus aus so nach der Selbstbestätigung sucht, kommt es in der religio hominis zum „Apfelgott", zur Vergötterung der Kreatur, die sich illegitim als Gott ausgibt. Der so dem Kreaturbereich entnommene, sie lediglich chiffrierende Gott ist der erwünschte Gott „nach Maß", der glatt anliegt, keine Druckstellen ergibt und jede radikale Infragestellung erspart. Denn eine mit sich identische Wirklichkeit – hier die Wirklichkeit des Schöpfungsbereichs – kann sich nicht selbst in Frage stellen [64].

4. Ist es damit aber nicht sinnlos, die Bedeutung des Wortes „Gott" in allgemeiner Weise anzudemonstrieren? Erschließt sich diese Bedeutung nicht nur dann, wenn zugleich jene unverfügbare Disposition auf Gott gegeben ist, oder besser: „Ereignis" wird?

Diese Frage ist sicher insofern berechtigt, als Gott nicht *außerhalb* dieser sich ereignenden Disposition „andemonstriert" werden kann. Die Unmöglichkeit dessen spiegelt sich im Scheitern der sogenannten Gottesbeweise wider. Ihre Unmöglichkeit ist viel tiefer als nur erkenntnistheoretisch (im Kantschen Sinne) zu begründen. Sie hängt vielmehr damit zusammen, daß die von Gott sich emanzipierende Existenz gegenüber der Wirklichkeit Gottes inadäquat und insofern der Wahrheit ihres Seins beraubt ist. Deshalb muß die den Gottesbeweisen zugrundeliegende Frage an Gott vorbeizielen. (Diese Zusammenhänge hat Anselm in seinem – fälschlicherweise so genannten – Gottesbeweis sehr genau gesehen.) [65]

Außerhalb dieser Inadäquatheit und also „allgemein" den Sinn des Wortes „Gott" zu verdeutlichen, kann demnach nur besagen, die Differenz Gottes gegenüber allen andern gegebenen Begriffen (wie etwa dem Begriff des Sinnes oder des Guten) sichtbar zu machen. Das braucht nun keineswegs zu bedeuten, daß wir in diesem Rahmen nur *negativ* von Gott zu reden und also lediglich zu sagen vermöchten, was er *nicht* sei. Vielmehr reflektieren wir auch über die Frage, welchen Sinn es habe, daß es diese Differenz überhaupt *gibt*. Das haben wir etwa bei der Differenz Gottes gegenüber dem Sinn oder dem uns zugänglichen Guten ja auch getan und zu zeigen versucht, daß und inwiefern der Sinn und das Gute die Frage des Menschen nach dem ihn Transzendierenden nicht beantwortet, sondern ihn auf sich selbst fixiert.

[64] Vgl. dazu: Luther, Gr. Katechismus, 1. Gebot. Zu dem hier sich äußernden Verständnis der religio hominis vgl. A. Vossberg, Luthers Kritik aller Religion, 1922, u. E. Wolf, M. Luther, Theol. Ex. Nr. 6; ferner den Aufsatz des Verf. s.: Kritik der natürl. Theol., in: Theol. d. Anfechtg., 1949, S. 14ff.

[65] Vgl. EvGl I, S. 397ff.

In der Differenz Gottes gegenüber jenen Werten und Normen reflektiert sich somit noch eine andere Differenz: der Hiatus nämlich zwischen dem Wissen des Menschen, daß er ein Wesen ist, das sich selbst übersteigt, das sich nicht als gegeben hinnehmen kann, sondern sich ergreifen und auf ein „Etwas" hin entfalten soll – *und* dem andern Wissen (dem freilich von ihm *niedergehaltenen* Wissen [Röm 1, 18]), daß die von ihm erwählten Richtungsziele ihn eben *nicht* transzendieren. Sie sind vielmehr seiner gegebenen Wirklichkeit entnommen und insofern Götter, die lediglich die Rolle einer vergöttlichten Kreatur, gleichsam eines „religiösen Überbaus" spielen.

Diese Differenzen können also sehr wohl Gegenstand einer allgemeinen Überlegung sein und in ihrem Sinn bedacht werden. Insofern sind Reflexionen über den Sinn des Wortes „Gott" durchaus legitim. Sie sind eine unter vielen Formen, in denen der Glaubende den Logos seiner Hoffnung bezeugt und als Logos entfaltet (1 Petr 3, 15 f.), in denen er also zu verstehen gibt (und zwar „jedermann", nicht nur den Christen und Mitglaubenden), daß und inwiefern sein Reden von Gott „verantwortliches" Reden ist, man könnte auch sagen: daß und inwiefern er sich bei dem Worte „Gott" etwas „denkt" und daß es für ihn nicht nur ein unreflektiert gebrauchtes Überlieferungsklischee ist.

Das ist allerdings auch alles, was diese allgemeine Reflexion über das Wort „Gott" auszurichten vermag. Diese Art Rechenschaft über den Logos des Wortes „Gott" ist kein Gottesbeweis. Selbst wenn dieser Logos einsichtig würde, so wäre es doch nur die Einsichtigkeit einer christlichen Gottes-„Idee" und insofern nur Schatten des Eigentlichen. Es bliebe damit noch völlig offen, ob dieser so zu denkenden Gottesidee, ob dieser Repräsentation einer Transzendenz *Realität* zukomme und ob es hier um den Immanuel, den Gott-für-mich gehe, auf den „das ganze Herz und alle Zuversicht" gerichtet sein kann[66]. Der entscheidende Zugang zu Gott ist dort, wo es um mehr und anderes geht als um die bloße Einsicht in die Sinnhaftigkeit des Begriffs, wo es nämlich um das geht, was wir die geistgewirkte „Disposition" der Existenz nannten.

Gleichwohl ist es eine bleibende und sinnvolle Aufgabe, im Vorfeld des Glaubens den Sinn des Wortes „Gott" denkend zu verdeutlichen. Denn nur so kann der, der verkündigend und bekennend von Gott spricht, sichtbar machen, daß es dabei weder um Spezialoffenbarungen noch um das bloße Nachschwätzen traditionellen Geredes geht – beides müßte ja notwendig jede Hörbereitschaft

---

[66] Luther, Gr. Katechismus, 1. Gebot, 13 f.

blockieren und den Hörer von der Irrelevanz solchen Gott-Geredes überzeugen –, sondern daß der also von Gott Redende sich in der Solidarität mit allen Vernünftigen befindet, so gewiß er sich und andern Rechenschaft über den Logos dieses seines Redens gibt.

5. Daß Gott so anders, „transzendierend" anders ist als alle Normen und Werte, die auf der Linie unserer gegebenen Fragestellungen liegen, wird auch durch die Struktur der meisten Dialoge Jesu manifest. Dort, wo man fragend an ihn herantritt – sei es mit der Frage nach dem ewigen Leben oder mit der Frage, wer der Größte sei (Mk 9,33 ff.; Mt 18,1 f.), ob man dem Kaiser Zins geben solle (Mt 22,15 ff.), wer mein Nächster sei (Lk 10,29.36), wie oft man seinem Mitmenschen vergeben solle (Mt 18,21 ff.) – wo man so fragend an ihn herantritt, erfolgt nahezu nie eine unmittelbare Antwort. Diese Antwort stünde ja, wenn sie so unmittelbar gegeben würde, unter der Herrschaft einer vorgegebenen und noch nicht „erlösten" Fragestellung. Da diese so die Fragestellung der „alten" Existenz ist, könnte die Antwort im Rahmen *dieses* Horizontes Gott nicht angemessen bezeugen. Deshalb erfolgt statt einer unmittelbaren Antwort immer wieder eine Gegenfrage, wie wir sie in der Geschichte vom Reichen Jüngling interpretiert haben. Diese Gegenfrage, die äußerlich nicht als Frage formuliert sein muß, sondern sokratisch indirekt sein kann, hat eine *aufdeckende* Funktion: Sie enthüllt die Unangemessenheit der Existenz-Disposition, aus der heraus gefragt wurde. Die gestellte Frage wird so allererst *korrigiert*. Das geschieht so, daß der Mensch selbst sich als der von Gott Gefragte erkennt. An die Stelle der ursprünglichen Frage „Wo ist Gott?" tritt die Gegen-, nein: die vorauslaufende Frage: „Adam, wo bist du?" (Gen 3,9).

6. Wenn Gott so um jener Differenz willen, die ihn von innerweltlichen Normen und Werten unterscheidet, selber das alles Begründende ist, kann er nicht seinerseits begründet werden. Aber auch dieser Aspekt, angesichts dessen die Vernunft schweigen muß, weil ihre Funktion des Begründens ausfällt, ist selbst wieder nicht *ohne* Vernunft. Denn es kann eingesehen werden, daß, *wenn* es eine alles begründende Größe gibt, es nichts geben könne, mit dessen Hilfe sie seinerseits zu begründen sei [67]. Und zugleich kann es ein Appell an unsere Einsicht sein, diese alles begründende Größe zu denken, wenn das, was wir in unsern immanenten Begründungszusammenhängen zu erfassen vermögen, dem Menschen als einem sich selbst

[67] Die mittelalterliche und altprotestantische Scholastik drückte dies durch den Begriff der „Aseität" Gottes aus.

transzendierenden Wesen nicht gerecht wird, wenn es ihn vielmehr zur *Funktion* dieser Zusammenhänge, zum „Durchgang" werden läßt und ihn damit seiner Unbedingtheit beraubt.

Mag dies alles das „dunkle Zeichen einer fernen Macht" sein, aber dieses Zeichen ist aufgerichtet. Dort, wo es um Offenbarung, um Selbsterschließung Gottes geht, tritt an die Stelle des dunklen Zeichens das Wort „Ich bin" und an die Stelle des fragwürdigen Guten „der" Gute. So kann es dahin kommen, daß die göttlichen Gebote ihre einzige und letzte Begründung in jenem Satz erfahren, der wie eine liturgische Litanei jedem Einzelerlaß folgt: Ich bin der Herr, euer Gott (Num 19, 2.4.10.14.18 u. a.). Der auctor legis legitimiert sich nicht durch die Sinnhaftigkeit seiner leges. Sondern diese leges legitimieren und begründen sich durch den selbst nicht mehr begründbaren auctor.

Hier ist der Sprung über jene Schranke getan, die zwischen den Normen, Werten und Göttern der religio hominis und dem sich selbst erschließenden „Ich-bin" Gottes errichtet ist. Alle Reflexionen über den Sinn des Wortes „Gott" können nur diese Schranke und damit zugleich das umkreisen, was durch diese Schranke geschieden und zugleich aufeinander bezogen ist.

Als wichtigster Ertrag unserer Denkbemühung läßt sich wohl dies aussagen:

Obwohl Gott also in relevanter Beziehung zum menschlichen Dasein in allen seinen Dimensionen steht, obwohl von ihm her etwas zum Sinn des Daseins und der Geschichte überhaupt kund wird, obwohl er sich in seinem Bezug zum Guten zu erkennen gibt (indem er „der" Gute ist), obwohl er mit unserm Lieben und unserer Freiheit zu tun hat: so ist er nie mit einer dieser Dimensionen identisch, sondern bleibt von ihnen qualitativ unendlich unterschieden.

Die christliche Theologie ist auf diese Differenz von jeher schon dadurch gestoßen, daß keiner der Begriffe, die zur Umschreibung Gottes und speziell der Trinität herangezogen wurden, dem Ziel dieser begrifflichen Umschreibung wirklich adäquat war. Darum mußte jeder dieser Begriffe – wie etwa die Worte Logos, natura, persona, substantia – einen Bedeutungswandel erleiden: Ihr Sinngehalt wurde von dem her erfüllt, den sie umschreibend ausdrücken sollten. Deshalb läßt sich keine Gotteslehre deduktiv in der Weise entfalten, daß vom gegebenen Begriff der persona die Personhaftigkeit Gottes oder vom Begriff der substantia aus die monotheistische Struktur des christlichen Gottesglaubens abgeleitet würde. Dieser usus normativus der Begriffe würde nur zum Gott der Philosophen führen und ihm gerade *die* Momente rauben, die eine bloß spekulative Ausweitung unserer Welterfahrung und unseres Welterlebens überschreiten. Die genannten Begriffe werden vielmehr umgekehrt in eine dienende Funktion gerufen, zu einem usus instrumentalis beordert. Sie müssen sich ihrer ursprünglichen Sinngehalte, wie wir das beim johanneischen Logos-Begriff sahen, entäußern und ein Novum in sich aufnehmen, das ihr genuiner Wortsinn nicht vorsehen konnte.

Gleichwohl ist ihre Neu-Definition, die sie im Rahmen des Wortes „Gott" erfahren, keineswegs *ohne* Bezug zu dem Sinngehalt, den sie ursprünglich bargen. Der Sinn des stoischen Logos-Begriffs ist durchaus in der johanneischen Neudefinition des Logos „aufgehoben" (im Hegelschen Sinne). Wäre das nicht möglich und hätten diese Begriffe keinerlei Affinität zu dem, was sie nun theologisch oder christologisch bedeuten sollen, dann wären sie ja beliebig austauschbar, ja dann käme es *überhaupt* nicht mehr auf artikulierte Begriffe an, und wir würden der Glossolalie oder dem Dadaismus das Wort reden. Man könnte vielleicht so sagen: „Die Sprache des Glaubens hat die (vom Theater [68], von der Philosophie oder vom allgemeinen Sprachgebrauch) vorbereitete Terminologie angenommen" [69], sich also des Vorhandenen bedient. Aber diese termini müssen gleichsam getauft werden und eine metanoia durchmachen, ehe sie den zugemuteten Dienst zu leisten vermögen [70]. Deshalb geht Gott in keinem vorgegebenen Begriff auf. Das ist einer der Gründe, warum die Bibel statt vom „Begriff" Gott vom „Namen" Gottes spricht. Denn der Name als Kennzeichnung der Person drückt Einmaligkeit, ja er drückt insofern sogar Ausnahme aus, als der Namensträger nicht einfach unter einen Gattungsbegriff subsumierbar, sondern unverwechselbar und unaustauschbar er selbst ist. (Wir kommen darauf noch zurück.)

Der bloße Begriff „Gott" besagt also für sich selbst noch gar nichts. Er ist theologisch leer. Er kann ja auch zur Kennzeichnung einer numinos überhöhten kreatürlichen Wirklichkeit gebraucht

---

[68] Das gilt etwa vom Begriff der persona, der – griechisch „prosopon" – die Maske des Schauspielers bedeutete und damit eine Rolle kennzeichnete.

[69] Ratzinger, a.a.O., S. 129.

[70] E. Schlink hat in seinem Aufsatz „Die Struktur der dogmatischen Aussage als ökumenisches Probl." (KuD, 1957, S. 251ff.) vom doxologischen Charakter des christlichen Begriffsgebrauchs gesprochen. Indem die Begriffe die Aufgabe der Rühmung erhalten und ganz in dieser ihrer *neuen* Intention aufgehen, opfern sie ihren kreatürlichen Inhalt, der sie bisher bestimmte. Wenn die kreatürlichen Gehalte dessen, was etwa die Begriffe Liebe, Gerechtigkeit und Weisheit meinen, auf das ewige Wesen Gottes angewandt werden, machen sie eine Mutation durch.

werden. Das, was wir als „Differenz" Gottes gegenüber *jeder* kreatürlichen Wirklichkeit bezeichneten, braucht der bloßen *Vokabel* „Gott" noch keinesfalls zu eignen. Man sieht ihr auch nicht an, ob sie ein eigenes, „unbedingtes" Verhältnis zu Gott zum Ausdruck bringt oder ob hier nur fromme Tradition mechanisch fortgesponnen wird[71]. In *diesem* Sinne hat *Tillich* sicher recht, wenn er sagt, es könne sowohl Atheismus sein, „die Existenz Gottes zu behaupten", wie es auch Atheismus sein kann, „sie zu leugnen"[72].

Wie ich andernorts dargestellt habe, aktualisiert sich diese Frage in der neueren theologischen Diskussion dadurch, daß man in weiten Kreisen mit fast ausschließlichem Interesse darauf versessen ist, die *„Relevanz"* Gottes zu erweisen. Und man pflegt das in der Weise zu tun, daß man die gesellschaftliche, die mitmenschliche und die im weiteren Sinn ethische Affinität des Wortes „Gott" eruiert. In der Sorge, das Wort möchte ein bloßes Klischee, eine unkritisch übernommene „Vorgabe" sein, lehnt man Gott als personales Gegenüber – etwa als Adressaten des Gebetes[73] – ab und läßt ihn in innerweltlichen Bezügen, vor allem im Bezug der Mitmenschlichkeit, aufgehen. Man meint, gerade dadurch den Namen „Gott" für den berühmten „modernen", allein die Immanenz akzeptierenden Menschen verstehbar zu machen und so diesem Namen neue Chancen zu eröffnen. Im Zuge eines missionarischen Interesses wird hier die „Differenz" aufgehoben.

Man wird sagen dürfen, daß diese Aufhebung um einen unverantwortlich hohen Preis vollzogen wird: um keinen geringeren Preis nämlich als die Preisgabe der Pointe, die dem Worte „Gott" in christlichem Sinne innewohnt. Hier ereignet sich Rückfall ins Heidentum, in die Vergottung kreatürlicher Relationen. So wird der Weg zur Vollendung des Säkularismus lückenlos geebnet: Die im Begriff Gott chiffrierte Mitmenschlichkeit braucht nur im Klartext der Vernunft gelesen werden zu können, um die Chiffre überflüssig zu machen. Wo die Theologie nur noch das sagt, was sich die Welt selber sagen kann, sagt sie *nichts* mehr. Die Füße derer, die sie vollends hinaustragen, stehen schon vor der Tür. Vulgär ausgedrückt: Die „ansprechende" Verpackung, mit deren Hilfe man das Wort „Gott" wieder attraktiv machen und einem neuen Verkaufs-Boom

---

[71] Dies dürfte etwa der Fall sein, wenn nach Umfragen von Meinungsforschungsinstituten die überwiegende Zahl der Deutschen die Existenz eines höheren Wesens annimmt.

[72] System. Theol. I, S. 280.

[73] Vgl. das in EvGL I über P. M. van Buren u. H. Braun Gesagte, bes. S. 140 ff.

zuführen wollte, zeitigt nichts Geringeres als den Ausverkauf zu herabgesetzten Preisen.

Das Wort „Gott" lebt nicht nur aus seiner Affinität zu allen kreatürlichen Dimensionen, sondern auch aus seiner Differenz zu ihnen. Wo die *Affinität* übersehen wird, kommt es zu einem doketisch verblasenen Theismus oder zum Klischee einer erstorbenen, wenn auch weitergeschleppten Tradition. Wo die *Differenz* unterschlagen wird, kommt es nach kurzen Übergangsphasen, während der allerhand Journalisten und Intellektuelle den Freimut und Avantgardismus der also Redenden bestaunen, zur völligen Autarkie einer in sich geschlossenen und nun wirklich atheistischen Weltlichkeit. Die Schrecksekunde, die man mit der Predigt des „weltlichen, allzu weltlichen" Gottes auslöste und während der man eine kurze Aufmerksamkeit erregte, geht schnell vorüber. Die Stille einer Welt, die sich auch ohne ihn verstehen kann, schlägt über ihm zusammen. Das Selbstverständliche verbraucht sich schnell.

Röhricht (Leben angesichts des Todes, 1968, S. 175 ff.) wendet sich mit einem gewissen Recht gegen die These Bonhoeffers, daß Gott nicht in Grenzerfahrungen, nicht im Defizienten, sondern in der Mitte und Fülle des Lebens gefunden werden solle. Wenn der Mensch, meint Röhricht, „in vertaner Zeit, in unaufhebbarer Schuld, endlicher Kraft und in der Gewißheit des Todes" lebe (175), dann werde ihm diese scheinbar erfüllte Wirklichkeit gerade „das Fragliche". Sollte deshalb „ein Mensch ohne Grenzerfahrungen wirklich imstande (sein), auf das Wort von Gott zu hören?" (177). Korrespondiert deshalb die Gotteserfahrung nicht eben dieser Erfahrung des Defizienten, ist *hier* nicht das Moment der Affinität offensichtlich? Man könnte das nur dann bejahen, wenn man gleichzeitig hinzufügt – obgleich das bei Röhricht ungesagt bleibt, dürfte es doch in seinem Sinne sein –, daß diese Defizienz-Erfahrung durchaus nicht auf Gott *hinzuführen* braucht. Daß es in der Tat so ist, sieht man nicht nur an Camus' Absurditätserfahrung, sondern deutlicher vielleicht noch an E. Bloch: Für ihn ist alles Bestehende und Seiende grundsätzlich als defizient erklärt, d.h. es kann im Namen des Prinzips Hoffnung, im Namen der Utopie hinterfragt und überschritten werden. Das führt aber nicht zu Gott als der Hypostase eines „Ens perfectissimum", als der positiven Entsprechung zu jenem Defizienz also, sondern es führt zur Setzung eines utopischen Endes und insofern zur Verzeitlichung, besser: zur Verendzeitlichung des ens realissimum.

So ist die Defizienzerfahrung durchaus ambivalent: Sie kann als Grenzerlebnis auf Gott hin offen oder verschlossen sein. Ja, sie kann auch in *trügerischer* Weise auf ihn hin offen sein und ihn so de facto verschließen. Das ist etwa in dem von Bonhoeffer angenommenen Falle so, wo man die diesseitige Welt erst ihrer Leuchtkraft meint berauben zu müssen, um das himmlische Jerusalem dafür um so heller glänzen zu lassen, wo man erst Klagelieder über die Welt als Jammertal anstimmen muß, um den Himmel desto begehrenswerter zu machen. Das ist deshalb so trügerisch, weil der so in die verdunkelte Welt eingeschmuggelte Gott dann allzuleicht als Ausdruck eines Wunschtraumes und damit im Sinne der Feuerbachschen Illusionstheorie interpretiert werden kann.

Darum wird man die Defizienz-Erfahrung theologisch eher umgekehrt deuten müssen: Das eigentliche Ungenüge menschlichen Daseins geht mir erst *an* der erfahrenen Gottesfülle auf. An dem in Christus präsenten Gott erfahre ich, was Fülle der Liebe ist und in welcher Lieblosigkeit und Selbstbezogenheit menschliches Dasein sich „von Haus aus" vollzieht. An ihm erfahre ich die Verbindung von Macht und Liebe und damit das Kehrbild von deren Trennung, wie die Weltgeschichte es allenthalben bietet.

Was ich so an Defizientem menschlicher Existenz erfahre, wird aber, sofern ich Gott mit ihm in Verbindung gebracht sehe, nicht in *der* Weise geändert, daß ich es durch Korrekturen auffülle, sondern dadurch, daß der Mensch zu einer neuen Kreatur gewandelt wird und sich dieser verheißenen und ihm angebotenen Umschaffung stellt (Röhricht S. 177). Ergänzen, auffüllen und korrigieren kann ich nur durch eigene Aktion. Änderung dagegen muß mir widerfahren.

Die Personhaftigkeit Gottes. Die Problematik des Begriffes „Person" als theologischer Kategorie

Die Anwendung des Personbegriffs auf Gott, seine Bezeichnung als „persönlicher Gott" also, legt sich nach dem bisher Gesagten jedenfalls aus zwei *negativen* Gründen nahe und tauchte deshalb in diesen Zusammenhängen auch bereits auf:

Einmal ist der Begriff „Person" an Sperrigkeit gegenüber Ideen und Postulaten sowie ähnlichen Materialien, aus denen der „Gott der Philosophen" gebildet wird, kaum zu überbieten[74]. Denn dem Personbegriff eignet die Aussage, daß es sich um eine nicht subsumierbare Individualität handle. Freilich ergibt sich damit auch die Frage, der wir uns schon bald stellen müssen, ob nicht gerade deshalb die Anwendung des Personbegriffs auf Gott in anderer Hinsicht wieder kritisch wird: Bedeutet Individualität nicht auch Einschränkung und damit eine die Gottheit Gottes antastende Aussage? –

Ferner legt sich die Anwendung des Personbegriffs auf Gott insofern nahe, als wir schon sahen: Da Gott niemals nur Antwort auf menschliche Fragen ist, sondern in seiner Selbsterschließung allererst die Existenzdisposition für die Frage nach sich *bewirkt*, da er so in die Wahrheit *bringt* und mit der „neuen Kreatur" auch neue

---

[74] So hat es wohl auch Barth gemeint, wenn er sagt: „Der Begriff der Persönlichkeit Gottes ... ist ein Produkt des Kampfes gegen den modernen Naturalismus und Pantheismus", KD I, 1, S. 370.

Fragen auf den Plan ruft, kann das „Wer oder Was" Gottes kaum anders als durch das Wort „Person" ausgedrückt werden. Denn als „Person" ist er eben niemals nur Objekt – z.B. Objekt unseres Fragens, Denkens, Hoffens, Postulierens –, sondern zugleich jenes bewirkende, sich selbst erschließende Subjekt. Nur mit Hilfe des Personbegriffs scheint es auch allein ausdrückbar zu sein, daß Gott Verstehen, Freiheit und Liebe ist. Negativ ausgedrückt, besagt dies: Er ist nicht eine prima causa, die dem von ihm Bewirkten den Charakter eines bloßen effectus verleiht. Vielmehr ist er der Schöpfer, der die Kreatur „Mensch" in ihr Eigensein entläßt und ihr die Bestimmung verleiht, entscheidungsfähiges, seine Bestimmung ergreifendes oder sie verfehlendes Gegenüber zu sein.

Der so sich nahelegende Personbegriff wird freilich auch, wie schon angedeutet, seine Fragwürdigkeiten haben, so daß sich etwa *Tillich* veranlaßt sieht, die Redeweise vom persönlichen Gott zu vermeiden und statt dessen von der „Tiefe" des Seins zu sprechen. Daß der Personbegriff in seiner Anwendung auf Gott so auch gewisse dubiose Seiten hat, kann nach den bisherigen Überlegungen zur Gottesfrage ja nicht mehr zweifelhaft sein: Wenn wir gezeigt haben, daß das Wort „Gott" niemals das Synonym eines andern Wortes wie etwa Norm, Wert usw. sein kann, sondern es allemal übersteigt, dann wird man von vornherein darauf gefaßt sein, daß die gleiche Problematik sich auch auf das Wort „Person" beziehen müsse. Eine Gleichsetzung von Gott und Person oder gar der Versuch, die menschliche „Person" zum Modellbild der Gottesvorstellung zu machen, verbieten sich damit von vornherein. Derart gleichsetzende Relationen würden Gott wiederum zum Abbild des Geschöpflichen im Sinne der religio hominis und des Götzendienstes machen. Gott als alter Mann mit dem langen Bart wäre nur eine karikierende Extremvorstellung, wie sie sich in diesem Rahmen ergeben kann. Ein vom Bilde des Menschen bestimmter Personcharakter Gottes würde so dem Verdikt des Anthropomorphismus unterliegen.

Deshalb können wir von vornherein sagen: Genausowenig, wie Christus durch den Logos-Begriff definiert werden kann, sondern wie er umgekehrt den Sinngehalt dieses Begriffes durch sich selbst bestimmt [75], so ist auch Gott nicht durch einen vorgegebenen Personbegriff zu definieren. Vielmehr verleiht auch hier das Wort „Gott" dem Begriff „Person" eine neue Aussageintention, sobald dieser Begriff zu dem Dienst entboten wird, das Wesen Gottes zu

---

[75] Wir erinnern an das über Joh 1,1 Gesagte.

umschreiben. Auch er wird gleichsam, wie wir früher sagten, „getauft".

Unsere Überlegungen werden sich demnach in zwei Schritten vollziehen. Wir werden erstens die positive und zweitens die negative Eignung des Personbegriffs für eine Aussage über Gott zu bedenken haben.

Die positive und die negative Affinität des Wortes „Person" zur Bezeichnung Gottes

Erstens: Der positive Bezug. Daß das Wort „Gott" als Bezeichnung für Gott eine gewisse Angemessenheit hat, ließ sich schon auf Grund derjenigen Theologien vermuten, die den Personbegriff betont aus diesem Zusammenhang verweisen. Das geschieht etwa bei den theologischen Repräsentanten der Hegelschen Rechten und Linken: bei A. E. *Biedermann*[76] und D. F. *Strauß*[77]. Wenn Gott als der absolute Geist gedacht wird, für den der endliche Geist im Prozeß seiner Selbsterkenntnis nur Durchgang ist, kann der Begriff Person oder Persönlichkeit nur Ausdruck einer inferioren und inadäquaten religiösen Vorstellung sein. Da *Hegel* endlichen und absoluten Geist gewissermaßen auf einer Linie sieht – auf der Linie des Prozesses der Selbstentfaltung –, so bildet er damit das klassische Denkschema, innerhalb dessen Gott dem menschlichen Begriff integriert wird und also aufhört, ihn zu transzendieren. Gerade die so begründete Abwehr des Personbegriffs könnte ihn also empfehlen.

In der Tat soll überall dort, wo von Gott als Person die Rede ist, das alle Begriffe *Transzendierende* in Gott zum Ausdruck gebracht werden:

1. Person-sein Gottes besagt, daß er weder Objekt unseres Denkens sein kann – die sogenannte „natürliche Theologie" führt nur zur religio hominis –, noch daß er Objekt unserer ethischen Bemühung ist, etwa im Sinne der Frage des Reichen Jünglings „Was soll ich Gutes tun, um das ewige Leben zu gewinnen" – dieses Bemühen führt nur zur Werkgerechtigkeit als einer Form von Selbstbestätigung. Vielmehr ist Gott freies Subjekt, das uns bewirkt und in uns wirkt, das also darüber verfügt, uns in jene Wahrheit zu bringen, in der wir „seine Stimme hören" und ihn denken können, sowie unser Wollen und Vollbringen auf sich zu richten (Phil 2, 13)[78].

Damit ist schon angedeutet, daß der Personbegriff hier nur *einen* seiner Sinnbezüge zur Verfügung stellt, um das Wesen Gottes aus-

---

[76] Christl. Dogmatik, 1869, § 618, 715 f.
[77] Die christl. Glaubenslehre, Bd. I, 1840, § 33, S. 502 ff.
[78] Vgl. Barth, KD I,1 S. 143.

zusagen, daß er aber nicht in seiner Gänze kongruent mit dem oder gar normativ für das sein kann, was das Wort „Gott" bedeutet. K. *Barth* setzt sich deshalb mit Recht für diese *begrenzte* Verwendung des Personbegriffs „Person" ein, wenn er sagt, es liege an sich gar nichts an dem Satz: Gott „ist oder hat Persönlichkeit", es liege aber alles an dem Satz: „Gott ist der Liebende." Nicht *daß* Gott Person, sondern *welche bestimmte* Person er sei, müsse gesagt werden. Damit geschehe alles, was nötig sei, auch wenn die Begriffe „Persönlichkeit" oder „Person" überhaupt nicht gebraucht würden[79]. Andererseits wird man die Anwendung des personalen Attributes aber auch nicht zu scheuen brauchen, wenn man sich dessen bewußt bleibt, daß damit nichts anderes geschieht, als was grundsätzlich im Gebrauch der theologischen Sprache *immer* geschieht: daß diese Sprache sich des gegebenen Wort-Inventars (in Gestalt eines usus instrumentalis) „bedient" und als eine Sich-bedienende die ursprünglichen Sinngehalte dieser Worte insofern nicht dominierend, nicht normativ werden läßt. Daß Gott in diesem Sinne freies Subjekt in freier Zuwendung der Liebe sei: mit dieser seiner Sinn-Seite „dient" hier das Wort Person.

2. Der Personbegriff „dient" ferner mit einem *weiteren* Moment seines Sinngehaltes: damit nämlich, daß im Wesen der Person immer die Relation zu einem Du, zu einem andern personalen Gegenüber, eingeschlossen ist. Insofern hat der Begriff „Person" in der alten Trinitäts-Ontologie als Korrektiv des Substanzbegriffs und der durch ihn ausgedrückten substantiellen Einheit Gottes gedient[80]. Gen 1, 26 läßt diesen relationalen Charakter des Wortes „Person" schon darin anklingen, daß Gott in der ersten Person Pluralis und also in Gestalt eines Selbstgespräches von sich spricht: „Laßt uns Menschen machen." Dieses „Wir" bildet gleichsam den Rahmen der johanneischen Christologie[81]:

Wenn der johanneische Christus sagt: „Der Sohn kann nichts aus sich selber tun" (5, 19 u. 20), beschreibt er damit seine Person als reine Relationalität zum Vater. Ja, schon die Begriffe „Vater" und „Sohn" implizieren bereits in sich selbst diesen Bezug: Der Vater ist ja nur insofern Vater, als er auf den Sohn bezogen ist und umgekehrt. Beide sind nicht substantial und entelechisch in sich selbst zentriert, sondern für den andern da und auf den andern hin. Deshalb reicht auch der Substanzbegriff mit seinem Monon-Charakter nicht aus, um die Beziehung Gott-Christus als „Einheit" des gott-

---

[79] KD II, 1, S. 333.
[80] Das hat Ratzinger in geistvoller Weise entfaltet: Einführung S. 142 ff.
[81] A.a.O., S. 145.

heitlichen Wesens zu beschreiben. Man würde deshalb das Eins-sein beider [82] mißverstehen, wollte man es nur im Sinne jener statischen Einheit interpretieren, die auszusagen der Substanzbegriff allein in der Lage ist.

Hier setzt der Person-Gedanke mit seiner Korrektiv-Funktion ein: Gerade weil der Sohn nur auf den Vater hin ist, weil er also nicht in sich selber steht und zentriert ist, sich vielmehr in der immerwährenden Selbstaufgabe befindet, ist er eins mit dem Vater und lebt er eine dialogische, nicht eine monologische Existenz.

Der Personbegriff spielt aber nicht nur in dieser „innertrinitarischen" Relation eine Rolle, sondern auch im Bezug zum Menschen: Entsprechend dem Eins-sein, das Christus mit dem Vater verbindet, bittet er im Hohepriesterlichen Gebet auch darum, daß die Seinen untereinander „eins" würden in ihm (Joh 17,11.21f.). Und wie Christus ohne den Vater nichts tun kann, so gilt ebenso von den Seinen: „Ohne mich könnt ihr nichts tun" (Joh 15,5). Auch sie stehen nicht in sich selbst, sondern sind auf ihn hin und von ihm her. Und genau und nur dies soll durch die Kategorie des Personalen ausgedrückt werden, insofern „Person" immer ein Sein-zum-Du impliziert [83].

Auch wenn das Wort „Person" auf Gott *selbst* bezogen wird, wird dieses Sinn-Moment des Relationalen in Anspruch genommen: Gott bestimmt sich selbst als „Immanuel", als Gott für den Menschen, für sein Volk, für die Welt [84]. Im Ersten Gebot gibt er sich als „mein" Herr und Gott zu erkennen [85]. Er ist der Herr des Bundes, und zwar so, daß er diesen Bund in freier Zuwendung als Stiftung begründet (diatheke), nicht aber so, daß er seinerseits nur als Rechtspartner eines Vertrages (syntheke) fungierte, der unabhängig von ihm und außerhalb seiner bestände [86].

Daß Gott sich so in freier Zuwendung an den Menschen bindet, um der Immanuel zu sein und (im Sinne Luthers) „nichts zurückzuhalten", drückt sich vor allem darin aus, daß er *spricht,* daß er sein Wort ergehen läßt und auch das in freier Souveränität tut. „Er ist der Herr der Wörtlichkeit seines Wortes." [87] Indem er dies sein Wort Fleisch werden läßt, kommt seine Kondeszendenz, seine dialogische

[82] Ich und der Vater sind eins, Joh 10,30; 14,5–11.
[83] Die lutherische Lehre von der communicatio idiomatum bringt diesen relationalen Charakter der Person zu einem extremen Ausdruck; vgl. EvGl I, S. 423ff.
[84] Letzteres Joh 3,16f.; 12,47; 8,12; 9,5; 2Kor 5,19; 1Tim 1,15; 1Joh 4,14.
[85] Althaus, Gottes Gottheit als Sinn der Rechtf.-Lehre Luthers, in: Theol. Aufsätze II, 1935, S. 1f.
[86] O. Procksch, Theol. d. AT, 1950, S. 92.
[87] Barth, KD I, 1, S. 143.

Solidarität mit dem Menschen auf seine Höhe. Und wie er so im Worte begegnet und in sein Wort eingeht[88], so läßt er auch den also Angeredeten wortfähig sein und macht ihn zum Antwortenden, zur „verantwortlichen" Existenz. Er entbietet ihn dazu, diese Antwort dadurch zu geben, daß er Vertrauen und Gehorsam erweist und diese Antwort zugleich in *betender* Anrede gibt: „Ihr sollt mein Antlitz suchen" (Ps 27,8)[89].

Daß der Mensch durch das Wort Gottes so zu einer dialogischen Existenz (M. Buber) wird, eröffnet noch einmal den Blick auf das hier gemeinte personale Moment:

Im Medium des Wortes sind Gott und Mensch als Ich und Du, also als „Personen" aufeinander bezogen. Auch die menschliche Personalität hat in diesem Bezug ihren Grund. Wie anders sollte sie sonst begründet werden als dadurch, daß sie auf die unantastbare Majestät Gottes bezogen ist, durch deren Wort sie selber wortfähig gemacht ist?[90] Wenn wir heute mit dem Begriff der Personalität die Unbedingtheit des Menschen ausdrücken, die ihn von Dingen und Tieren unterscheidet, die ihn unantastbar macht und vor jeder Mittel-zum-Zweck-Funktion bewahrt, dann gründet der damit prokla-

---

[88] Wenn wir so am Personbegriff das dialogische und relationale Element hervorheben, dann gilt gleichwohl selbst von diesem noch, daß es das Wesen Gottes nicht adäquat wiedergibt. Das kommt etwa bei den christologischen Auseinandersetzungen dadurch zum Ausdruck, daß Gott zwar – wie wir eben selbst sagten – „in sein Wort eingeht", daß er aber nicht darin „aufgeht" und in es eingeschlossen ist. Wäre er das, so hieße das ja wieder, daß er sich selbst erübrigte und sich gleichsam in einem andern aufgelöst hätte (so wie manche Theologen meinen, daß er im Bezug zum Mitmenschen aufgehe). Demgegenüber bleibt festzuhalten, daß Gott sich in freier Souveränität (als „Herr der Wörtlichkeit") zum Dialoge, zum Reden und zur Immanuel-Offenheit auf den Menschen hin erschließt. Er geht also in diesem Bezug insofern nicht auf (sondern transzendiert ihn!), als er ständig das freie Subjekt dieses Entschlusses *bleibt*, als er nie der *Gefangene* dieses Entschlusses ist und deshalb auch schweigen und sich zurückziehen kann (Dt 31,18; Hiob 13,24; Spr 1,28; Jr 14,8f.; 15,18; 23,23 u.a.). *Calvin* hat dieses bleibend Transzendierende Gottes in der Formulierung zum Ausdruck gebracht, daß Gott nie nur „ensarkos", sondern immer auch „éksarkos" bleibe. Die Fleischwerdung des Wortes ist für ihn ein personaler Akt des ständigen Sich-hineinbegebens, nie aber ein ontologischer Status der Darinbefindlichkeit. Vgl. das sog. Extracalvinisticum, Inst. II, 13,4 u. II,14; EvGl I, S. 423 ff.

[89] W. *Herrmann* weist darauf hin, daß um dieses „Antwortens" willen Gott keine schweigende, sondern eine redende Anbetung gebühre: „Dann (wenn wir die Zuversicht haben, daß Gott uns gegenwärtig ist) ist die Anrede in Wahrheit möglich, dann ist sie aber auch notwendig, wenn wir nicht schweren Schaden leiden sollen. Der Wirklichkeit Gottes innewerden und ihn doch nicht anreden, das eröffnet einen Zwiespalt im Menschen, der zur Auflösung inneren Lebens führen muß." Mit dem Begriff „inneres Leben" meint Herrmann hier die von Gott durch sein Wort eröffnete personale Existenz des Menschen (Art. „Gebet", in: RE³ IV, S. 387).

[90] Vgl. Pannenberg, a.a..O., S. 382f.

mierte Rang des humanum in dem, was die Gottebenbild-Aussagen des Alten Testaments von dieser Teilhabe des Menschen an der majestas Dei ausdrücken. (ThE I, § 800; 836 ff.) Wo diese „fremde Würde", wo diese Existenz in der Relation zu Gott in Vergessenheit gerät, tritt an die Stelle jenes unendlichen Wertes", wie ihn der Personbegriff impliziert, seine Selbstentfremdung im Sinne bloß instrumentalen Ranges.

Selbst dort, wo das moderne Verständnis der Person nicht diesen biblischen Ursprung hat, sondern auf die griechische Antike und ihr Verständnis der Person als Individualität zurückgeht, wird man nicht einfach auf die in sich gegründete autonome Entelechie, sondern auf diesen Bezug zu den Göttern treffen. Auch der Mensch der griechischen Antike versteht sich als theonom gebunden. *Homer* bezeichnet die Menschen als „Sterbliche" (thnetoi). Die sie bestimmende Relation richtet sich nicht – wie in der Moderne – auf das Tier, sondern auf die Götter als die Unsterblichen (athánatoi). Darauf deutet *Pindars* Meinung: „Trachte nicht, Zeus zu werden!... Sterbliches nur kommt Sterblichen zu" (V. Isth. 13 f.). In die gleiche Richtung weist auch der Ausruf des Odysseus beim Elend des gescheiterten Aias, des „verständigsten und tüchtigsten Mannes zu jeder Tat": „Ich sehe, daß wir nichts anderes sind als Trugbild oder leere Schatten, alle die wir leben" (Sophokles, Aias, 125 ff.). – Auch Aeneas ist nicht ein Held, der sich von den Göttern emanzipierte und im Sinne des Goethe-Wortes „allen Gewalten zum Trotz" sich erhielte, sondern er ist bei *Vergil* der „fromme Held" (pius Aeneas), der gerade deshalb, weil er der im fatum ihm zuteil gewordenen Bestimmung sein persönliches Wollen unterordnet, zum Ahnherrn Roms wird (Frz. Altheim, Von den Ursachen der Größe Roms, in: H. Oppermann, Römertum, 1962): „Weil du dich beugst den Göttern, herrschest du. Da liegt der Anfang, da auch das Ende stets" (*Horaz,* 6. Römerode). – Endlich sieht *Platon* den Menschen im gleichen Bezug: In den „Gesetzen" (716 c) widerspricht er dem berühmten Satz des Sophisten Protagoras, daß der Mensch das Maß aller Dinge sei, mit der Antithese: „Das Maß aller Dinge ist *Gott"* (W. Jäger, Paideia I, 1936, S. 382 ff.; ferner: K. Ringshausen, Der Humanismus in der Erziehungs- und Bildungskrise der Gegenwart, in: Veröffentl. Nr. 48 der Ev. Akademie Hessen-Nassau, 1962, S. 13 ff.). Der vom Begriff der Person aus zu entfaltende Humanismus der Moderne ist nicht ohne diese Ursprünge und Hintergründe zu verstehen.

3. Einen weiteren Bedeutungsgehalt des Wortes „Person" haben wir bereits durch die Bemerkung angedeutet, daß die Person niemals in einen Begriff eingehe, sondern diesem gegenüber sperrig sei. Das läßt sich schon im Umkreis mitmenschlicher Bezüge verdeutlichen:

Die Person wird in ihrer Identität verkannt, wenn man sie in versachlichten Bezügen aufgehen läßt (wie etwa dann, wenn man von „dem Blinddarm von Zimmer 197" oder dem „Schadensfall Meier" oder von „Menschenmaterial" spricht). Die Subsumption der Person unter einen Begriff, ihre Fixierung auf ein bestimmtes Bild oder einen Typus – Max *Frisch* weist immer wieder darauf hin [91] – nimmt ihr jenes Eigensein, das niemals in einer innerweltlichen Größe, und damit in etwas anderem aufgehen kann, als sie selber *ist* [92].

Als H. *Braun* (offensichtlich in der Meinung, der Personbegriff sei ein nur modernes Gebilde, das keinen biblischen Rückhalt habe und deshalb auch als Gottesbezeichnung inadäquat sei) während einer Fernsehdiskussion seinen Partner L. *Goppelt* durch die Aufforderung in Verlegenheit zu bringen suchte, das Wort „Person" doch einmal ins Hebräische zu übersetzen, antwortete dieser ohne Zögern mit dem hebräischen Worte Schem, also mit „Name".

In der Tat ist es überaus bezeichnend, daß Personen Namen haben, mit denen ihre unverwechselbare Identität ausgedrückt wird. Die durch den Namen bezeichnete Identität wehrt sich dagegen, durch irgend etwas definiert zu werden, z. B. durch einen Begriff. Jeder Gutachter kennt das Unbehagen [93], das ihn überfällt, wenn er „Definitionen" eines Menschen vornehmen soll und ihn dabei notgedrungen mit dem identifiziert, was sich ihm als dessen Außenseite dargestellt hat. Er definiert ihn damit notgedrungen in einer unerträglich partikulären Weise: Er vermag lediglich das zu charakterisieren, was sich in der Begegnung mit *ihm* enthüllt, und selbst dies nur in einer begrenzten Zeitphase: Kann der andere früher nicht etwas ganz anderes gewesen sein und später etwas anderes werden? Kann er sich überdies seiner Mutter, seiner Geliebten, seinem Arbeits- und Kampfgefährten oder auch seinem Konkurrenten nicht als ein ganz anderer erschließen, so daß die partiellen Bilder nie zu Kongruenz zu bringen sind? Jeder Versuch, den andern mit einer Rolle zu identifizieren oder ihn unter einen Begriff zu subsumieren, führt notwendig zur Veruntreuung seiner Einmaligkeit. Diese Ein-

---

[91] So sagt M. Frisch etwa, das Gebot „Du sollst dir kein Bildnis machen" gelte nicht nur von Gott. Gott sei auch das Lebendige im *Menschen* und insofern das, was an ihm nicht erfaßt werden könne. Sich an solches Bildnis vom Menschen zu machen, „ist eine Versündigung, die wir, so wie sie an uns begangen wird, fast ohne Unterschied wieder begehen – ausgenommen, wenn wir lieben" (Tagebuch 1946–49, Knaur Bd. 100, S. 30). Unsere Sprache leistet keine korrekte Aufnahme, da der Mensch sich als lebendiges Wesen laufend verändert. Ein angehaltenes Bild widerspricht dem immerfort sich vollziehenden und verändernden Leben (Santa Cruz, S. 53). „Immer besteht die Gefahr, daß man das Geheimnis zerschlägt, und ebenso die Gefahr, daß man vorzeitig aufhört" (Tagebuch S. 34). Und Stiller schreibt in seinen Aufzeichnungen: „Das ist es: Ich habe keine Sprache für die Wirklichkeit" (Stiller, 1956, S. 65; vgl. auch S. 114).
[92] Das war ja der von uns aufgewiesene Grund dafür, daß Hegel Personhaftigkeit im Grunde nicht denken kann: Er versteht sie „nur" als Durchgang im Prozeß des Weltgeistes.
[93] Darauf hat Röhricht (a. a. O., S. 178) mit Recht hingewiesen.

maligkeit behält immer ein Überschießendes, eine freie Möglichkeit, die sich jeder Fixierung entzieht.

Der Name drückt eben diesen „Überschuß an Inhalt" aus. Er entzieht sich dem Begriff. Ein Begriff ist stets feststehende Bezeichnung. Er fängt ein Ding, einen Vorgang, eine Idee oder eine Norm in die Bedeutung ein, die er bezeichnet und in den „Griff" nimmt. Der Name aber ist keine Bezeichnung dieser Art. Er besagt für sich selber nichts. Wenn ich einen Menschen nicht kenne oder durch Berichte von ihm gehört habe, kann ich mir unter seinem Namen schlechterdings nichts vorstellen. Kommt man in eine Gesprächsrunde, in der man sich gegenseitig nach dem und dem erkundigt, wen er geheiratet habe und was aus ihm geworden sei, so greift Langeweile nach dem, für den die genannten Namen nichts besagen. Bezeichnungen können dem Namen allenfalls *zugesetzt* werden, um eine Wesensseite des Namensträgers zu bezeichnen, bleiben aber vom Namen selbst geschieden (Pippin der Kurze, Karl der Große, die rote Hilde usw.)[94]. Der Name selbst wird nur durch den ausgefüllt und interpretiert, der ihn trägt.

Nun finde ich mich zwar als Begegnender immer wieder in der Rolle vor, daß ich den Namensträger seinerseits durch einen Begriff fixiere: Er ist mir etwa der „typische Manager", der „typische Ehrgeizling", der „typische Phlegmatiker" usw. Diese Beziehung auf einen Typus ist dabei nichts anderes als die Subsumption unter einen Begriff, der dem Namensträger nicht gerecht wird. Ich beraube ihn damit der Möglichkeit, er selbst zu sein und jenes Überschießende zu repräsentieren, das sich im offenen Werden befindet und jedem Andern wieder anders erscheint, „dem Schiff als Küste und dem Land als Schiff" (R. M. Rilke).

Deshalb kann nur der *Name* jenem Selbst-sein in seiner Unverwechselbarkeit gerecht werden. Der Namensträger wird nicht definiert, sondern er wird vorgestellt und stellt sich selber vor. Das bedeutet: Er eröffnet eine Geschichte mit sich, während der er sein Eigentliches erschließt oder verbirgt, in der dieses Eigentliche jeden-

---

[94] Das schließt nicht aus, daß gerade in der Bibel der Name vielfach *ursprünglich* auch als „Bezeichnung" beigelegt wird, wie etwa der Name Johannes (Mt 1, 21) oder Simon Petrus (Mk 3, 16. vgl. Mt 16, 18; Lk 9, 54 f.; Act 4, 36; 13, 8; Phil 2, 9). Entsprechende Bedeutungen haben etwa die Namen Abraham, Israel, Isaak, Jakob usw. Insbesondere wird diese bezeichnende Bedeutung offensichtlich bei Namensänderungen wie Gen 17, 5.15 und Ruth 1, 20 verwandt. Gleiches gilt sicher von den heute bestehenden Namen. Diese Namens-Genese kann aber nicht bedeuten, daß die Person oder ihre Namenserben in dieser ursprünglichen Bezeichnung aufgingen, daß diese also – analog dem „total" bezeichnenden Begriff – jene Funktion des Namens aufhöbe, sich allein durch seinen Träger charakterisieren zu lassen.

falls relevant wird. Demgegenüber sagt er durch die bloße Nennung des Namens, etwa in einem Telefonbuch, nichts von sich aus.

Der Name in seiner Einmaligkeit[95] ist also das Privileg der Person und bringt ihre Nichtsubsumierbarkeit unter ein Allgemeines und ihre Nicht-Identifizierbarkeit mit einem andern als ihr selbst zum Ausdruck[96].

Zugleich hat der Name seine Funktion im Verkehr von Person zu Person, um den andern zu erkennen. Jedoch geschieht dies Erkennen nicht so, daß der Name von sich aus das Geheimnis des Andern aufschlösse, sondern so, daß er aussagt (um es zugespitzt auszudrücken): Hier steht der und der „zur Diskussion". Wer er ist, kann sich nur durch seine Selbstkundgabe in etwa enthüllen.

Daß so der Name dem Umgang von Person zu Person dient, wird auch daran ersichtlich, daß der Name meist von *andern* gegeben wird. Wenn jemand sich ausnahmsweise selbst den Namen beilegt, dann auch nicht um seiner selbst willen, sondern für andere. Auch diese Funktion des Namens entspricht dem Wesen der Person, so gewiß diese im Sein zum Du west und nicht solipsistisch für sich, sondern in der Kommunikation existiert.

Erst diese Characteristica des Namens lassen es verstehen, daß und warum der *Name* Gottes repräsentativ steht für die Personalität seines Wesens bzw. daß und warum er in einer bestimmten Sinn-Dimension des Wortes „Person" zur Bezeichnung Gottes verwendet wird. Indem Gott seinen „Namen" kundgibt, weist er darauf hin, daß er nicht im Seinsgefüge zu orten ist, so daß es ein Umgreifendes gäbe, dem er eingefügt wäre, und ein Oberes oder Allgemeines, unter das er subsumiert werden könnte. Er gibt sich als der Einmalige zu erkennen, der „keine andern Götter neben sich hat" (Ex 15, 11; 23, 13; Ps 86, 8; 96, 4 u. a.[97]. Und er gibt sich zugleich als der zu erkennen, der der Immanuel sein will, der Gehorsam heischt und angerufen sein will, kurz: er bindet sich in Rede und Antwort, im Wechselwort von Person zu Person an den Menschen.

So meint es die Namenskundgabe Gottes in der Dornbuschszene

---

[95] Diese Einmaligkeit gilt selbst dann, wenn es um häufige Namen wie Meyer oder Schulz geht. Die damit gegebene Bedrohung der Einmaligkeit wird dann tunlichst rückgängig gemacht, z. B. durch entsprechend seltenere Vornamen. Höher organisierte Geister, die vom Geschick eines derart häufigen Namens betroffen sind, können auch über eine gewisse Ironie verfügen, um den Gegensatz zwischen ihrer unverwechselbaren Originalität und ihrem Allerweltsnamen anzudeuten.

[96] „Nie ersteigt die Zahl das Wort. Nie erklimmt das Wort den Namen" (E. Rosenstock-Huessi. Die Sprache des Menschengeschlechtes, Bd. I, 1963, S. 48; zit. b. Röhricht, a. a. O., S. 180 A. 13).

[97] Vgl. EvGl I, S. 108 ff.

(Ex 3, 14), wenn sich Gott als Jahwe erschließt: „Ich werde sein, der ich sein werde." Daß diese Namenkundgabe nicht den Sinn einer Selbstdefinition haben und damit ein antipersonaler Akt sein kann, wird daran deutlich, daß Gott durch diesen Namen in seinem Wesen oder Verhalten keineswegs festgelegt wird. Vielmehr hält er, wie H. J. Kraus sagt, alles „offen": Er wird zukünftig durch sich selbst enthüllen, wer er ist und sein wird. „Ich werde sein – aber es wird sich noch erweisen, wer ich sein werde..." Hier äußert sich also die Freiheit dieses sich selbst kundgebenden Gottes auf ein zukünftiges Sich-Erschließen und Sich-Mitteilen hin, das in der Geschichte sich vollzieht [98]. Wäre der Name als Begriff gemeint, der das Wesen Gottes in sich einfinge, so wüßten wir mit seiner Kundgabe ein für allemal Bescheid. Statt dessen weist der Name nur auf den hin, „um den es sich handelt", und der „zur Diskussion steht". Er überläßt es ihm selbst, sich zu erschließen. Er überläßt es ihm, durch das, was er so handelnd und redend in seiner Selbsterschließung kundgibt, seinen Namen zu „interpretieren". Nur eine einzige Festlegung enthält dieser Name JAHWE: *daß* dieses Sich-Erschließen und Sich-Mitteilen erfolgen werde und daß ihm dafür, „eine unabsehbare Vielzahl möglicher Weisen des Wirkens und Handelns" zur Verfügung stehe [99]. In diesem Sinne hält W. Eichrodt das Ich-bin und Ich-werde-sein für gleichbedeutend mit „Ich bin für euch da". Das im *Jahwe*-Namen gemeinte „Sein" sei nicht als Sein-in-sich, sondern als ein Sein-für ... zu verstehen [100].

Wie wenig der Name *Jahwe* hier eine begrifflich fixierende Funktion ausübt, wird noch unter zwei weiteren Gesichtspunkten deutlich:

Einmal: Die Selbstbenennung *Jahwes* als „Ich werde sein, der ich sein werde" ist keine Namenskundgabe in dem Sinne, daß er sich in Gestalt eines Bildnisses, Gleichnisses oder Begriffs fassen ließe. So gesehen, vollzieht sich hier eher Verhüllung und Namens*verweigerung*. Mose erhält auf seine Frage: „Was soll ich sagen, wenn ich den Kindern Israel eröffne: ‚Der Gott eurer Väter hat mich zu euch gesandt', und sie sich nun ihrerseits erkundigen: ‚Wie ist sein Name?' – ?" *keine* eigentliche Antwort, jedenfalls keine Antwort, wie sie die Frage nach dem Namen doch implizierte. Denn: wollte man den Namen Gottes nicht wissen, um seiner habhaft zu werden,

[98] H. J. Kraus, Wahrh. i. d. Gesch., a. a. .O., S. 38.
[99] A. a. O., S. 38.
[100] Theol. d. AT I, 1933, S. 92 ff.: Sein Gottes bedeutet im *Jahwe*-Namen. „Gegenwärtig"-sein (im Sinne „beseligender u. bedrängender Gegenwart"). „Nicht auf der ruhenden, sondern auf der tätigen Existenz liegt der Nachdruck."

um ihn eben zu be-„greifen"? Als Abwehr dieser Zumutung könnte der *Jahwe*-Name auch einen verweigernd ironischen Sinn haben: „Ich bin eben, der ich bin – fertig"[101]. Berücksichtigt man bei dieser Interpretation die heute von den Alttestamentlern angenommene *futurische* Intention des *Jahwe*-Namens, so könnte man die Ironie dieser Namensverweigerung auch so ausdrücken: Ihr werdet es schon an der von mir inaugurierten Geschichte sehen, wer ich bin und als wer ich mich kundgeben werde.

Geht *Jahwe* also auf die Frage nach dem Namen ein? Ist die Antwort „Ich werde sein, der ich sein werde" überhaupt ein Name, der in irgendeiner Analogie zu den Namen der Götter stünde und den man sich im Rahmen eines Götterkatalogs „unter andern" vorstellen könnte? Ist er nicht vielmehr Rückzug aus der namentlichen Greifbarkeit, und ist er nicht eigentlich eine Verheißung?, eine Verheißung nämlich, die alles offenläßt, woraus man ein Mosaik des Gottesbildes zu formen vermöchte? Bleibt nicht alles auf die zukünftigen Möglichkeiten Gottes abgestellt, die er sich vorbehält, so daß er *allein* um sich selber weiß und dieses sein Wissen um sich erst durch Wirken und Handeln kundtun wird?

Nicht nur der Begriff „Person", sondern selbst der noch spezieller auf Gott zugeschnittene „Name" ist so nicht einfach ein Synonym für ihn, in dem er sich erschöpft. Auch der Name enthüllt sich in einer letzten Unangemessenheit, die dazu führt, daß Gott sich ihm entzieht und ihn transzendiert. Auch der Name nimmt noch, obwohl auf einem andern Blatt stehend, an der Ambivalenz aller Begriffe teil, die Gottes Wesen zu fassen und ihn in die Subsumption unter ein Übergeordnetes zu zwingen suchen. Daß auch der Name so auf eine Bemächtigung Gottes gerichtet sein kann, kommt gerade in dieser Namensverweigerung zum Ausdruck: Der Elohist weiß offensichtlich um den magischen Mißbrauch, der mit dem Namen getrieben werden kann: daß die Kenntnis des Namens Verfügungsgewalt verleiht, daß man mit seiner Hilfe *Herrschaft* über das also Benannte ausüben und daß es zu Beschwörung und Bannung kommen kann[102]. Deshalb entzieht sich *Jahwes* Transzendenz selbst noch dem Namen.

Das gleiche Sich-entziehen Gottes ist auch sonst zu beobachten: Als Jakob nach seinem nächtlichen Ringen mit Gott an der Jabbok-Furt die Frage stellt: „Sage doch, wie heißest du?", erhält er die wiederum verweigernde Antwort: „Warum fragst du, wie ich heiße? Und er segnete ihn daselbst" (Gen 32, 30).

[101] Vgl. Ratzinger, S. 94.
[102] Kraus, a. a. O.; Barth, KD II, 1, S. 66.

Jahwe gibt sich nicht durch den Namen, sondern durch sein segnendes Wirken bekannt. – Als Manoah den Engel des Herrn nach seinem Namen fragt, erhält er ebenfalls eine abschlägige Antwort: „Warum fragst du nach meinem Namen, der doch geheimnisvoll ist?" (Richter 13, 17 f.)

Ferner zeigt sich die Weigerung des *Jahwe*-Namens, ein Mittel zu begrifflichem Begreifen Gottes zu werden, an der Mutation, die dieser Name in der *Septuaginta* erfährt. Denn hier wird der Name zu einem ontologischen Begriff des Seienden entfremdet. Die Übersetzung von „Ich werde sein, der ich sein werde" besagt hier: „Ich bin der wahrhaft Seiende."[103] Damit ist die Namensverweigerung, die *Jahwes* Geheimnis wahrte und auf verheißene Enthüllungen verwies, einer tatsächlich begrifflichen Definition gewichen. Diese Definition ordnet das Wesen Gottes in eine geschichtsfremde ontologische Konzeption ein, sie „subsumiert" ihn. Wenn selbst der Name, der doch im Unterschied zum Begriff eine gewisse Angemessenheit gegenüber dem Personhaften hat, nicht ohne die Möglichkeit der Entfremdung bleibt, dann wird diese Entfremdung zur völligen Verzerrung, sobald der Name seinerseits wieder Begriffsfunktionen übernehmen soll[104].

Zweitens: Die negative Affinität des Wortes „Person" zur Bezeichnung Gottes:

Schon unsere bisherige Bemühung, den Sinn des Wortes „Person" als Bezeichnung für Gott zu verdeutlichen, ließ uns immer wieder auf die Grenze stoßen, die den Möglichkeiten dieses Wortes gesetzt ist. Es kann selber, so sahen wir, die Funktion des Begriffs übernehmen und dann unfähig werden, das auszudrücken, was wir mit der Bezeichnung „persönlicher Gott" meinen. Denn mit dieser Bezeichnung drücken wir aus, daß Gott sich uns in freier Zuwendung durch sein anredendes Wort erschließt, daß er uns selbst damit wortfähig und insofern zu Antwortenden macht, daß er uns also auch unsererseits an der Dignität des Personhaften teilnehmen läßt: Er läßt uns „Ich" gegenüber dem göttlichen „Du" sein. Wenn dies und *nur* dies mit der Anwendung des Personbegriffs auf Gott gemeint sein soll, dann kann das Wort Person – auch das wurde uns klar – nur in *partiellen* Momenten seiner Sinn-Intention auf Gott anwendbar sein. Anders ausgedrückt: Das Wort „Person" ist kein Rahmenbegriff, in den Gott eingeschlossen werden könnte, sondern er *dient* nur, und zwar bloß mit *einigen* seiner Sinn-Elemente.

---

[103] egò eimi ho ōn.
[104] Ähnliche Mutationen, wie sie in der Septuaginta zu beobachten sind, hat K. Koch anhand des Wahrheitsbegriffs behandelt: a. a. O., S. 47 ff., bes. S. 58 ff.

Wenn wir uns nun der Frage zuwenden, wo das Wort „Person" als Bezeichnung für Gott unzureichend ist, wo es also versagt, dann können wir beobachten – und das wird uns jetzt kaum noch überraschen –, daß sich dieses Versagen immer dann herausstellt, wenn der Personbegriff, statt sich von Gott definieren zu lassen, selber Gott definieren soll und damit in unzulässiger Weise normativ wird.

In der neueren Philosophie finden wir für diese entfremdend normative Bedeutung des Personbegriffs ein klassisches Beispiel bei M. *Scheler*. In seiner Ethik (Der Formalismus i. d. Ethik u. d. materiale Wertethik, 3. Aufl. 1927) wird der Begriff der Person vorgängig bestimmt, und zwar als notorisch *nicht*-relationale Bezeichnung, die kein Ich aussagt und darum weder auf ein Du noch auf die Außenwelt bezogen ist. Deshalb kann Gott zwar „Person, aber kein ‚Ich' sein, da es weder ‚Du' noch ‚Außenwelt' für ihn gibt" (404). Auch wenn Gott als „freier Personwille" bezeichnet wird, ist er damit kein Ich, das in Liebe einem Du zugewandt ist, sondern er wird darin als eine Macht der Spontaneität verstanden, die von der griechischen Heimarméne als universaler Schicksalsmacht und blinder Notwendigkeit unterschieden werden muß (Das Ewige im Menschen II, 1923, S. 204f.). Bezeichnet Scheler die Person als das „Aktzentrum, in dem der Geist innerhalb endlicher Seinssphären erscheint", so ist die Person wiederum ohne Bezug zum Du gedacht. Ich-Du-Verhältnisse zu Gott im Sinne von Herr–Knecht, Vater–Kind (einschließlich der Gottessohnschaft Christi) müssen wir deshalb „für unsere philosophische Betrachtung des Verhältnisses des Menschen zum obersten Grunde zurückweisen" (Die Stellung des Menschen im Kosmos, 1947, S. 39 u. 89f.). – Zwar wird also bei Scheler so etwas wie „Personhaftigkeit" Gottes vertreten. Doch werden wir dessen nicht froh, weil wir gerade das, was wir mit den Worten „persönlicher Gott" umschrieben sehen wollten, hierin nicht wiederfinden: seine Selbstkundgabe als Ich und seine Erschlossenheit in die Relation zum Menschen hinein. Und wir *müssen* sie hier vermissen, weil nicht Gott das Modell ist, nach dem das Bild der Person sich bestimmt, sondern weil ein nach ontologischer Manier gebildeter Personbegriff seinerseits das Modell ist, das die Gestalt eines philosophischen Gottesbildes normiert. Scheler bestreitet so zwar die Anwendung des Personbegriffs auf Gott nicht, aber um welchen Preis ist sie hier noch möglich!

Gehen wir also von einem vorgegebenen und als Maßstab verwendeten Personbegriff aus, so zielt man am persönlichen Gotte der Bibel vorbei. Das ist schon deshalb so, weil wir – hier hatte *Fichte* ganz recht – „Persönlichkeit und Bewußtsein ... ohne Beschränkung und Endlichkeit schlechterdings nicht ... denken können" [105]. Dann wäre auch eine „unendliche Person eine contradictio in adjecto" [106].

[105] Über den Grund unseres Glaubens an eine göttliche Weltregierung, 1798. Dieser Artikel beschwor den „Atheismusstreit" herauf.
[106] Röhricht, a.a.O., S. 185.

Jede Kommunikation von Ich und Du ist ja nur dadurch möglich, daß wir begrenzt sind: Wir reden miteinander, weil wir eben nicht wissen, was der andere sagen wird. Wir arbeiten zusammen, weil unserm Handeln und Können Grenzen gesetzt sind. Wir forschen, weil unser Wissen Stückwerk ist. Wir sind in immer strebender Bemühung, weil wir nie das Ganze gewinnen. Wir erfahren den ethischen Imperativ, weil wir nie kongruent sind mit dem Bilde, „das wir werden sollen". Menschliches Personleben ist nur denkbar unter den Bedingungen der Grenzen und Schranken, die zwischen Ich und Du, Ich und Welt, Seiendem und Idealem bestehen.

Diese Überlegung bildet etwa für *Tillich* den Anstoß, Bedenken gegenüber dem „Symbol ‚Persönlicher Gott'" vorzubringen und es als „irreführend" zu bezeichnen [107]. Gott könne nicht *eine* Person sein; vielmehr bedeute das ihm beigelegte personhafte Moment, „daß Gott der *Grund* alles Personhaften ist und in sich die ontologische Macht des Persönlichen trägt." Andernfalls machen wir ihn um der Begrenzung der Person willen zu einem Individuum [108], also zu einem Seienden, während er doch das Sein selbst ist. Was aber bleibt, wenn Gott so im Sinne Tillichs nur umfangendes Sein und nicht mehr jenes persönliche Gegenüber ist, zu dem er sich selber bestimmt? Läßt sich auf das Sein noch das biblische Symbol des „Herzens" Gottes anwenden? Läßt sich der also umschriebene Weltgrund noch als Liebe und Verstehen begreifen? *Spricht* die Tiefe des Seins? Der Ausschluß des Wortes „Person" aus den Bezeichnungen Gottes ist bei Tillich darin begründet, daß er unter Führung seines Seinsverständnisses ein ontologisches System erstellt, in dem der Begriff „Person" ebenso wie der Begriff „Gott" einen ganz bestimmten, jeweils *andern* Seinsbezug repräsentieren und durch diesen Bezug in einer fixen Relation und Distanz zueinander stehen. Kraft dieser Herrschaft des Systems wird es unmöglich, das Wort „Person" in seinem Sinngehalt durch Gott bestimmen und es dieser Bestimmung in einigen Momenten seines Sinngehaltes „dienen" zu lassen.

Im Hinblick auf diese dienende Funktion des Wortes „Person" ist es biblisch sogar möglich, selbst die *individuellen* Bedeutungsmomente in Anspruch zu nehmen, die jenes Wort enthält. Das geschieht z.B. dort, wo sich Gott nicht einfach als Grund des Seins bezeichnet, dem selbst alle Götter und Mächte entstammten und der sie umfinge – wo geschähe dies wohl überhaupt? [109] –, sondern

---

[107] System. Theol. I, S. 289.
[108] Womöglich zu dem Begriffsgespenst eines „absoluten Individuums", a. a. O.
[109] So wird man nicht einmal Kol 1, 16 deuten dürfen.

wo er sich wider die Götter und Mächte abgrenzt, „als ob" er solche Grenzen hätte: Er ist „wunderbar über alle Götter (1 Chron 16,25; Ps 96,4); er ist (im komparativischen Sinne!) überlegen (Ex 15,11; 18,11; Ps 72,18f.; 86,8 u.a.); keiner unter den Göttern ist ihm gleich (Ps 86,8); er triumphiert über sie (1 Kön 18,21–40) und ist ihr Richter (Ps 82,1). Und selbst wo er dem Götterheer als der Eine und Alleinige gegenübergestellt wird (Dt 32,39; 1 Kor 12,16), erweist er sich als Gott sozusagen „im Vergleich" und läßt damit ein tertium comparationis zwischen sich und den Göttern zu. Sicher geschieht das nicht ohne ein Körnchen Ironie. Denn die gemeinsame Ebene, auf die Gott hier mit den Göttern um des Vergleichs willen versetzt scheint, wird nur um unserer menschlichen, allzu menschlichen Vorstellungen willen betreten. Von Gott selbst aus gesehen, sind die Götter ja Nichtse (Jer 10,8; 16,19; Jes 41,29), so daß es sinnlos ist, Privilegien Gottes ihnen gegenüber auszusprechen, ja ihn auch nur als den „einzigen" zu bezeichnen, dem der Titel „Gott" wirklich zukäme.

Damit bestätigt sich nur, daß auch das Wort „Person" auf diese unsere Vorstellung bezogen ist und daß es bloß einige Sinn-Elemente besitzt, die in diesem Rahmen verwendbar sind. Selbst das ist aber nur dann möglich, wenn man den Zweck im Auge behält, um dessentwillen jene Bezüge zum Dienst entboten werden, und wenn es also nicht zu einem Aufstand der begrifflichen Mittel kommt, d. h. wenn der Personbegriff von jeder normativen Rolle ausgeschlossen bleibt [110].

Wir können zusammenfassend die nun erarbeiteten Prinzipien, wie sie für den theologischen Gebrauch des Wortes „Person" maßgebend sein müssen, so formulieren:

Die Bezeichnung Gottes als Person kann nie so verstanden wer-

---

[110] Charakteristisch für diese nur instrumentale Bedeutung des Personbegriffs ist übrigens seine Verwendung in der *Trinitätslehre*. Hier wird er nicht auf Gott als solchen bezogen – das geschah erst im 19. Jahrhundert (vgl. Tillich, a.a.O.) –, sondern er bezeichnete die trinitarischen Gestalten Vater, Sohn und Heiliger Geist. In diesem Falle griff man aus den Sinn-Elementen, die das Wort „Person" impliziert, nur dasjenige der Relationalität und des Dialogischen heraus. Die sogenannten trinitarischen Streitigkeiten zwischen Modalisten, Monarchianern, Subordinatianern sind im Grunde alle dadurch bestimmt, daß sich einerseits der Personbegriff zu verselbständigen suchte und dann die Trinität zu einem Tritheismus oder einem hierarchischen Gefüge zu machen drohte, und daß man andererseits diese Entfremdung zu verhindern und den Personbegriff einer Aussage dienstbar machen wollte, die sowohl Einheit wie Vielfalt in Gott markierte. K. Rahner hat für diese Weise, wie das Dogma Begriffe in Dienst nimmt, sich ihnen aber nicht ausliefert, den sehr prägnanten Terminus der „Sprachregelung" gefunden (Was ist eine dogmatische Aussage?, in: Schriften zur Theologie V, 1962, S. 67–72).

den, daß man den am Menschen gebildeten oder einer allgemeinen Ontologie entnommenen Begriff Person auf Gott übertrüge. Vielmehr ist es umgekehrt: Das sich selbst erschließende göttliche Ich macht das menschliche Du zum personalen Gegenüber. Und wie das menschliche Bild der Person nur partielle Sinnelemente zur Bezeichnung Gottes zur Verfügung stellen kann, so gilt dasselbe wiederum umgekehrt: Die Weise, in der wir Gott als personhaft und als „persönlichen Gott" umschreiben, ist auch ihrerseits nur partiell anwendbar auf die Weise, wie wir vom *Menschen* als Person sprechen. Dabei ist festzuhalten, daß Gottes Personhaftigkeit den ontischen Primat gegenüber der des Menschen hat. Deshalb können wir die Formulierung wagen: Wenn wir von *Gott* als Person sprechen, meinen wir das nicht anthropomorph; wir meinen es aber theomorph, wenn wir von der *menschlichen* Person reden.

Damit hängt noch ein Letztes zusammen. Wenn das Wort „Gott" nach keiner wie immer eingeschlagenen Richtung in den Begriff eingeht, wenn es alle Begriffe und Namen – selbst die besonders auf ihn eingestellten – transzendiert und sich weigert, für irgendetwas außer ihm selbst Chiffre zu sein, dann wird die dominierende *biblische* Aussageform über Gott verständlich: daß er hier durch die Darstellung der Geschichte, durch Kundgabe des Heilsgeschehens, ja durch „Geschichten" verkündigt wird. Im Fluß der Geschichte, die sich in immer neue Zukunft öffnet, gibt sich die Unabgeschlossenheit des göttlichen Namens kund. Hier gibt es den Raum und die Zeit der „Möglichkeit", die dieser Name sich immerfort öffnet und offenhält. Hier tritt er hervor und erschließt sich, aber hier tritt er auch zurück und wahrt sein Geheimnis, hier ist er der Offenbare und der Verborgene zugleich. „Dein Weg ging durch das Meer und dein Pfad durch große Wasser; doch niemand sah deine Spur" (Ps 77,20; vgl. Ex 33,23).

Diese Unabgeschlossenheit, diese Reserve an offener Möglichkeit ist die Signatur seiner Offenbarung. Sie entspricht genau dem, was der Name *Jahwe* mit seinem: „Ich werde sein, der ich sein werde" besagen wollte: daß Gott zu finden ist in jenem Wirken und Tun, das er seiner Freiheit vorbehält, das also seine und *nur* seine Möglichkeit ist und so niemals in die Notwendigkeit eines Begriffs oder in eine Konzeption vom Ablauf der Geschichte eingehen kann.

Deshalb ist alles in der Bibel berichtete Geschehen zugleich Weissagung: ein Hinweis auf die zukünftigen Möglichkeiten Gottes, zu denen er steht, und zugleich ein Hinweis auf die Unabgeschlossenheit und Ungreifbarkeit des Jetzt. Eben dies aber ist der Grund dafür, daß wir Gott nicht als Idee haben, sondern daß wir in Form von „Geschichten" über ihn hören und ihn selbst vernehmen. Wir tun das als Erinnernde, die sich Geschehenes vergegenwärtigen (Ex 12,26; 13,14; Dt 6,20) und seiner „großen Taten" eingedenk sind (Act 2,11); und wir tun es als Hoffende, die seiner Verheißung trauen und seinen offenen Möglichkeiten entgegensehen. Diese Möglichkeiten aber eröffnen keine Sprünge ins Ungewisse, weil er „Derselbe" sein wird in Ewigkeit (1 Petr 1,25; 2 Joh 2; Hebr 13,8) und weil er in immer neuen Schritten der Gott ist, der im Dornbusch erschien.

Wie läßt sich die Wahrheit des Glaubens verstehen? [1]

1. Ist die Wahrheitsfrage „weltfremd"?

Mit seinem berühmten Satz „Was ist Wahrheit?" stellt Pilatus die Wahrheitsfrage überhaupt in Frage. Dieser Satz des römischen Prokurators – so sagt Oswald *Spengler* [2] – sei das einzige Wort im Neuen Testament, das „Rasse" habe. Denn in ihm träten sich „die Welt der Tatsachen und die der Wahrheiten unvermittelt und unversöhnlich gegenüber, in so erschreckender Deutlichkeit und Wucht der Symbolik, wie in keiner zweiten Szene der gesamten Weltgeschichte". „Es gibt", um Spengler noch weiter zu zitieren, „keine Brücke zwischen der gerichteten Zeit und dem zeitlos Ewigen, zwischen dem Gang der Geschichte und dem Bestehen einer göttlichen Weltordnung, in deren Bau ‚Fügung' das Wort für den höchsten Fall von Kausalität ist... In der einen, der historischen Welt, ließ der Römer den Galiläer ans Kreuz schlagen – das war sein Schicksal. In der andern war Rom der Verdammnis verfallen und das Kreuz die Bürgschaft der Erlösung. Das war ‚Gottes Wille'." Das, was die Religion Wahrheit nennt, ist also Metaphysik; im Namen dieser Metaphysik kann man sich nicht angemessen zu dieser Welt verhalten. Die hier gemeinte Wahrheit und schon die bloße Frage nach ihr ist nicht weltförmig. Wo sie doch im Schema der Welt – etwa im Rahmen des sie repräsentierenden politischen Geschehens – auftaucht, wird sie als Fremdkörper empfunden und entsprechend abgestoßen. Wahrheit und Wirklichkeit sind exklusive Gegensätze. Darum hat die Frage des Pilatus einen ironischen Unterton (jedenfalls wenn man sie von der Spenglerschen Denkebene aus interpretiert) [3].

---

[1] Der folgende Beitrag lag einem Vortrag zugrunde, der im November 1964 anläßlich ihrer Zehnjahrfeier für die Theologische Fakultät Hamburg gehalten wurde. Er eröffnete eine Ringvorlesung mit dem Rahmenthema „Was ist Wahrheit?".

[2] Der Untergang des Abendlandes II, 1922, S. 262f.

[3] Angesichts der von *Spengler* behaupteten Realitätsfremdheit der „Wahrheit" fühlt

Ist demzufolge die Wahrheitsfrage, jedenfalls dann, wenn sie sich auf die Dimension der letzten Wirklichkeit bezieht, nicht a limine realitätsfeindlich?

Ich könnte mir einen etwas abenteuerlichen, dafür aber sehr faszinierenden Dialog vorstellen, in dem Albert *Camus* eine ganz entgegengesetzte Position verträte. (Und ich wähle mit Absicht in Camus einen Gesprächspartner, der nicht im Verdacht theologischer Voreingenommenheit steht.)

Für Camus gibt es zwar auch eine Sorte von sogenanntem „Wahren", das für das Bestehen von Wirklichkeit gleichgültig ist. Diese Sorte des Wahren ist merkwürdigerweise gerade die, deren Ziel es ist, Aussagen über das gegenständlich Wirkliche zu machen und es in quantitierender Berechnung einzufangen. Dazu gehört für Camus – wie er in seinen Betrachtungen über das Absurde feststellt – die wissenschaftliche Wahrheit des Galilei. Diese seine astronomische Wahrheit konnte er, als sie ihm gefährlich wurde, als sie die „Wirklichkeit" seines Lebens bedrohte, in aller Seelenruhe ableugnen. Sie „war den Scheiterhaufen nicht wert". „Dagegen sehe ich viele Leute sterben – sagt Camus –, weil sie das Leben nicht für lebenswert halten. Andere wieder lassen sich paradoxerweise für die Ideen oder Illusionen umbringen, die ihnen einen Grund zum Leben (also für das Bestehen von Wirklichkeit) bedeuten. Was man einen Grund zum Leben nennt, ist (aber auch) ein ausgezeichneter Grund zum Sterben. Also schließe ich, daß die Frage nach dem Sinn des Lebens die dringlichste aller Fragen ist." Die Frage nach dem Sinn ist aber identisch mit der Frage nach der Wahrheit, die das Leben bestimmt. Diese Wahrheit ist jedoch nicht eine Wahrheit unter *andern* (wie sie im Thesaurus unserer Welt aufgestapelt sind und wo dann unter der Rubrik Astronomie auch die Wahrheit Galileis registriert ist), sondern diese Wahrheit ist die letzte und alle anderen Wahrheiten *tragende* Wahrheit. Sie hat nämlich mit der Ermächtigung zum Leben oder aber mit unserm Todesurteil zu tun. Dann allerdings ist sie in einem eminenten Sinne wirklichkeitsbestimmend. Der römische Prokurator hätte also keinen Grund mehr, die Frage „Was ist Wahrheit?" mit ironischem Unterton zu stellen, weil sie realitätsfremd und sozusagen mit irdischen Metallen nicht zu legieren wäre. Im Gegenteil: Die in der Sinnfrage erfragte Wahrheit würde darüber

man sich an die Unterscheidung zwischen Gesinnungs- und Verantwortungsethik erinnert, die *Max Weber* in seiner berühmten Rede „Politik als Beruf" vollzog (vgl. Theol. Ethik II/2, 1958, §§ 3600ff.). Hier weist er einer unbedingt verstandenen Norm des Guten eine ähnliche Nicht-Affinität zur Realpolitik zu, wie *Spengler* sie von der Wahrheit aussagt.

befinden, ob wir die Wirklichkeit bestehen können. Sie wäre also das tragende Fundament von Wirklichkeit überhaupt.

2. Die verschiedenen Arten von Wahrheit

Wer von beiden hat also recht: Spengler oder Camus?

Vielleicht kommen wir im Durchdenken dieser Alternative weiter, wenn wir die generelle Beziehung von Wahrheit und Wirklichkeit einen Augenblick zurückstellen und den Versuch machen, zunächst zwischen den verschiedenen *Arten* von Wahrheiten zu differenzieren. Es könnte ja sein (und der Unterschied zwischen der Galilei- und der Sinn-Wahrheit hat uns schon darauf hingewiesen), daß sich hier Variationen im Wahrheitsbegriff ergäben, die in sich wieder ganz verschiedene *Weisen* des Bezuges von Wahrheit und Wirklichkeit erkennen ließen.

In diesem Sinne scheint es drei Gestalten von Wahrheiten zu geben, die ich – zunächst stichwortartig – folgendermaßen charakterisieren möchte: Es geht 1. um eine Wahrheit, die wir wissen können; 2. um eine Wahrheit, die uns angeht; und 3. um eine Wahrheit, die uns eher versteht, als *wir* sie verstehen können.

1. Das, was wir wissen und in einem allgemeingültigen synthetischen Urteil aussagen können, muß objektivierbar sein. Das so Gefundene hat dann den Charakter des „Richtigen". Dieses Richtige „stellt", wie Martin *Heidegger* sagt[4], „an dem, was vorliegt, jedesmal irgend etwas Zutreffendes fest. Die Feststellung braucht jedoch, um richtig zu sein, das Vorliegende keineswegs in seinem Wesen [also in seinem ‚Sinn'!] zu enthüllen. Nur dort, wo solches Enthüllen geschieht, ereignet sich das Wahre. Darum ist das bloß Richtige noch nicht das Wahre. Erst dieses bringt uns in ein freies Verhältnis zu dem, was uns aus seinem Wesen her angeht."

Damit würden wir schon unmittelbar bei der zweiten der angekündigten Wahrheitsgestalten stehen (nämlich der Wahrheit, die uns angeht), wenn wir nicht noch eine Zwischenfrage zu erörtern oder wenigstens anzudeuten hätten. Die Frage lautet so: Ergibt sich das uns Angehende wirklich erst dadurch, daß wir das Wesen und den Sinn des als richtig Erkannten erfragen? Oder könnte es nicht sein, daß auch das Richtige selbst uns schon anginge? Wir leben heute weithin in der selbstverständlichen Vorstellung, es sei unser absolutes und unbedingtes Recht, Erkenntnisse zu sammeln, ge-

---

[4] Die Frage nach der Technik (Vorträge und Aufsätze, 1954, S. 13–44), S. 15.

nauer: unser Wissen vom Richtigen in unbegrenzter Weise zu erwei-
tern. „Die Klatschspalte", so sagt W. H. Auden in seinem Shake-
speare-Buch[5], „ist die eine Seite der Medaille, die Kobaltbombe die
andere. Wir geben bereitwillig zu, daß Essen und Geschlechtsver-
kehr – zwei an sich zuträgliche Betätigungen –, ins Maßlose gesteigert, sehr unzuträglich sind, doch wir wollen nicht einsehen, daß
[auch] intellektuelle Neugier eine Begierde wie jede andere ist und
daß genaues Wissen [vom Richtigen] und Wahrheit nicht identisch
sind. Eine Ausdehnung des kategorischen Imperativs auf den Er-
kenntnisbereich, so daß wir, statt zu fragen: ‚Was kann ich wissen?',
uns überlegen: ‚Was ist mir in diesem Augenblick zu wissen bestimmt?' – die Erwägung, ob nicht die einzige Kenntnis, welche für
uns wahr sein kann, die sei, *der wir in unserem Leben gerecht zu werden vermögen –,* sie erschiene uns allen als hirnve brannt und beinahe unmoralisch", denn sie schiene der Eigengesetzlichkeit der Ketten-
reaktion wissenschaftlichen Immer-weiter-Fragens zuwidersprechen.

Immerhin sind wir damit vor das Problem gestellt, ob nicht auch
schon die Frage nach dem Richtigen als solche (und also keineswegs
erst die Frage nach Wesen und Sinn) einen existentiellen Bezug habe,
ob sie uns nämlich der Möglichkeit aussetze, daß wir dem von uns
erkannten Richtigen und der dieser Erkenntnis folgenden technischen Anwendung nicht mehr *gewachsen* sein könnten. Das Richtige der inneratomaren Verhältnisse sowie der Struktur des Lebens
und die Möglichkeit ihrer physikalischen und chemischen Beein-
flussung könnten uns ebenso wie dem Goetheschen Zauberlehrling
über den Kopf wachsen; und angesichts der Möglichkeiten der
Weltraumfahrt könnte sich die (in Amerika schon aufgestellte) Diagnose bestätigen, daß der Mensch, biologisch gesehen, eine Fehl-
konstruktion sei, weil er physisch hinter seinen physikalischen
Möglichkeiten zurückbliebe. Dann aber sieht es doch tatsächlich
so aus, als ob es gar keine neutrale, unsere Existenz unberührt las-
sende Wissenswahrheit gäbe, sondern daß auch die Wissenswahrheit, ja, daß selbst schon der bloße Entschluß zu ihr, unsere Verantwortung provoziert und die Frage erzwingt, wie wir uns zu ihr
verhalten, welche Bedeutung sie also für uns habe und auf welchen
Weg zu welchem Sinn wir uns mit ihr begeben.

Damit wird sichtbar, daß der Übergang von der Wissenswahrheit
zu der zweiten Gestalt der Wahrheit – nämlich der Wahrheit, die
uns angeht – gleitend ist und daß beide nicht durch eine scharfe
Zäsur voneinander geschieden sind.

[5] Insel-Bücherei Nr. 811, S. 99.

2. Ich möchte nur einige erläuternde Sätze zu der *zweiten* Gestalt der angekündigten Wahrheitsverständnisse sagen, zu der Wahrheit also, die uns „angeht".

Diese Wahrheit hat auf jeden Fall unmittelbar mit dem Sinn (oder wie *Heidegger* sagt: mit dem Wesen) zu tun: entweder sö, daß sie den *Sinn* meint, der uns trägt, oder aber die *Sinnlosigkeit,* die uns herausfordert: sei es in *dem* Sinn herausfordert, daß sie uns vernichtet, oder daß sie als das Absurde (wie bei *Camus* und Gottfried *Benn*) unsere Kräfte des Widerstandes provoziert und insofern schöpferisch wird.

Der Sinn und auch das Sinnlose inkarnieren sich stets in Personen. Denn Mensch-sein und Person-sein umschreibt letzten Endes das Verhältnis zu diesem mich tragenden oder vor die Vernichtung stellenden Bestand an Sinn oder Sinnlosigkeit. Das Dasein der Person ist nämlich „dadurch ontisch ausgezeichnet, daß es diesem Seienden in seinem Sein um dieses Sein selbst geht"[6]. Zu dieser Seinsverfassung des Daseins gehört es, „daß es in seinem Sein zu diesem Sein ein Seinsverhältnis hat". Man könnte geradezu sagen: das Dasein *sei* ein solches Verhältnis. Und dieses Verhältnis sei seine Wahrheit. So hat es auch *Plato* schon verstanden, wenn die Frage nach der Wahrheit für ihn die Frage nach dem wirklich Seienden (im Gegensatz zu den Weltphänomenen) ist und wenn sich für ihn das Wesen des Menschen aus dem Verhältnis ergibt, das er zu diesem wahrhaft Seienden hat oder nicht hat. Denn von dem Haben oder Nicht-Haben dieses Verhältnisses hängt es ab, ob er wesentlich lebt oder der Verwirrung durch den Schein zugeordnet bleibt.

Weil dieses Verhältnis des Daseins zum Sein oder auch zum Sinn (auf jeden Fall zu der sie umgreifenden und alles vorfindlich Seiende transzendierenden Größe) nicht objektivierbar ist, kann ich personales Leben nicht „erklären", sondern nur „verstehen". Diese Unterscheidung von naturwissenschaftlichem Erklären und geisteswissenschaftlichem Verstehen hat sich seit *Dilthey*[7] durchgesetzt[8]. Der Begriff Verstehen, im Unterschied zu dem des Erklärens, besagt hier, daß die Einsichtnahme in anderes personales Leben einer bestimmten existentiellen Vorbedingung bedarf: daß ich für meine

---

[6] *M. Heidegger,* Sein und Zeit (1927), 1963[10], S. 12.

[7] *Der Aufbau der geschichtlichen Welt in den Geisteswissenschaften* (Ges. Schriften VII [1927], 1961[3], S. 71. 80ff. 86. 92. 141 u. ö.)

[8] Vgl. *J. Wach,* Das Verstehen I–III, 1926–33; *J. G. Droysen,* Historik (1867), 1958[3]; *K. Jaspers,* der von verstehender Psychologie, *E. Spranger,* der von geisteswissenschaftlicher Psychologie spricht (*K. Jaspers,* Allgemeine Psychopathologie, 1946[4], S. 250 Anm. 1).

Person nämlich dieselbe Struktur von Dasein repräsentiere wie jenes andere personale Leben. Nur weil ich selber ebenfalls ein Verhältnis zum Sein und zum Sinn habe, kann ich den andern in seinem entsprechenden Verhältnis verstehen. Nur deshalb kommt mir seine Langeweile und Leere, seine Angst, seine Seinsverfehlung oder auch seine Seinserfüllung nahe. Nur deshalb verstehe ich, daß dieses andere Dasein, genau wie ich selbst, dazu aufgerufen ist, seine Bestimmung zu begreifen, und daß es vor dem Risiko steht, sie verfehlen zu können. Die Solidarität mit dem andern unter der gleichen Daseinsthematik läßt so „Verstehen" zustande kommen.

Dilthey hat in seiner Schrift über die Entstehung der Hermeneutik [9] jene Solidarität, die Verstehen ermöglicht, psychologisch umschrieben, nämlich als die Kraft zu kongenialer Einfühlung, also als das, was Schleiermacher zum Vermögen des divinatorischen Verstehens rechnete. Die Fähigkeit, in diesem Sinne zu verstehen, beruht auf der Verwandtschaft des Auslegers mit dem Autor, „gesteigert durch eingehendes Leben mit dem Autor, beständiges Studium" [10]. Der Begriff der Kongenialität im Sinne Diltheys ist aber wohl nur der psychologische Reflex jener ontischen Solidarität, die darin besteht, daß Autor und Ausleger beide Träger von personalem Leben sind, d. h. in der gleichen Existenzverfassung und insofern miteinander in dem gleichen „Verhältnis" stehen, das das Wesen des Daseins ausmacht. Insofern ist Bultmann dem ontologischen Geheimnis des Verstehens doch wohl näher, wenn er als seine Voraussetzung bezeichnet, daß ein „Lebensverhältnis des Interpreten zu der Sache" bestehen müsse, „die im Text – direkt oder indirekt – zu Wort kommt" [11]. Diese „Sache" ist – jedenfalls bei dichterischen, philosophischen und erst recht bei kerygmatischen Texten – die letzte Wirklichkeit, zu der sich Autor und Ausleger verhalten und die sich in den Chiffren des Textes verstehbar kundtut. Eine gewisse Musikalität, die das Kongeniale der aufnehmenden geistigen Konstitution ausdrücken mag, kann gewiß den Verstehensvorgang intensivieren und verfeinern. Sie kann aber nur *innerhalb* jener ontischen Solidarität wirksam werden, ohne sie je ersetzen zu können. Liegt die ontische Solidarität nicht vor (was jedenfalls in bedingter Form möglich ist, so wenn ich vor einer ganz andern und mir fremden Daseinsauslegung stehe), dann ermöglicht jene „Musikalität" allenfalls eine ästhetische Einfühlung, die an der „Sache" selbst völlig vorbeigehen kann. Wir sehen das etwa bei rein ästhetischen Verstehensformen und Wertungen der großen Bach-Oratorien, wie sie von säkularisierten Bloß-Genießern vollzogen werden.

3. Endlich müssen wir noch die dritte Gestalt der Wahrheit ins Auge fassen: die Wahrheit, die uns versteht, ehe wir sie verstehen.

---

[9] Ges. Schriften V (1924), 3. Aufl. 1961, S. 317–331, bes. S. 326f.
[10] A.a.O. S. 326f.; vgl. *R. Bultmann*, Glauben und Verstehen II, 1952, S. 215.
[11] A.a.O. S. 217.

Es ist im Sinne des Paulus (1 Kor 13,12) die Wahrheit, die wir erkennen werden, wie und nachdem wir von ihr erkannt sind. In diesem Sinne kann ich von der Wahrheit nur sprechen, wenn ich sie in einer Person, wenn ich sie im „König der Wahrheit" (Joh 18,37f.) inkarniert sehe. Abgesehen davon kann ich wohl von einer Wahrheit sprechen, die sich mir entbirgt – und das ist ja der wörtliche Sinn von ἀλήθεια – oder die mich anspricht. Eine Wahrheit jedoch, die mich erkennt und folglich sieht, kann nur ein zur Kommunikation mit mir erschlossenes lebendiges Gegenüber sein. Dieses lebendige Gegenüber kann freilich nicht in dem Sinn verstanden werden, daß ich mich zu ihm in der allgemeinen Solidarität der gleichen Daseinsverfassung verhielte, d. h., daß es – ebenso wie ich selbst – in einem *Verhältnis* zum Sinn, zur letzten Wahrheit stünde. In diesem Falle könnte ich allenfalls sagen, daß mich diese andere *Gestalt* erkannt hätte, ehe *ich* sie erkenne (so wie etwa meine Mutter eher von mir weiß, als *ich* von ihr weiß). Ich könnte aber nie sagen, daß die *Wahrheit*, um die es hier geht, mich eher erkannt hätte, als ich sie erkenne.

Tatsächlich wird denn auch von dem Verhältnis, das Christus zur Wahrheit hat, in ganz anderer und durchaus exklusiver Weise gesprochen, nämlich so, daß er aus der diesbezüglichen Solidarität mit mir in eminenter Weise herausfällt. Dieser exzeptionelle Charakter Christi, wie ihn das Neue Testament sieht, besteht darin, daß er nicht nur ein *Verhältnis* zum Sinn (wir können hier sagen: zum λόγος) repräsentiert, sondern daß er der λόγος *ist*, daß die Wahrheit in ihm inkarniert und mit ihm identisch ist. Wahrheit ist das, was er ist, deshalb, weil in ihm die letzte sinngebende Wirklichkeit erscheint, nämlich die πίστις-Treue Gottes, die nach Röm 3,3 die Wahrheit Gottes ausmacht und die also etwas ist, das Bestand hat, worauf man sich „verlassen" kann und was als δικαιοσύνη (Gerechtigkeit) dem menschlichen ψεῦσμα (Lüge = ψεῦδος) entgegengesetzt ist [12]. Christus *verkündigt* nicht nur diese unser Leben tragende, ihm Bestand und Sinn gebende Wahrheit von der Treue Gottes, sondern sie ist in ihm leibhaftig da und unter uns. So wird seine Gestalt durch lauter „Ist"-Urteile charakterisiert, die ihr Sein und nicht ihr Tun artikulieren: Ich bin der Weg, die Wahrheit und das Leben (Joh 14,6); er ist unser Friede (Eph 2,14).

[12] Vgl. *R. Bultmann*, Art. ἀλήθεια, ThW I, S. 243.

Natürlich ergeben sich von diesem Begriff einer Wahrheit-in-Person gänzlich neue Probleme für die erkennende Aneignung, also erkenntnis-theoretische Fragen. Während wir soeben das Verstehen personhaften Lebens vom naturwissenschaftlichen Erklären abhoben und es in der Solidarität gemeinsamer Existenzsituationen begründet sahen, so ergibt sich angesichts Christi, der die *Wahrheit ist* und sich insofern von unserer Existenzsituation unterscheidet, ein wiederum ganz *neuer* und *anderer* Modus des Verstehens. Ich kann Christus nicht einfach verstehen, wie ich einen anderen Menschen verstehe.

Die andere existentielle Situation, die ihn bestimmt (daß er sich nicht nur zur Wahrheit „verhält", sondern daß er sie „ist"), zeigt sich auch in dem, was wir im Anschluß an Dilthey den psychischen Reflex dieser Situation nannten. Man wird nämlich sinnvollerweise auch nicht von der Möglichkeit kongenialer, divinatorischer Einfühlung in die Person Christi, etwa in sein „inneres Leben" (W. Herrmann) sprechen können.

Von den vielen erkenntnistheoretischen Problemen, die sich ergeben, wenn wir von einem Verstehen Christi reden wollen, nenne ich nur einige und auch dies nur stichwortartig:

1. Das Verstehen, so sahen wir, ist an eine gewisse Analogie zwischen dem gebunden, der verstehen, *und* dem, der verstanden werden soll. Diltheyisch ausgedrückt: Ich kann nur das verstehen, was schon „in der auffassenden Lebendigkeit enthalten" ist und was als ein Verwandtes in Schwingung versetzt werden kann. Oder Goethesch ausgedrückt: „Wär' nicht das Auge sonnenhaft, die Sonne könnt' es nie erblicken". Wenn ich mich selbst aber als jemanden verstehen muß, der aus der Wahrheit Gottes herausgefallen ist, kann ich den König der Wahrheit nicht verstehen, weil die zum Verstehen nötige Analogie fehlt. Tatsächlich sind die synoptischen Berichte denn auch voll von Illustrationen, daß Jesus permanent mißverstanden und verkannt wird: Man sieht in ihm einen Rabbi, einen fakirhaften Wundertäter, einen manahaltigen Fetisch, eine politische Messiasgestalt und vieles andere – einfach deshalb, weil man ihn nach den verfügbaren Analogien beurteilt und weil er selber nicht im Schema dieser Analogien auftaucht. Speziell die *Gleichnisse* Jesu, die sich der Analogie zum vertraut Menschlichen und vertraut Natürlichen doch sehr betont bedienen, zeigen – wie im Experiment sozusagen –, daß er alle verfügbaren Parallelitäten transzendiert und daß Verstockung und Nichtverstehen dort am größten werden,

189

wo man logischerweise gerade ihren Abbau erwarten sollte (Mt 13,13). Der, der die Wahrheit ist, bleibt verständlicherweise denen unverfügbar, die nicht in der Wahrheit sind. Ob ich den, der die Wahrheit ist, verstehen kann, hängt davon ab, ob er mich zuvor in die Wahrheit bringt, oder – erkenntnistheoretisch ausgedrückt – ob er die Analogie mit sich herstellt. Insofern bin ich Objekt einer Berufung. Und erst von diesem Vorgängigen der Berufung hängt es ab, ob Christus für mich Objekt des Verstehens werden kann. Denn nur wer aus der Wahrheit ist bzw. wer in die Wahrheit *gebracht* ist, der höret seine Stimme.

2. Als Berufener bin ich mit meiner *Existenz* gefordert. Nicht nur meine Ohren oder meine vernehmende Vernunft sind engagiert, sondern – biblisch gesprochen – mein Herz, mein personales Zentrum. Ich werde ja nicht bloß zum Hören und Nach-Denken aufgerufen, sondern ich werde in die Nach-Folge und zur Gemeinschaft berufen. Das aber bedeutet Existenz-Teilnahme, und zwar im eminenten Sinne. Darum geht es auch nicht um das Ziel, die Wahrheit *zu begreifen,* sondern in der Wahrheit zu *sein,* d. h. im Namen jener Treue Gottes zu existieren, die in Christus verleiblicht vor mir steht. Darum schneidet die Nachfolge tief in mein Leben. Es kommt zu Trennungen vom Bisherigen, zu Aufbrüchen und Abschieden. Ich lege die Hand an einen Pflug, der kein Zurücksehen mehr gestattet und eine Umwertung aller Werte mit sich bringt. Ich werde aus dem bisher Vertrauten und seiner Sicherheit herausgerufen und muß selbst dem entsagen, was ich für eine Pflicht der Pietät hielt (Mt 8, 18–22).

4. Die Besonderheit „theologischen" Verstehens

Weil diese Berufung durch den, der mich eher kennt, als ich ihn verstehen kann (Joh 1,48), ein unverfügbares Widerfahrnis ist und weil demzufolge auch das Verstehen Christi in unverfügbaren Voraussetzungen gründet, so scheint diese Weise des Verstehens aus *allem* herauszufallen, was uns normalerweise vertraut ist, wenn wir an den Verband der Universität und ihrer Fakultäten denken und wenn uns die Methoden und Begriffsbildungen der Wissenschaft vor Augen stehen. Denn angesichts dessen, was hier zur Aufgabe „theologischen" Verstehens wird, scheinen zwei Bedingungen nicht erfüllt zu sein, die den Charakter der Wissenschaft (und also auch eines wissenschaftlichen Verstehens) konstituieren: Es fehlt nämlich *einmal* die Vorbedingung der Allgemeingültigkeit; und es fehlt *zweitens* die Vorbedingung der Nachkontrollierbarkeit. Wenn das Verstehen-können an eine „Berufung" und an bestimmte damit zusammenhängende Existenzvoraussetzungen gebunden ist (nämlich an das „Sein in der Wahrheit"), dann scheinen die konstitutiven Kriterien jeder Wissenschaft auszufallen. Und man mag sich dann ernsthaft vor die Frage gestellt sehen, was eine Theologische Fakultät an der Universität soll.

Ich muß das, was ich meine, noch ein wenig deutlicher machen: Der Wissenschaftsbegriff, der die moderne Universität trägt, ist insofern rational, als seine Axiome von sich selber einleuchten, als sie auf der apriorischen Struktur unseres Bewußtseins gründen und als demzufolge sowohl die Begriffsbildungen wie die Forschungsmethoden der Wissenschaft in ihrem Zusammenhang mit diesen Axiomen aufweisbar sind. Diese Feststellung macht es ohne weiteres deutlich, daß der Einbau der Theologie in dieses Wissenschaftsgefüge von einer sehr tiefgreifenden Problematik bestimmt sein muß.

Da nämlich die Theologie die Kategorie der *Offenbarung* einer Wahrheit impliziert, da sie sich also auf die Begegnung mit einer Größe bezieht, die nach dem paulinischen Wort „kein Auge gesehen und kein Ohr gehört hat" (1 Kor 2, 9), die also prinzipiell nicht evident ist, ja nicht einmal Gegenstand eines Postulats sein kann, so wird man verständlicherweise zu der Annahme geneigt sein, daß sich eine so bestimmte Theologie als ein Fremdkörper inmitten des Systems der rationalen Wissenschaften verstehen müsse – als ein Fremdkörper von sozusagen außerplanetarischem Stoff.

Um das ganze Ausmaß der hier waltenden Distanz zu ermessen, brauchen wir nur darauf hinzuweisen, mit welcher Entschiedenheit *Kierkegaard* auf die christliche Heilswirklichkeit als das *ganz Andere,* als eine totaliter-aliter bestimmte Realität hingewiesen hat.

Dieser durch Kierkegaard berühmt gewordene Satz vom unendlichen qualitativen Unterschied von Zeit und Ewigkeit drückt sich vielleicht am symbolkräftigsten in der Lehre vom Heiligen Geist aus: Denn diese Lehre besagt nicht nur, daß der Inhalt des christlichen Kerygma – nämlich die Heilsgeschichte – die Kontinuität des immanenten Geschichtsprozesses sprenge und auf einer privilegierten (man kann hier ruhig sagen: auf einer übernatürlichen) Veranstaltung des Herrn der Geschichte beruhe. Sondern diese Lehre besagt zugleich, daß jene geschichtlichen Inhalte auch nur in Form einer übernatürlichen Selbsterschließung *zugänglich* seien. Der Begriff der Offenbarung besagt deshalb nach alter Überlieferung nicht nur, daß (im objektiven Sinne) etwas Besonderes „geschehen" sei, sondern daß dies also Geschehene auch nur durch eine besondere Form der Erhellung, nämlich durch den Glauben „zugänglich" werde. Diese nicht verfügbare Zugänglichkeit (also die noetische Seite der Sache) wird von jeher als „Erleuchtung durch den Heiligen Geist" bezeichnet.

Paulus hat die so bestimmte, rational nicht gegebene Zugänglichkeit auf folgenden Begriff gebracht: Er sagt, genau wie das Wesen des Menschen nur diesem selber zugänglich sei, so könne auch Gott allein selber wissen, was in ihm sei (1 Kor 2, 11)[13]. Damit spielt Paulus auf die notwendige und soeben schon besprochene Analogie zwischen Erkennendem und Erkanntem an: Wir können immer nur dasjenige erkennen, dem wir in gewissem Umfange adäquat sind. Ich könnte Platos Ideenlehre nie verstehen, wenn Plato nicht gewisse analoge Momente meines Bewußtseins – etwa die Fähigkeit dieses Bewußtseins, Sammelbegriffe zu bilden – anspräche. Da für Gott nun keine ebenbürtige und insofern adäquate Größe außerhalb seiner existiert, da er folglich nur sich selber adäquat ist, kann er auch nur selber um sich wissen. Das einzige „kongeniale" Wissen um Gott ist sein Selbstbewußtsein. Diese These theologischer Erkenntnistheorie ist jedenfalls formal für jederman evident.

Der Begriff „Offenbarung" bedeutet nun in Anwendung dieser These eine Selbsterschließung Gottes in dem Sinne, daß Gott andere Wesen an seinem Selbstbewußtsein, am Verstehen seines Wahrseins teilnehmen läßt. Danach würde sich das Wesen der Offenbarung also keineswegs in dem erschöpfen, was die populäre Meinung im allgemeinen von ihm zu wissen meint: daß Offenbarung nämlich auf gewisse Formen übernatürlicher Inspirationen anspiele; sondern dann würde im Begriff der Offenbarung ein bestimmtes Grundverhältnis von Gott und Mensch (nämlich das der qualitativen Verschiedenheit und darum der objektiven Unzugänglichkeit Gottes für den Menschen) angesprochen. Ferner wäre dann im Begriff der Offenbarung die aus dieser Verschiedenheit rührende *Erkenntnisaporie* umschrieben: eine Aporie, die nur durch das Wunder der göttlichen Selbsterschließung, also durch ein Teilnehmen-lassen an der Selbsterkenntnis Gottes, überwunden wird.

Wenn wir diese Feststellungen auf eine strenge Formel bringen, können wir folgende These aufstellen: Der Begriff der Offenbarung meint primär nicht einen bestimmten *Geschehensgehalt* – sagen wir einmal etwas grob: die „biblischen Geschichten" –, sondern er ist im erkenntnis-theoretischen Sinne eine *„Kategorie"*, nämlich eine Form unserer geistlichen (religiösen) Erfahrung. Diese Form ist da-

---

[13] Diese Teilnahme an der Selbsterkenntnis Gottes drückt auch Thomas aus: S. Th. I q. 12 a. 4.

durch charakterisiert, daß sie nur aus jener Teilnahme an der göttlichen Selbsterkenntnis heraus erkennen läßt [14].

So ist der Gegenstand des christlichen Glaubens offenbar ein Kreis, der für die andringende Reflexion nach allen Seiten abgeschlossen ist. Er ist ja ein Kreis der Herausgerufenen, der in die Nachfolge Berufenen. Insofern kann es also in diesen Kreis keine rationalen Zugänge durch etwaige Gottesbeweise oder durch apologetische Brückenbauten geben, deren Konstrukteure von dem Ehrgeiz getrieben sind, das Unfaßliche plausibel zu machen. Von hier aus wird aber dann auch die Einfügung der Theologischen Fakultät in den Organismus der übrigen Universitätsdisziplinen tatsächlich zu einem *Problem,* und zwar durchaus für das Selbstverständnis der Theologie *selber.*

Tritt mit ihr nicht in den Bereich der rationalen Wissenschaften eine *heteronome* Größe ein – heteronom nämlich insofern, als die allgemeingültigen, jedermann verfügbaren Axiome des modernen Wissenschaftsbegriffs hier zugunsten einer vorgegebenen Autorität zurücktreten, als somit das zu Erforschende von vornherein festzustehen scheint und als folglich der soeben zitierte, in sich abgeschlossene Kreis theologischen Erkennens für die Optik des „normalen" Wissenschaftsbegriffs als circulus vitiosus erscheinen muß? Wir scheinen vor dem genauen Gegenteil dessen zu stehen, was man „voraussetzungslose Wissenschaft" nennt.

Bei genauerem Hinsehen zeigt sich nun freilich im Verhältnis der Theologie zu den anderen Universitätswissenschaften ein sehr viel komplizierteres und dialektisches Verhältnis von Anziehung und Abstoßung:

Die Theologische Fakultät ist zunächst in gewissem Umfange eine Universität im Kleinen und übt so den Reiz und das Ärgernis eines Doppelgängers aus. In ihr tauchen die Gegenstandsbereiche und die Methodenprobleme nahezu aller geisteswissenschaftlichen Disziplinen auf: Ihre *biblischen* Forschungszweige verwenden die Arbeitsmethoden der Philologie und der Hermeneutik. Es geht um die bekannten Verstehensprobleme, wie sie sich angesichts von geschichtlichen Texten und von personalem Leben ergeben. Die *Kirchengeschichte* steht inmitten aller Methodenprobleme der historischen Erfahrung und der geschichtsphilosophischen Grundsatzlehre. Die *systematische* Theologie befindet sich in Kontakt und Auseinandersetzung mit den Sach- und Methodenbereichen der

---

[14] Für den Eingeweihten ist unschwer erkennbar, daß in dieser Position andere Linien des Geschichtsverständnisses angelegt sind als etwa bei *W. Pannenberg.*

Philosophie: Sie liefert ein Korreferat zur Philosophie, insofern diese zur Weltanschauungsbildung und zur Metaphysik führt; sie geht auf ihre Weise die Geschichte der Philosophie und die Philosophie der Geschichte an, und sie hat ferner ausgesprochen erkenntnistheoretische Fragestellungen, insofern sie eine Lehre vom Fall und von der Genesung der Vernunft, von Grenzüberschreitung und Begrenzung des natürlichen Erkennens liefert. Wenn die begrenzte Frist dieser Vorlesung es erlaubte, könnte auch unschwer aufgezeigt werden, daß selbst die Voraussetzungen und die Gegenstandsbereiche der *Naturwissenschaft* in den theologischen Denkprozessen mit durchreflektiert werden, jedenfalls insofern und soweit sie mich „angehen".

Alles, was so im Rahmen theologischer Erkenntnis geschieht, steht zu den übrigen Wissenschaften sowohl in methodischer wie in sachlicher Hinsicht in einem eigentümlichen Verhältnis der Analogie und zugleich der Distanz – in einem Verhältnis also, das ich soeben als gleicherweise anziehend wie abstoßend bezeichnete. Der Historiker, der Philosoph und der Philologe fühlen sich gleichsam getrieben, in einem Atem zu sagen: Das ist Fleisch von unserem Fleisch und Geist von unserem Geist, um schon im nächsten Augenblick der Diagnose zuzuneigen: Es könnte auch ein Gespenst, es könnte auch Falschmünzerei sein. Die Methoden des hier geübten Verstehens berühren sich mit *unseren* Methoden; und doch werden sie eigentlich abgewandelt, indem sie auf Gegenstände angewendet werden, die uns als unverstehbar erscheinen müssen.

Ginge es beim Theologen nur um eine Variation des homo religiosus, der sich auf Ekstasen oder auf die mystisch-theosophische Erkenntnis „höherer Welten" beriefe, so könnte man eine gewisse wohlwollende Ironie bemüht sehen, die so etwas wie Narrenfreiheit zu gewähren bereit ist. Man könnte auch – je nach Konstitution und Temperament – bereit sein, diesen Kollegen das Ehrenprädikat des Seriösen zuzubilligen, und zu einer Art typologischer Erklärung schreiten: Man könnte etwa sagen, daß es sich um einen besonderen Menschentyp mit einem sechsten Sinn oder mit einer besonderen metaphysischen Musikalität handle, der gegenüber man sich mit der Bescheidenheit des Amusischen zur Reserve verpflichtet fühlt. Man könnte die Bachsche Fuge anerkennen, ohne sie zu verstehen.

Gerade die Tatsache aber, daß die Theologie für sich beansprucht, eine *wissenschaftliche* Unternehmung zu sein, macht diesen Entschluß zur Toleranz etwas strapaziös und nötigt uns beharrlich auf einen Treffpunkt zwischen beiden Linien des Denkens und des Wahrheitsbewußtseins hin. Denn man ist nun dazu berufen und verurteilt, dem über beiden stehenden tertium comparationis stand-zuhalten. Dieses tertium comparationis ist die Wahrheit selber, die ja beide Dimensionen des Wahrheitsbewußtseins notwendig über-wölbt und die wesensmäßig nur *eine* sein kann. Dann aber muß man sich gegenseitig aushalten und muß für die entgegengesetzten Ansprüche offen sein.

Zunächst muß die Theologie der Universität standhalten und ihr Rede stehen. Sie muß das in dem Sinne, daß sie dem *Wahrheitsbe-wußtsein der Universität* gegenüberzutreten hat – jenem Wahr-heitsbewußtsein also, das sie der Heteronomie zu zeihen geneigt ist. Die von hierher auf sie zukommende Frage lautet, ob sie, die Theo-logische Fakultät, vielleicht nur eine kirchliche Funktionärin sei, die mit dialektischen Mitteln eine im vorhinein feststehende, doktrinär gesetzte Ideologie mit einem wissenschaftlichen Alibi auszustaffie-ren oder – wie Goethe es einmal ausdrückt – „die alte Garbe immer wieder noch einmal auszudreschen habe". Die Theologie hat in die-sem Sinne die berühmt gewordene Frage Rilkes ernst zu nehmen, ob denn die alte Frucht nicht wirklich ausgesogen sei und ob sie – die Theologie – nicht „immer noch wieder einen Aufguß mit die-sem Teegrus, der zwei Jahrtausende gezogen hat", in Angriff nehme. Die Existenz der Universität enthält folglich für eine Theologische Fakultät die ständige Anfrage, ob ihre Forscher in einem freien, auch gegenüber kirchlichen Aufträgen unabhängigen Verantwortungs-bewußtsein vor der Wahrheit ihre eigenen Grundlagen in Frage zu stellen bereit seien und ob sie weiterhin – inmitten ihrer selbstver-ständlichen Beziehung zur Kirche – nicht als deren Funktionäre, sondern als deren freies und also keinem Auftrag unterliegendes Wahrheitsgewissen zu dienen bereit seien.

Umgekehrt muß aber auch die Universität ihrer Theologischen Fakultät standhalten. Denn das Fach der „Gottesgelahrtheit" ent-hält seinerseits eine Anfrage, die für das allgemeine Wahrheitsbe-wußtsein und für das Monopol der „voraussetzungslosen Wissen-schaft" eine Art permanenter Bedrohung darstellt. Die von diesem Brandherd aus in die Universität getragene Frage lautet nämlich, ob eine „Vernunftkritik" und damit eine Kritik des alle Erkenntnis bedingenden Erkenntnis*organs* wirklich mit Hilfe dieses Organs *selbst* und also mit *immanenten* Mitteln möglich sei; ob es nicht vielmehr ganz anders sein könne: Wäre es nicht denkbar, daß – ebenso wie der Mensch sich nicht selber sehen kann und wie er hinsichtlich seiner Selbsterkenntnis einen blinden Fleck im Auge hat – auch die *Vernunft* sich nicht selber zu sehen und in Frage zu stellen vermöchte, daß diese Vernunft vielmehr eines außerhalb ihrer liegenden Kriteriums bedürfe, an dem Ermächtigung *und* Begrenzung der Vernunft zu messen wären?

In der Tat spricht ja die Theologie von der suprarationalen Größe eines derartigen Kriteriums, wenn sie das Schicksal der Vernunft hineinverflochten sieht in das Personschicksal des Menschen selbst und wenn sie demzufolge von einer gefallenen und darum hybriden Vernunft spricht, von einer Vernunft also, die Furcht und Hoffnung des Menschen rational legitimiert, die Ideologien erstellt und dem Menschen gefügige Weltanschauungen anmißt. Und genau wie die Theologie von dieser heillos gewordenen, ihre Grenzen ignorierenden Vernunft spricht, so erkennt sie andererseits das Erlösungsgeschehen in seiner Ausdehnung *auch* auf die Sphäre der Vernunft.

Es gibt in diesem Sinne so etwas wie eine theologische Kritik der „unrein" gewordenen Vernunft, eine Kritik, die sich etwa von der Kantschen Erkenntnistheorie dadurch unterscheidet, daß sie sich auf einer anderen Ebene abspielt: Denn während die Kantische Vernunftkritik die immanente Struktur der Vernunft erhellt (etwa ihre kategorialen Funktionen), so geht die theologische Kritik von einer Untersuchung der die Vernunft umschließenden *Existenz* aus, sie spricht von Fall und Auferstehen dieser Existenz und versteht dabei die Vernunfttätigkeit nur als *eine* jener menschlichen Daseinsdimensionen, die dem Geschick des Menschen ganz und vorbehaltlos überantwortet sind.

Das Geheimnis der Vernunft ruht darum nicht in ihr selber, nicht in ihrer funktionalen Struktur, sondern dies Geheimnis ist durchaus *menschlicher* Art. Die Vernunft ist eine ratio humana. Darum gibt es auch so etwas wie eine erlöste, eine „zu Verstande gebrachte" Vernunft, die in ihre Ordnung wieder zurückgegliedert ist – ebenso wie der erlöste und wiedergeborene *Mensch* zurückgegliedert ist. Und von dieser zu Gott und darum auch zu sich selbst befreiten Vernunft gilt dann, daß zwar der Friede Gottes höher ist als alle Vernunft, daß aber *unter* dem Frieden Gottes die Vernunft das höchste ist.

Diese Sätze möchten nicht so verstanden werden, als wollte ich damit die Spannung zwischen dem Wahrheitsbewußtsein der Universität und dem ihrer Theologischen Fakultät gleichsam dramatisieren und ein wechselseitiges Bedrohtheitsgefühl als das verbindende Moment behaupten. Diese Dramatik der wechselseitigen Infragestellung, zu der es auf den Höhepunkten unserer Dialoge, in den Sternstunden letzter Begegnungen wirklich je und dann kommen mag, pflegt im akademischen Alltag gemildert zu sein durch einen ganz andern und überaus wohltuenden Affekt: nämlich durch eine sehr humane Neugierde. Diese Neugierde blickt gespannt auf die Art, wie der andere existiert und wie er aus dieser seiner Existenz heraus denkt. Und ich spreche wohl nicht allzu drastisch pro domo, wenn ich zu sagen wage, daß die Theologen im allgemeinen ganz nette und vielleicht sogar gebildete Leute sind, die sich von Haus aus in mehreren Fakultäten daheim fühlen und die das doppelte Wahrheitsbewußtsein darum gleichsam in Personalunion in sich selber tragen – *und* austragen!

Weil nun jene beiden Dimensionen des Wahrheitsbewußtseins (die von der sog. „doppelten Wahrheit" natürlich streng zu unterscheiden sind!) offenbar in *Personalunion* bei denen vorkommen, die als Glaubende nicht nur so etwas wie wissenschaftliches Bewußtsein, sondern auch einen Eros zu methodisch geläutertem Erkennen haben, darum muß es möglich sein, wenigstens in *formaler* Hinsicht eine Verständigung über die Methoden theologischen Erkennens zu erreichen, und zwar auch mit solchen, welche die *sachliche Voraussetzung* dieses Erkennens, nämlich den christlichen Glauben, nicht teilen. Ich bitte mir zu erlauben, daß ich in einem letzten Teile darüber noch einiges sage.

5. Die Verbindung von Gegenstand und Methode des Erkennens

Die Methode, mit deren Hilfe ich einen Gegenstandsbereich erkenne, hängt von eben diesem *Gegenstande* meiner Erkenntnis ab. Diese Feststellung läßt sich besonders leicht und anschaulich erhärten, wenn wir Gegenstände ins Auge fassen, die von völlig verschiedenen Weisen des Erkennens angesprochen werden. Der Selbstmord z. B. wird zu einem radikal anderen Gegenstand unserer Erkenntnis je nachdem, ob sich die Ethik oder aber die Statistik mit ihm beschäftigt:

Für die *Ethik* ist der Selbstmord Gegenstand einer weltanschaulichen Entscheidung. Diese Entscheidung umschließt eine Fülle von Gesichtspunkten, die mir von meinem Daseinsverständnis geliefert werden: Ich stehe bei der Frage, ob ich mich physisch vernichten soll, z. B. vor dem Problem des Lebens und des Todes, vor der Verantwortung gegenüber dem Schöpfer, vor dem Nexus von Schuld und Sühne, dem ich mich möglicherweise entziehen will.

Für die *Statistik* ist dagegen der Selbstmord nur relevant als Phänomen der großen Zahl. Als individueller Fall bildet er den Partikel einer Zahlenreihe, die ihr jahreszeitlich bedingtes Auf und Ab kennt und im übrigen von einer erstaunlichen Konstanz ist. Diese Konstanz der Selbstmord-Kurve gewinnt für die Statistik geradezu den Charakter eines Naturgesetzes. Insofern wird der Suizid als Fall innerhalb eines gesetzlichen Ablaufs deshumanisiert, man könnte auch sagen: entgeschichtlicht. Die genannten Momente der individuellen Suizid-Entscheidung in ihrer reichen Vielschichtigkeit spielen hier schlechterdings keine Rolle.

Wir kommen folglich zu einer doppelten Feststellung:

Einmal: Ich kann den Suizid einerseits als human-ethisches und andererseits als naturwissenschaftlich-gesetzmäßiges Phänomen ansprechen. Je nach der Art, *wie* er so als Gegenstand qualifiziert ist, ändert sich die Methode, mit deren Hilfe ich ihn erkenne.

Ich kann *zweitens* aber auch das Umgekehrte sagen: Je nach der Methode, die ich zur Erkenntnis des Suizids verwende, je nachdem also, ob ich den Erkenntnisweg der Ethik oder aber den der Statistik wähle, bekomme ich einen grundsätzlich *andern* Gegenstand zu Gesicht.

Die hier waltende Dialektik läßt sich so umschreiben: Der Gegenstand bestimmt die Methode, und die Methode bildet den Gegenstand. Zerreiße ich diesen Zusammenhang von Erkenntnisakt und Gegenstand – das wäre dann so etwas wie die Probe aufs Exempel –, dann komme ich zu völlig grotesken Ergebnissen: Man könnte sich z. B. schwer vorstellen, daß ein Mädchen, das aus Liebeskummer ins Wasser gehen will, seine Entscheidung davon abhängig macht, ob die Selbstmordkurve noch ein Plätzchen für sie frei hat. Dieser Satz wirkt makaber komisch. Komik aber entsteht am Gegensatz. Der hier tatsächlich waltende Gegensatz besteht darin, daß völlig entgegengesetzte Objekte – nämlich der statistisch und der ethisch verstandene Selbstmord – ebenso miteinander vermengt werden wie die jeweiligen Verhaltensweisen bzw. die jeweiligen Methoden der Erkenntnis.

Die Gegenstände unserer Erkenntnis besitzen also eine tiefe Ambivalenz, die sich darin ausdrückt, daß sie Gegenstände völlig verschiedener Wissenschaften und Verhaltensweisen sein können. Diese Ambivalenz erreicht im Gegenstande der Theologie den Grad einer erhöhten Verdichtung. An der Theologie läßt sich also mit besonderer Prägnanz ein Phänomen aufzeigen, das auch aus den sonstigen Räumen der Wissenschaft vertraut ist. Das läßt sich mit wenigen Strichen verdeutlichen:

Die Mitte der christlichen Botschaft besteht in der Verkündigung des Weihnachtsevangeliums: ὁ λόγος σὰρξ ἐγένετο, das Wort ward Fleisch. Damit wird ausgesprochen, daß, wer nach diesem Ereignis „Gott" sagt, nicht mehr irgendeine Welttranszendenz meinen kann, die nur mystischen Ekstasen oder den Aufschwüngen irgendeiner Theoria zugänglich wäre, sondern daß er nun den die Geschichte bewegenden, in die Geschichte eingehenden und die Solidarität mit dem Menschen übernehmenden Gott meinen muß. Dieser Akt der göttlichen Herabkunft „ins Fleisch", in die Geschichte (Kondeszendenz), diese Tendenz des „Nach-unten" kommt etwa in der Versuchungs- oder auch in der Leidensgeschichte Christi zum Ausdruck, insofern hier alle Überweltlichkeit preisgegeben ist und darum auch die These Luthers verständlich wird, daß man Gott nicht tief genug ins Fleisch ziehen könne.

Nimmt man diese Pointe der christlichen Botschaft, daß Gott Fleisch geworden und daß also der Herr der Geschichte zu einer Gestalt der Geschichte geworden sei, *ernst,* so ergibt sich die Frage, wie und in welchem Sinne dieses Ereignis des Weihnachtswunders nun Gegenstand unserer Erkenntnis werden könne; oder anders: unter welchen methodischen Voraussetzungen es eine erkennende Annäherung an diese Wirklichkeit geben könne.

Diese Frage kann nur so beantwortet werden, daß das Heilsereignis grundsätzlich und bleibend unter einem Doppelaspekt erscheine, ganz ähnlich – das kann wohl als Illustration dienen –, wie für die Mikrophysik die letzten Elementarvorgänge entweder unter dem Aspekt der Korpuskel oder aber dem der Welle in Erscheinung treten. Dieser Doppelaspekt wäre so zu umschreiben:

Einerseits ist das Heilsereignis ein Stück irdisches Geschehen; es ist gleichsam ein Stück Religionsgeschichte, ist als solches konstatierbar und insofern möglicher Gegenstand der Historie. Es ereignet sich also, wie man in der Sprache einer modisch gewordenen Philosophie heute gern sagt, im Rahmen innerweltlicher Vorfindlichkeit. In dieser Dimension ihrer Vorfindlichkeit sind die Jahre 1 bis 30 selbstverständlich auch Gegenstand der säkularen Historie (vgl. z. B. Eduard Norden, Die Geburt des Kindes, 1924).

Andererseits aber geht die eigentliche *Thematik* dieses Geschehens, geht sein Charakter als Heilsereignis gerade nicht in die Gegenständlichkeit der allgemeinen Historie ein. Denn da es sich hier um einen Vorgang handelt, in dem der *Herr* der Geschichte zu einer *Gestalt* der Geschichte wird, kann er nur für den *Glauben* an eben diesen Herrn einsichtig werden. Der Glaube gewinnt hier sozusagen einen *kategorialen* Sinn der Erkenntnis.

Unterstellen wir einmal, daß es hier wirklich um ein Heilsereignis, also um die Selbsterschließung des persönlichen Gottes gehe, so verlangt dieses Ereignis, damit es Gegenstand der Erkenntnis werden könne, eben diese personhafte Kategorie des Glaubens.

Es gibt ja auch im menschlichen Bereich Dinge, die sich nur der ebenfalls personhaften Kategorie der Liebe erschließen, Dinge also, für welche die Liebe genau die gleiche erkenntnisstrukturelle Funktion ausübt, wie sie der Glaube für das Heilsereignis leistet. Für eine sogenannte objektive, vorurteilsfreie und darum auch lieblose Erkenntnis ist so etwas wie Seelenadel oder auch nur wie Charme prinzipiell uneinsichtig. Sicher hat auch *Goethe* sein berühmtes Wort, daß man nur das verstehen könne, was man liebe, in diesem Sinne gemeint.

Ganz entsprechend haftet nun zwar das Heilsereignis an der Urgeschichte des Christentums, also an dem, was in den Jahren 1 bis 30 geschehen ist. Hier „gibt" es Geburt, Kreuz und Auferstehung des Herrn; und in allen diesen Fakten ist das Heilsereignis ontisch „da". Aber das heißt gerade nicht, daß nun das Heilsereignis in dem gleichen Sinne wie jene historischen Fakten, an denen es haftet, *zugänglich* sei. *Kierkegaard* kann sogar sagen, daß Christus durch sein Eingehen in die Geschichte sich der allgemeinen Erkennbarkeit gerade entziehe, daß er also *nicht* vorfindlich werde, sondern daß diese seine Geschichtlichkeit – um den berühmt gewordenen Begriff zu zitieren – eine Art Inkognito bilde. Denn Christus setzt sich durch sein Auftauchen im Strom der Religionsgeschichte der Verwechselbarkeit aus. Man kann ihn nun für eine normale Figur auf der geschichtlichen Bühne, man kann ihn für einen Religionstifter oder einen homo religiosus halten.

Der Unterschied dieser beiden Aspekte braucht nun keineswegs von der Art zu sein, daß er die Menschen in zwei verschiedene Gruppen teilte, von denen die eine den historisch-objektiven und die andere den existentiellen Aspekt des Glaubens hätte. Vielmehr ist es so, daß etwa in der Person des glaubenden Christen beide Aspekte gemeinsam vorhanden sind. Denn auch der Christ, der den Glauben an den Kyrios Christos hat, sieht ja ihn und die ihn umgebenden Ereignisse durchaus in das Strombett der allgemeinen Religionsgeschichte eingefügt. Er erkennt seine Eingliederung in geistesgeschichtliche Prozesse. Er nimmt Analogien zu anderen Religionen wahr (man denke nur an den Dionysos-Kult). Ja er erkennt sogar im Nebeneinander dieser beiden Aspekte einen theologischen Sinn. Denn die mit diesem Nebeneinander gegebene Verwechselbarkeit gehört zum Wesen des Glaubens hinzu, weil dieser Glaube ja dem Schauen und das heißt hier: dem Eingreifen eines verfügbaren Vorfindlichen entgegengesetzt ist. Die Verwechselbarkeit zeigt, daß der Gegenstand des Glaubens unverfügbar bleibt und daß er sich nur im Geschenk des Glaubens erschließt.

Wir sehen hier in sehr bezeichnender Weise die These der Erkenntnistheorie bewährt, daß der *Gegenstand* der Erkenntnis die Kategorie und die Methoden bestimme, durch die wir seiner gewahr werden. Dasselbe Faktum – man denke wieder an das Modell des Suizids – gewinnt eine völlig andere Qualität, je nachdem, ob ich mich ihm mit den methodischen Mitteln der Ethik oder der Statistik nähere. Dasselbe gilt – jedenfalls in formaler Analogie – von jenem Faktum X, das auf der einen Seite ein zeitlich fixierbares Ereignis der Geschichte und das auf der andern Seite der Einbruch der Ewigkeit ist.

Es gehört also zu den Axiomen unseres Erkennens, wie sie besonders in der Erkenntnistheorie und Hermeneutik herausgearbeitet worden sind und benutzt werden, daß für den Akt des Verstehens eine strenge Analogie bestehen muß zwischen dem erkennenden Subjekt und dem zu erkennenden Objekt. Wir sprachen ja schon darüber, und ich zitierte zur Verdeutlichung dieser Analogie einige charakteristische Sätze von Dilthey und Bultmann.

Das entscheidende und für das Verhältnis von Universität und Theologischer Fakultät sehr aufregende Problem besteht nun darin, ob diese für das Verstehen notwendige Analogie auch dann verfügbar sei, wenn es um das Verstehen jener göttlichen Realitäten und Heilsereignisse geht, wie sie die Theologie nun einmal als ihre Wahrheit bezeichnet. An dieser und an keiner andern Stelle sitzt der neuralgische Punkt im sog. „Streit der Fakultäten". Denn die Theologie sagt: Diese Analogie existiert natürlicherweise nicht. Darum gibt es auch nicht so etwas wie eine „natürliche Theologie". *Daß* diese Analogie nicht existiert, beruht auf jenem menschlichen Existenzschicksal, das die christliche Botschaft als „Sünde" bezeichnet. Sünde bedeutet die Entfremdung des Menschen vom Herrn seines Lebens, sie bedeutet den Bruch einer Gemeinschaft. Dieser Bruch der Kommunikation zwischen Gott und Mensch bedeutet auf der Ebene der Erkenntnis Analogieverlust und darum den Ausschluß von der Erkenntnis Gottes.

Von hier aus lernen wir also das früher zitierte Wort des Paulus: „Was kein Auge gesehen und kein Ohr gehört hat und in keines Menschen Herz gekommen ist" ganz neu, wir lernen es gleichsam in seinem erkenntnistheoretischen Hintergrund verstehen. Man könnte das Gesagte so zusammenfassen: Wir sind wohl analog zu den historischen Fakten der Religionsgeschichte, auch der christlichen Religionsgeschichte; wir sind aber *nicht* analog zu der in jenen Fakten sich manifestierenden göttlichen Wahrheit. Darum befindet sich Christus inmitten jener Fakten im Inkognito.

Daraus ergibt sich nun eine wichtige Folgerung: Soll es so etwas wie theologisches Erkennen, wie ein Verstehen von Heilsereignissen geben, so muß die Analogie im Akte einer Neuschöpfung wiederhergestellt werden. Das göttliche Wort muß sich den Hörer, muß sich das Verstehenssubjekt *schaffen*. Der theologische Ort, an dem von dieser schöpferischen Funktion des Wortes, wenn man so will: von dieser Erschaffung des Hörers und damit von einem Kapitel theologischer Erkenntnistheorie gehandelt wird, ist das Lehrstück vom Heiligen Geist. Denn diese Lehre besagt – ich deutete es bereits an –, daß wir zur Teilhabe an der göttlichen Selbsterkenntnis berufen und damit in die eigentliche Analogie versetzt werden. In diesem Sinne erforscht der Geist (das pneuma) alle Dinge, auch die Tiefen Gottes (1 Kor 2, 10).

Zugleich wird an dieser Stelle deutlich, warum die Theologie ihre Erkenntnisvorgänge niemals mit dem Verdikt belegen lassen kann, sie seien *heteronom*. Eine Heteronomie läge nur dann vor, wenn der Gegenstand des Glaubens und damit auch des Erkennens von außen diktiert würde und wenn es also tatsächlich so etwas wie Dogmen im Sinne von Zwangsglaubenssätzen gäbe. Für den jedoch, der in die neue Analogie berufen ist, gibt es nicht das Diktat, sondern nur eine freie Spontaneität des Glaubens. Dieser Glaube wird ihm – ebenso wie die Liebe – nicht befohlen, sondern durch die Übermacht des Begegnenden abgewonnen. Das, was für den Glauben Spontaneität ist, heißt innerhalb des dem Glauben zugeordneten Erkenntnisaktes Evidenz. So gewiß diese Evidenz aber nicht verfügbar ist, können theologische Äußerungen nicht den Charakter des Andemonstrierens oder gar des Beweisens, sondern nur den der Verkündigung, des Ansprechens und des Appells haben. Diese Äußerungsformen aber können nur im Vertrauen auf die erweckende und also die schöpferische und vollziehende Kraft des so anvertrauten Wortes geschehen.

6. Die kritische Bedeutung der Theologie

Ich möchte schließen mit einer Frage, die eine so orientierte Theologie an die universitas litterarum zu richten hätte.

Diese Frage lautet, ob die Universität eine fertige oder eine offene, also eine zum Hören bereite Wahrheit vertrete. Wahrheiten, die dem Hörer offenbleiben, lassen sich auf ihre Grundlagen befragen. Wie diese Frage lautet, habe ich zu formulieren versucht. Wahrheiten, die fertig sind, werden unter der Hand zu Ideologien; sie zeigen die Verwesungserscheinungen des Doktrinären – sowohl bei einer kirchlichen Orthodoxie, die eine selbstsichere Wahrheit in Händen zu halten meint, wie auch in der Philosophischen, der Juristischen und den andern Fakultäten.

Dabei gibt es (um Spenglers Formulierung noch einmal anklingen zu lassen) ganz verschiedene „Rassen" dieses Doktrinarismus. Was aber die allen Rassen gemeinsame „Gattung" charakterisiert, ist dies, daß sie unkontrollierte Voraussetzungen einfließen läßt und daß sie so – selbst bei Ablehnung aller Metaphysik! – metaphysische Hypostasierungen vornimmt.

Es gibt keine Fakultät, die gegenüber dieser Rückfront alles Erkennens kritischer, wacher und mißtrauischer wäre als die Theologische Fakultät. Ihre Apotheken sind voller Impfstoffe gegenüber latenten Ideologien. Sie reagiert auf diese mit geradezu allergischer Überempfindlichkeit.

Die Anwesenheit einer Theologischen Fakultät bedeutet eine bleibende Anfrage an die letzten Voraussetzungen unserer Erkenntnis. Und da das Letzte der Erkenntnis nicht eine Wahrheit ist, die „gilt", sondern eine Wahrheit, in der man „ist", richtet sich diese Frage letztlich an den forschenden Menschen selbst und also an seine Existenz. Das Wort des Neuen Testaments: Nur wer aus der Wahrheit ist, der höret meine Stimme, spricht dieses Geheimnis an, daß die Wahrheit letzten Endes nicht ein Gegenstand des Erkennens, sondern ein Zustand meiner selbst ist. Dieser Zustand ist die aktuell eröffnete (im Glauben eröffnete) Verbundenheit mit dem, der die Wahrheit ist. Wir sind schon von ihm ergriffen, aber wir warten noch darauf, daß auch wir seine Wahrheit ergreifen. Wir sind schon von ihm erkannt und warten darauf, daß wir auch ihn erkennen und ihn sehen, wie er ist (1 Joh 3, 2). Wir warten auf das Eschaton der Wahrheit.

Wenn die Theologische Fakultät vielleicht so etwas wie das Gewissen ihrer Universität ist, dann ruft die Stimme dieses Gewissens dazu auf, die Wahrheit nicht nur nach vorwärts (in den möglichen Gegenständen unserer Erkenntnis), sondern sie auch nach rückwärts zu suchen (nämlich in der Wahrheit unseres Seins, in die wir berufen sind und aus der die Akte unseres Erkennens allererst hervorgehen).

Vielleicht daß damit die Theologische Fakultät so etwas wie ein

Pfahl im Fleische der Universität ist. Aber man sagt wohl besser: eine Gaze in der Wunde unserer Existenz – in einer Wunde, die ein geheimnisvoller Speer uns schlug: der Speer des Seins, das uns anruft und das der ἀλήθεια, der Entschleierung, begehrt. Diese Wunde sollte nicht vorzeitig zuheilen. Die glatten Häute der Fertigen können trügen. Die Universität sollte nie fertig sein – nicht nur nicht im Fortschritt ihrer Erkenntnis, sondern auch nicht in den Revisionen, denen die Erkennenden sich selber unterziehen. Darum mag jene Gaze in der Wunde, darum mag die Theologische Fakultät ihr dienen können.

Bibliographische Angaben

I. Die Frage nach der Religion
Die geheime Eskalation der religiösen Frage in unserer Zeit: Eröffnungs-
vortrag zu zehn Abenden der „Projektgruppe Glaubensinformation" am
19. Oktober 1971 in der Michaeliskirche zu Hamburg: unveröffentlicht.

II. Die Frage nach der Kirche
Zu aktuellen grundsätzlichen Fragen der gegenwärtigen krichlichen Situation: Deutsche Zeitung / Christ und Welt, Fortsetzungen in den Nummern
35 und 40 (1971) unter den Titeln „Demokratisierung – Kosmetik der
Kirche?" und „Das Laster der Zeit-Hörigkeit".

III. Die Frage nach dem Menschen
Marxistische Anthropologie: Neue Zürcher Zeitung, Fortsetzungen in den
  Nummern 5413, 5429, 5448, 5465 (1966).
Freiheit und Bindung gegenüber gesellschaftlichen Strukturen: Zeitschrift
  für Theologie und Kirche 1 (1969), S. 98–114.
Der Mensch und sein Bild: Panoptikum oder Wirklichkeit. Weltausstellung
  der Photographie, ed. Karl Pawek, 1965, S. 105–113.
Der Mensch in Auseinandersetzung mit Macht und Autorität: Für Freiheit
  und Recht, E. Gerstenmaier zum 60. Geburtstag, 1966, S. 89–113.

IV. Die Frage nach Gott
Was meint das Wort Gott?: Studium Generale 23 (1970), S. 93–146, Ver-
  kürzte Wiedergabe eines Kapitels aus dem Manuskript des 2. Bandes der
  Thielickeschen Dogmatik (Der evangelische Glaube II).
Wie läßt sich die Wahrheit des Glaubens verstehen?: Zeitschrift für Theo-
  logie und Kirche 1 (1965), S. 114–135.

Veröffentlichungen von
Professor D. Dr. Helmut Thielicke, D. D.
(Auszug)

DAS BILDERBUCH GOTTES

Reden über die Gleichnisse Jesu. 328 S. ¹1957, ⁴1963 (auch als Taschenbuch). Quell-Verlag, Stuttgart.
Übersetzungen in USA/England, Japan, Schweden, Norwegen, Holland, Brasilien, Dänemark, Italien.

WIE DIE WELT BEGANN

Der Mensch in der Urgeschichte der Bibel. 336 S. ¹1960, ³1963 (auch als Taschenbuch). Quell-Verlag, Stuttgart.
Übersetzungen in USA/England, Dänemark, Schweden, Holland, Italien, Japan.

DAS GEBET, DAS DIE WELT UMSPANNT

Reden über das Vaterunser. 176 S. ¹1945, ¹¹1963. Quell-Verlag, Stuttgart.
Übersetzungen in USA/England, Holland, Japan, Schweden, Norwegen, Dänemark, Finnland, Italien.

DAS LEBEN KANN NOCH EINMAL BEGINNEN

Ein Gang durch die Bergpredigt. 256 S. ¹1950, ⁸1965 (auch als Taschenbuch). Quell-Verlag, Stuttgart.
Übersetzungen in USA/England, Japan, Dänemark, Schweden, Finnland, Holland, Italien.

VOM SCHIFF AUS GESEHEN

Tagebuch einer Ostasienreise. 276 S., 3. Aufl. (auch als Taschenbuch), Verlag Gerd Mohn, Gütersloh. Übersetzung in USA.

THEOLOGISCHE ETHIK

Bd. I   Theologische und philosophische Grundlegung, 752 S., 2. Aufl.
Bd. II, 1 Mensch und Welt, 666 S., 2. Aufl.
Bd. II, 2 Ethik des Politischen, 811 S.
Bd. III   Ethik der Gesellschaft, der Wirtschaft, des Rechtes, der Sexualität und der Kunst, 972 S.
Verlag J. C. B. Mohr, Tübingen. Übersetzung in USA.
Auszug aus Theologische Ethik, Bd. III: *Sex. Ethik der Geschlechtlichkeit*
311 S., Verlag J. C. B. Mohr, Tübingen. 1966.

DER EVANGELISCHE GLAUBE
Grundzüge der Dogmatik

Bd. 1. Prolegomena. Die Beziehung der Theologie zu den Denkformen der Neuzeit.
XX, 611 S., Verlag J. C. B. Mohr, Tübingen. 1968.

THEOLOGIE UND ZEITGENOSSENSCHAFT
Gesammelte Aufsätze

317 S., Rainer-Wunderlich-Verlag, Tübingen. 1967.

GESPRÄCHE ÜBER HIMMEL UND ERDE

Begegnungen in Amerika. 272 S. [1]1964, [3]1967. Quell-Verlag, Stuttgart.
Übersetzungen in USA/England, Finnland, Japan, Italien.

DAS SCHWEIGEN GOTTES

Ein Stundenbuch, 12. Tsd., Furche-Verlag, Hamburg. 1963.

LEIDEN AN DER KIRCHE

Ein persönliches Wort, 187 S., Furche-Verlag, Hamburg. 1965.
Übersetzungen in USA und England.

SO SAH ICH AFRIKA. REISETAGEBUCH

3. Auflage 1972 im Verlagshaus Gerd Mohn, Gütersloh.

WER DARF LEBEN?

Gesammelte Aufsätze zur Ethik der modernen Medizin.
160 S., Goldmanns Gelbe Taschenbücher, Band 2650. Wilhelm-Goldmann-Verlag, München. 1970.

UND WENN GOTT WÄRE ...

Reden über die Frage nach Gott. 274 S. [1]1970, [2]1971. Quell-Verlag, Stuttgart.
Übersetzungen in USA/England, Holland, Schweden, Spanien.

VOM GEISTLICHEN REDEN

Begegnung mit Spurgeon. 288 S. [1]1961, [3]1967. Quell-Verlag, Stuttgart.
Übersetzungen in USA/England, Italien.